elefante

edição
Tadeu Breda

assistência de edição
Carla Fortino
Fabiana Medina

preparação
Mariana Zanini

revisão
Laila Guilherme

projeto gráfico
Leticia Quintilhano

ilustração da capa
Katlen Rodrigues

direção de arte
Bianca Oliveira

diagramação
Denise Matsumoto

bell hooks

tradução
Natalia Engler

cinema vivido
raça, classe e sexo nas telas

para o cineasta que ainda sonha...
"Costumávamos ter os mesmos sonhos.
Era assim que eu sabia que você
me amaria até o fim."

prefácio à edição brasileira
   Joyce Prado, 8

nota da edição, 14

introdução
   a magia do cinema, 16

01. boas garotas desviam o olhar, 32
02. transgressão e transformação: *Despedida em Las Vegas*, 50
03. *Exótica*: sucumbir para se libertar, 62
04. *Crooklyn — Uma Família de Pernas pro Ar*:
   a negação da morte, 74
05. cinismo com estilo: *Pulp Fiction: Tempo de Violência*, 96
06. feminismo de mentirinha: *Falando de Amor*, 104
07. *Kids*: tema subversivo em um filme reacionário, 118
08. integridade artística: raça e responsabilidade, 132
09. fantasias neocolonialistas de conquista: *Basquete Blues*, 146
10. para agradar o papai: a masculinidade negra na
   cultura dominante, 156
11. reflexões sobre classe: um exame atento de
   The Attendant, 170
12. de volta à vanguarda: uma visão progressista, 182
13. mistura de culturas: entrevista com Wayne Wang, 200
14. confissão — a família em quadro: entrevista com a
   artista e cineasta Camille Billops, 224
15. uma fonte de inspiração: entrevista com Charles Burnett, 240
16. contestações críticas: uma conversa com
   A. J. (Arthur Jafa), 268

sobre a autora, 309

prefácio à edição brasileira
Joyce Prado

bell hooks dedica este livro ao "cineasta que ainda sonha". Coincidentemente, sou uma delas. Sonhar, verbo intransitivo, não precisa dos outros elementos da oração para provocar uma ação. Por si só, é uma imensidão, e talvez por isso seja tão difícil praticá-lo.

Quando passei pelas páginas deste livro, bell hooks me convidou a sonhar outros filmes, outras sociedades, outras representações das identidades e culturas na tela do cinema, e me transmitiu uma sensação de familiaridade. Graças aos seus escritos, recuperei algumas das minhas vivências mais antigas com o cinema e a televisão: as memórias de assistir a novelas junto com a minha avó Thereza, hoje com 87 anos.

Ela é tão apaixonada por folhetins que desde os anos 1970 mantém uma agenda em que marca o início e o fim das novelas que acompanha. Contudo, por mais que seja uma grande fã das tramas televisivas, dona Thereza não é uma espectadora passiva — muito pelo contrário: ela assiste aos "retratos da vida real" em constante conflito com o que vê, pois a realidade transmitida pela telinha geralmente se opõe ao seu cotidiano de mulher negra retinta que conviveu com a pobreza na maior parte da vida.

Dona Thereza assiste criticando, reclamando, e às vezes não compreende aquele universo narrativo que pouco interage com suas memórias; questiona a maneira como a pobreza é retratada, a ausência de verossimilhança com os acontecimentos de seu entorno, e tem um desprazer cômico com as "mocinhas" e sua falta de atitude perante o próprio destino ou o patriarcado.

Assim como eu, dona Thereza tem perspectivas próprias sobre a sociedade. Ela gosta muito de fotografar — sua paixão, ao lado das novelas. Com o tempo, suas fotografias ficaram mais restritas ao contexto familiar, mas eu adoraria assistir a uma novela escrita e dirigida por ela, com uma "mocinha" inspirada livremente em Thereza Prado Xavier e em todas as atitudes antipatriarcais que adotou ao longo da vida, como ter se separado do marido na década de 1960, antes de o divórcio ser legalizado no Brasil.

Compartilho de muitas das indagações da minha avó quando assisto aos filmes de um cinema mais canônico e hollywoodiano — que são os mais criticados por bell hooks neste livro. Avó e neta são as mesmas espectadoras descritas pela autora. Por isso, me pergunto: por que os anos passam e as mulheres negras seguem insatisfeitas com as narrativas e as representações produzidas para a televisão e o cinema? Quais são as interseções dos nossos descontentamentos com os filmes dos grandes estúdios, sobretudo dos Estados Unidos?

Cinema vivido: raça, classe e sexo nas telas, assim como outras obras da autora, me ajuda a compreender a "insatisfação" e o "descontentamento" que a representação das relações interpessoais e sociais nos filmes mais hegemônicos geram em mim e em muitas outras espectadoras — inclusive em homens racializados.

A partir de análises críticas, fundamentadas em suas pesquisas sobre estudos culturais, gênero e raça, bell hooks analisa o discurso ideológico e político presente nas produções cinematográficas, revelando a maneira como os filmes afetam a leitura e a percepção que a sujeita espectadora faz de seu entorno e da sociedade. A autora alerta:

> Em geral, quando critico algum filme do qual muitas pessoas gostam, elas me dizem: "Ele é apenas uma amostra de como as coisas são. É a realidade". E ninguém quer ouvir quando digo que mostrar a realidade ao público é tudo o que um filme não faz. O cinema oferece uma versão reimaginada, reinventada da realidade. Pode parecer familiar, mas, na verdade, é um universo à parte do mundo real. É isso que torna os filmes tão atraentes.

O cinema é uma poderosa ferramenta de sociabilização, uma das principais linguagens a registrar experiências coletivas — e, muitas vezes, o faz a partir de narrativas pessoais, seja na ficção ou no documentário. A maneira como os filmes reproduzem e reforçam ideologias é o ponto de tensão que bell hooks estabelece com os realizadores das obras que analisa.

Isso me conduz a outra pergunta que sinto ressoar nos textos da autora: qual será o "universo à parte do mundo real" presente nas telas de cinema? Qual será esse mundo-tela no Brasil daqui a vinte, cinquenta ou cem anos, com cada vez mais pessoas racializadas e de diversas identidades de gênero fazendo filmes?

A obra que você tem em mãos faz parte dessa resposta-investigação, e com certeza esse possível novo cinema viverá os impactos das elaborações e da escrita de bell hooks. Seja você uma espectadora buscando desenvolver um olhar mais crítico, seja você uma "cineasta que ainda sonha", a leitura de bell hooks pode nos conduzir a um cinema que provoque a transformação da própria realidade. Porque, segundo a autora, é isso que muitas vezes acontece diante de uma narrativa audiovisual: "Nunca ouvi alguém dizer que escolheu ver um filme esperando que lhe provocasse uma transformação total — que ao sair do cinema sua vida nunca mais seria a mesma —, e, ainda assim, algumas pessoas afirmam que nunca mais foram as mesmas depois de assistir a determinado filme".

Se posso deixar algumas breves orientações, recomendo que você leia este livro sem receio de fazer anotações: bell hooks traz muitas citações; assista aos filmes analisados para evitar grandes *spoilers* e reveja-os para se aprofundar nas críticas; a autora conta que muitos de seus textos foram produzidos durante a madrugada após ir ao cinema, então contêm intensidade; os ensaios são independentes, não existe início, meio ou fim, mas vale não pular a introdução; as entrevistas são preciosas, com destaque para as de Charles Burnett e Arthur Jafa.

Por fim, deixo aqui uma citação de Elizabeth Wilson que bell hooks traz em sua crítica sobre *Despedida em Las Vegas*, uma das muitas que seguem reverberando em mim:

> Transgredimos para reafirmar que existimos e para criar uma distância entre nós e a cultura dominante. Mas precisamos ir além — precisamos ter uma ideia de como as coisas poderiam ser diferentes; do contrário, a transgressão é mera pose. Em outras palavras, a transgressão em si eventualmente leva à entropia, a não ser que carreguemos conosco alguma ideia de transformação. Assim, nossa palavra de ordem deveria ser transformação, e não transgressão.

Joyce Prado é filha de Olgas e Therezas, mulher preta, fundadora da Oxalá Produções e membra fundadora da Associação de Profissionais do Audiovisual Negro (APAN)

nota da edição

Cinema vivido: raça, classe e sexo nas telas é a tradução de *Reel to Real: Race, Class and Sex at the Movies*, lançado nos Estados Unidos em 1996. Excluímos desta edição quatro ensaios já publicados pela Elefante em outros livros de bell hooks.

"What's Passion Got to Do With It? An Interview with Marie-France Alderman" aparece como "O que a paixão tem a ver com isso? Uma entrevista com Marie-France Alderman", em *Cultura fora da lei*, lançado em 2023, com tradução de Sandra Silva.

"The Oppositional Gaze: Black Female Spectators" ("O olhar opositor: mulheres negras espectadoras") e "Is Paris Burning?" ("Paris está em chamas?") integram o livro *Olhares negros*, lançado em 2019, com tradução de Stephanie Borges.

"'Whose Pussy is This?' A Feminist Comment" foi traduzido por Cátia Bocaiuva Maringolo como "'De quem é essa buceta?': um comentário feminista" e faz parte de *Erguer a voz*, lançado em 2019.

introdução
a magia do cinema

O cinema produz magia. Modifica as coisas. Pega a realidade e a transforma em algo diferente bem diante dos nossos olhos. Em geral, quando critico algum filme do qual muitas pessoas gostam, elas me dizem: "Ele é apenas uma amostra de como as coisas são. É a realidade". E ninguém quer ouvir quando digo que mostrar a realidade ao público é tudo o que um filme não faz. O cinema oferece uma versão reimaginada, reinventada da realidade. Pode parecer familiar, mas, na verdade, é um universo à parte do mundo real. É isso que torna os filmes tão atraentes. Ao falar sobre a necessidade de uma "ecologia estética" na qual outros interesses não se sobreponham à arte do cinema, o visionário cineasta Stan Brakhage expõe sua percepção:

> Toda essa cópia servil da condição humana se assemelha a um pássaro cantando em frente ao espelho. Quanto menos uma obra de arte reflete o mundo, mais ela está no mundo e sua existência é natural, como qualquer outra coisa. O cinema precisa se livrar de quaisquer imitações, e a imitação da vida é a mais perigosa delas.

A maioria de nós vai ao cinema para adentrar um mundo diferente daquele que conhecemos e no qual nos sentimos mais confortáveis. E, mesmo que grande parte das pessoas diga que vai ao cinema para se divertir, verdade seja dita: muitos de nós, e me incluo aí, vamos ao cinema para aprender coisas. Muitas vezes o que aprendemos transforma nossa vida de algum modo. Nunca ouvi alguém dizer que escolheu ver um filme esperando que lhe provocasse uma transformação total — que ao sair do cinema sua vida nunca mais seria a mesma —, e, ainda assim, algumas pessoas afirmam que nunca mais foram as mesmas depois de assistir a determinado filme. Em grande medida, aquilo que Jeanette Winterson atribui ao poder do texto literário em sua coletânea *Art Objects: Essays on Ecstasy and Effrontery* [Objetos artísticos: ensaios sobre êxtase e afronta] também vale para narrativas cinematográficas: "Textos fortes trabalham nas bordas da nossa mente e alteram o que já existe. Isso não aconteceria se simplesmente refletissem aquilo que já existe". Enquanto críticos culturais declaram que a era pós-moderna é a era do nomadismo, a época em que identidades e limites fixos perdem sentido e tudo está em fluxo, na qual cruzar fronteiras está na ordem do dia, a verdade é que para a maioria das pessoas é muito difícil se afastar de limites conhecidos e fixos, em especial limites de classe. Nesta era de misturas e hibridismo, a cultura popular, sobretudo o universo dos filmes, constitui uma nova fronteira que nos oferece uma sensação de movimento, de distanciamento daquilo que é familiar para que nos aventuremos no mundo do outro e além. Isso vale tanto para as pessoas que não têm muito dinheiro ou tempo livre quanto para o resto de nós. Filmes continuam a ser o veículo perfeito de introdução a certos ritos de passagem que se tornaram a experiência-padrão da travessia de fronteiras para todos os que desejam conferir a diferença e o diferente sem ter de se envolver na prática com "o outro".

Gostemos ou não, o cinema tem um papel pedagógico na vida de muitas pessoas. Mesmo que um cineasta não tenha a intenção de ensinar algo ao público, não significa que não haja ali uma lição a ser aprendida. Foi somente há cerca de dez anos que comecei a perceber que meus alunos aprendiam mais sobre raça, sexo e classe com filmes do que com a bibliografia teórica que eu pedia que lessem. Além de oferecerem uma narrativa para discursos específicos sobre raça, sexo e classe, filmes também podem ser um canal de experiência compartilhada, um ponto de partida comum a partir do qual públicos diversos podem dialogar sobre assuntos polêmicos. Ao tentar ensinar teoria feminista complexa a estudantes hostis aos textos, várias vezes tive de começar a discussão falando de determinado filme. De repente os alunos se envolviam em debates acalorados, empregando os mesmos conceitos que antes haviam afirmado não compreender.

Foi esse uso do cinema como ferramenta pedagógica que me levou, como crítica cultural e teórica feminista, a escrever sobre filmes. Eu estava interessada principalmente na forma como eles criam discursos públicos populares sobre raça, sexo e classe, e queria falar sobre o que esses discursos estavam dizendo e para quem. Em especial, minha intenção era questionar certos filmes vendidos e aclamados pela crítica como textos progressistas, para ver se as mensagens contidas nesses trabalhos realmente encorajavam e promoviam uma narrativa contra-hegemônica em desafio às estruturas convencionais de dominação que alicerçam e mantêm o patriarcado supremacista branco capitalista. Ainda que muitos críticos de cinema acadêmicos tradicionais estejam convencidos de que a arte popular jamais pode ser subversiva e revolucionária, a introdução, nos filmes, de discursos contemporâneos sobre raça, sexo e classe criou no cinema dominante um espaço para a intervenção crítica. Com frequência, múltiplos pontos de vista são expressos em um único filme, que pode combinar posições incrivelmente revolucionárias e conservadoras. Essa mescla de posições tende a tornar difícil para o público "ler" criticamente o conjunto da narrativa fílmica. Mesmo que os espectadores não sejam de forma alguma passivos e consigam assistir a um filme de modo seletivo, também é verdade que certas mensagens "recebidas" raramente são mediadas pela vontade do público. Ademais, se um indivíduo é capaz de impor uma interpretação progressista à narrativa visual de um filme cuja mensagem política é profundamente reacionária, esse ato de mediação não altera os termos do filme.

É preciso distinguir entre o poder dos espectadores de interpretar um filme de maneira a torná-lo palatável para o mundo no qual vivem e as estratégias persuasivas empregadas pelos filmes para imprimir uma visão específica em nossa psique. O fato de que algumas pessoas podem ir ao cinema como "espectadores resistentes" não altera a constatação de que, não importa quão sofisticadas sejam nossas estratégias de crítica e intervenção, em geral a maioria é seduzida, pelo menos por algum tempo, pelas imagens exibidas na tela. Elas têm poder sobre nós, e nós não temos poder sobre elas.

Não importa se damos a isso o nome de "suspensão voluntária da descrença" ou de submissão pura e simples: no escuro do cinema, a maior parte do público escolhe se entregar, mesmo que apenas uma vez, às imagens retratadas e às imaginações que criaram tais imagens. Como crítica, é esse momento de submissão, de sedução deliberada ou dissimulada, que me fascina. Quero entender e "ler" criticamente o que acontece nesse momento, o que o filme tenta fazer conosco.

Se agíssemos sempre e apenas como "espectadores resistentes", para tomar emprestado um termo literário, os filmes perderiam sua magia. A sensação de assistir a um filme seria mais de trabalho do que de prazer. Muitas vezes me pego reafirmando para estudantes e leitores leigos que pensar de forma crítica sobre um filme não significa que eu não tenha sentido prazer ao assisti-lo. Apesar de ter ficado profundamente incomodada, eu me diverti assistindo a *Pulp Fiction: Tempo de Violência* (1994), de Quentin Tarantino. Saí do cinema à meia-noite, fui para casa, sentei e escrevi até o amanhecer. O aquecimento do prédio havia sido desligado fazia tempo, e minhas mãos estavam geladas. Meus pés ficaram dormentes, mas não percebi enquanto escrevia — eu tentava capturar as reações intensas que o filme havia provocado em mim. É incrível quando um trabalho criativo consegue recarregar minhas baterias críticas desse modo.

Raramente escrevo sobre obras que não me tocam de maneira profunda. E odeio escrever sobre um filme quando acho que é apenas "ruim". Há duas exceções nesta coletânea: *Kids* (1995), de Larry Clark, não me tocou de forma alguma; me enfureceu. E decidi escrever um ensaio porque muitos críticos progressistas criticaram o filme em conversas, mas não quiseram tornar suas críticas públicas por medo de censura. *Falando de Amor* (1995) é o único filme ruim sobre o qual escrevo aqui. Não é o gênero que o torna ruim. Há alguns títulos populares, feitos somente para entreter, ótimos, mas não é esse o caso. Escolhi escrever sobre *Falando de Amor* como um jeito de refletir criticamente sobre a noção de "cinema negro", para examinar o modo como a mídia dominante se apropria da negritude como mercadoria e a vende como etnografia fictícia, como se houvesse um rótulo dizendo "trata da vida dos negros".

Em sua melhor forma, a crítica cultural de cinema ilumina um trabalho, permitindo que o vejamos sob um novo ângulo. Ela eleva a experiência visual. Quentin Tarantino gosta de afirmar: "Se não fosse cineasta, eu seria crítico [...]. Prefiro receber uma crítica bem escrita e inteligente, mesmo que seja negativa, a uma bajuladora mal escrita. Se tem um ponto de partida, é interessante, é tudo matéria para reflexão". Os ensaios críticos que escrevi sobre cinema costumam ser provocativos e causar polêmica precisamente porque escrevo sobre obras que me afetaram e me envolveram de maneira passional. Spike Lee rodou muitos filmes desde o lançamento de *Ela Quer Tudo*, em 1986, e que barulho esse filme causou. Na época, era realmente notável que um cineasta negro oferecesse uma visão cinematográfica de uma mulher negra sexualmente liberada. O filme gerou mais discussões sobre políticas de raça e gênero, estupro e violência contra mulheres negras do que qualquer artigo ou livro feminista sobre o assunto na época. Eu me senti impelida a escrever uma crítica, claro. Foi o primeiro ensaio que escrevi sobre um filme.[1] Foi publicado inicialmente na minha coluna na revista de esquerda *Z* e alcançou leitores tanto de dentro quanto de fora do meio acadêmico. Mais tarde o incluí em *Erguer a voz*, minha primeira coletânea de ensaios. Tornou-se meu

---

[1] "De quem é essa buceta?": um comentário feminista", *Erguer a voz: pensar como feminista, pensar como negra*. Trad. Cátia Bocaiuva Maringolo. São Paulo: Elefante, 2019.

texto mais fotocopiado e comentado, servindo como intervenção crítica e desafiando os espectadores a ver o filme sob uma nova luz. Para ser franca, o retorno me deixou atordoada. Não apenas fiquei admirada com o acesso que as pessoas tiveram ao texto, mas também me emocionei ao ouvir inúmeros relatos de debates intensos que se seguiam a exibições do filme quando o público havia lido o ensaio.

Continuei esperando por um filme de Spike Lee que realmente tivesse uma consciência complexa de política sexual. Por fim, depois de oito filmes, ele fez *Garota 6* (1996). Ironicamente, muitos críticos não perceberam a mudança de perspectiva nesse longa. Ao contrário dos outros trabalhos de Lee, *Garota 6* examina o machismo e a misoginia de forma crítica. Animada ao perceber a influência da reflexão feminista, fiquei chocada que tantos espectadores tivessem passado batido pela mudança e decidi que era necessário escrever uma crítica feminista que celebrasse e investigasse essa transformação.

Como crítica que sempre trabalhou para alcançar leitores de dentro e de fora da academia, eu percebia que debates críticos presenciais sobre filmes eram corriqueiros. Independentemente de classe, raça, sexo e nacionalidade, as pessoas viam filmes e falavam sobre eles. Como intelectual negra que trabalhava sem cessar para chamar a atenção para o pensamento feminista, para questões de machismo, e queria falar sobre a convergência de raça, sexo e classe, encontrei nos filmes as criações culturais perfeitas. Fiquei particularmente contente com a chance de escrever sobre o trabalho de Atom Egoyan, porque sou fã de seus filmes desde o início. Quando ele fez *Exótica* (1994), foi animador ver que um cineasta independente interessante podia realizar um trabalho de apelo mais amplo. E há também o curta *The Attendant* [O vigia] (1993), de Isaac Julien. Quando o exibi para minha turma de mulheres no City College, com a qual eu estava trabalhando ensaios do crítico cultural Stuart Hall, elas não conseguiram compreender o que estava acontecendo. Escrevi um ensaio para elas e para todos os que procuram um modo de pensar sobre aquele filme. De forma semelhante, fui impelida a escrever sobre as conexões entre erotismo e morte em *Despedida em Las Vegas* (1995), de Mike Figgis, por causa do modo como a produção fala de questões de poder e desejo, prazer e perigo, reconfigurando convenções de masoquismo feminino de maneiras que podem ou não ser libertadoras.

Ver filmes sempre foi uma paixão minha. Quando conheci o "cinéfilo" A. J. — Arthur Jafa, cineasta e diretor de fotografia —, ele ficou bastante admirado com o fato de que eu podia citar, porque os tinha visto, filmes que ele não conhecia, e vice-versa. Um pouco do clima da nossa troca contínua foi capturado aqui, em um diálogo crítico sobre cinema. Esse projeto começou quando Caleb A. Mose nos convidou a dar entrevistas para um filme que estava fazendo. Foi uma conversa espontânea, improvisada. Diferente de uma entrevista. Quando entrevistei Charles Burnett, Julie Dash, Camille Billops e outros cineastas, preparei uma lista de perguntas específicas que serviram de base para nossas discussões. Com Billops, eu queria falar sobre o papel do confessional e do autobiográfico; com Dash, sobre a utilização que ela faz de material de arquivo e pesquisas etnográficas. Fãs de *Filhas do Pó* (1991) talvez tenham lido nossa conversa no livro sobre o filme.

Quando o assunto é raça, questões de raça e libertação negra me interessam particularmente. Muitos dos ensaios e discussões nesta coletânea tratam do trabalho de cineastas negros.

Em ensaios críticos, reflito sobre a questão da responsabilidade estética e sobre como o peso da representação molda esses trabalhos. Ao explorar o tema das imagens de resistência, levanto questionamentos sobre o que é necessário para imaginar e criar imagens de negritude que sejam libertadoras. Mudar a forma como vemos as imagens é certamente uma maneira de mudar o mundo. As obras de cineastas negros recebem muita atenção em *Cinema vivido* precisamente porque as múltiplas narrativas que constroem revitalizam discussões críticas contemporâneas sobre o modo como a negritude é representada e vista nesta sociedade. Apesar de intervenções progressistas (há sem dúvida mais cineastas negros produzindo filmes do que nunca, tanto produções hollywoodianas quanto independentes), não houve mudanças visuais consistentes na natureza da representação dos negros. Ao mesmo tempo, o tipo de filme que vem sendo produzido tem desafiado profundamente a crença essencialista de que o mero aumento da visibilidade de cineastas negros levaria a representações cinematográficas da negritude mais progressistas e/ou revolucionárias.

Ao criticarmos o essencialismo, somos logo compelidos a pensar mais profundamente sobre a perspectiva do cineasta negro. Quando entrevistei Isaac Julien depois da estreia de seu longa-metragem *Young Soul Rebels* [Rebeldes de alma jovem] (1991), falamos sobre como as plateias negras, tanto quanto qualquer outro grupo, podem se sentir desconfortáveis com representações diversas e/ou radicais de subjetividades negras. Na ocasião, Julien nos lembrou de que "a negritude como signo nunca é suficiente. O que aquele sujeito negro faz, como age, como pensa politicamente? [...] Ser negro na verdade não é bom o bastante para mim: quero saber qual é sua política cultural". Os profissionais culturais contemporâneos de esquerda que questionam o próprio signo da negritude estão rompendo com a condescendência crítica em torno de crenças fixas sobre a estética negra que, em grande parte, moldaram o quadro conceitual a partir do qual pensadores negros escreveram a maioria de seus textos críticos sobre cinema.

É comum que novos trabalhos escritos por pessoas que, como eu, não foram tradicionalmente treinadas como críticos de cinema sejam vistos com desconfiança. De fato, nossos textos questionam os próprios pressupostos sobre a natureza da representação dos negros que um preexistente corpo de teoria do cinema ajudou a construir e validar. No ensaio "Que 'negro' é esse na cultura negra?", Stuart Hall definiu a perspectiva subversiva como aquela que se recusa a enxergar tudo por meio da lógica binária das oposições:

> O momento essencializante é fraco porque naturaliza e des-historiciza a diferença, confunde o que é histórico e cultural com o que é natural, biológico e genético. No momento em que o significante "negro" é arrancado de seu encaixe histórico, cultural e político, e é alojado em uma categoria racial biologicamente constituída, valorizamos, pela inversão, a própria base do racismo que estamos tentando desconstruir.

Diálogos com críticos culturais e cineastas britânicos negros representaram uma forma importante de intervenção crítica. Essas discussões desafiaram todos nós a pensar de maneira diferente sobre identidade negra, a nos envolver de modo mais intenso com críticas ao essencialismo e a tratar de representações diaspóricas.

Para alguns críticos cinematográficos negros mais tradicionais e para muitos de nós, "novatos", foi difícil aceitar que, em alguns raros casos, há representações de negritude mais progressistas no trabalho de cineastas brancos excepcionalmente visionários (profissionais da cultura como John Sayles e Jim Jarmusch) do que nas obras de certos cineastas negros conservadores. Suas representações da negritude, ao lado de outras, são intervenções positivas e provas concretas de que não importa tanto a cor da pessoa que cria imagens, mas a perspectiva, o ponto de vista, a posição política. Como a maioria dos cineastas brancos insistiu, por muito tempo, em usar imagens de negros apenas como pano de fundo, reforçando paradigmas racistas, era natural que uma estética negra essencialista emergisse, porque parecia que grande parte dos artistas brancos era incapaz de olhar para a negritude de um ponto de vista descolonizador. Agora que mais cineastas brancos, tanto comerciais quanto independentes, colocam personagens negros no centro de suas produções, as perspectivas e os pontos de vista de brancos comprometidos com a diversidade se tornam mais evidentes.

Embora os estudos culturais e/ou os estudos de cinema tenham gerado muitos trabalhos críticos que questionam velhas imagens raciais colonizadoras — sobretudo no que diz respeito à representação da negritude — e criam uma compreensão sobre perspectivas e responsabilidade, alguns cineastas parecem não ter entendido a mensagem. Ironicamente, a preocupação com a diversidade levou alguns cineastas brancos (Quentin Tarantino e Larry Clark, por exemplo) a explorar o interesse popular no "outro" de modos que apenas serviram para criar outro tipo de primitivismo. Se por um lado esses cineastas se utilizaram do cruzamento de fronteiras e de temas do hibridismo cultural, não o fizeram de maneira particularmente subversiva e/ou educativa. Os ensaios sobre Tarantino e Clark em *Cinema vivido* exploram o modo como imagens transgressoras de um "outro" não branco são usadas nas produções desses cineastas sem que sejam desafiados estereótipos ou estruturas de dominação existentes. Muitos artistas temem que refletir politicamente sobre sua obra interfira em uma visão "pura", quando na verdade a própria noção de pureza visual é uma distorção. Em geral, temos uma noção muito estreita do que significa ser político. Mesmo que boa parte da filmografia de Stan Brakhage seja muito pessoal, ele fez intervenções incríveis em relação a gênero. Era um trabalho político. Foi emocionante ouvir Brakhage afirmar esse ponto de vista na entrevista dada a Suranjan Ganguly para a revista *Sight and Sound*, com o título de "All That Is Light" [Tudo que é luz]. Quando questionado sobre críticas de que suas obras não são tão relevantes em termos políticos, Brakhage insistiu que seus trabalhos lidam com realidades sociopolíticas, e enfatizou:

> Acredito que meus filmes lidam com isso o tempo todo. Não acho que jamais desejei fazer um filme que não fosse político, no sentido mais amplo do termo, que não fosse sobre o que sinto ou intuo, para o bem e para o mal, a partir dos condicionamentos da minha época e da minha rebelião contra esses condicionamentos.

Essas questões têm relevância constante para cineastas negros, que o tempo todo são levados a acreditar que seu trabalho somente pode ter um sentido profundo se for deliberadamente político. *Cinema vivido: raça, classe e sexo nas telas* discute questões de responsabilidade e o modo como elas afetam tanto cineastas quanto críticos.

Grande parte das críticas culturais que escrevi apareceu primeiro em revistas pequenas, para um número limitado de leitores. Para que esses textos se tornassem mais acessíveis, comecei a incluí-los em outras coletâneas. Com o tempo, ficou claro que os textos se acumulavam e que de fato era possível fazer uma compilação apenas dos meus trabalhos dedicados ao cinema. Em vez de incluir todos os ensaios que escrevi sobre filmes, esta coletânea reúne apenas os textos já publicados que chamaram muita atenção e continuam a ser lidos e discutidos. Esses escritos formam um conjunto com os inéditos e, ao mesmo tempo, contrastam com eles. As conversas e as entrevistas são importantes porque permitem uma troca entre crítico e cineasta. Ao contrário de Tarantino, que diz que seria crítico se não fosse cineasta, eu não consigo me imaginar fazendo filmes — sobretudo porque é um processo completamente oposto à escrita crítica, feita por uma única pessoa. Mesmo que ainda consideremos o diretor individualmente responsável pelo produto final, fazer cinema é um incrível processo colaborativo. Isso é ainda mais verdadeiro no caso de filmes hollywoodianos, realizados com grandes orçamentos. Espero que discussões futuras sobre raça, sexo e classe no cinema exponham e analisem mais o que acontece nos bastidores.

Em vários eventos públicos, ao ser questionado tanto sobre as imagens homofóbicas de personagens gays em seus filmes como sobre seus retratos misóginos das mulheres, o diretor Spike Lee desdenhou da questão da responsabilidade, sugerindo que apenas documentava a vida "como ela é". Sua recusa em tratar de forma crítica o significado e as mensagens transmitidos por seu trabalho (independentemente de o conteúdo refletir ou não suas crenças) enfraquece a necessidade de uma audiência crítica e um pensamento crítico sobre representações. Qualquer um que em algum momento tenha explorado caracterizações racialmente estereotipadas que degradam as pessoas negras e perpetuam a supremacia branca sem dúvida poderia argumentar que estava simplesmente retratando a vida como ela é. Pensar de maneira construtiva sobre responsabilidade não reduz de modo algum a integridade artística ou uma visão artística — pelo contrário, as fortalece e potencializa.

Muito da magia do cinema reside em seu poder de nos oferecer algo que vai além da vida como ela é. Escrevi mais ensaios críticos sobre o trabalho de Spike Lee do que sobre qualquer outro cineasta. Muitas vezes os leitores concluem erroneamente que não considero o trabalho dele cativante. Na verdade, há um momento mágico em cada um dos filmes de Spike Lee, e fico sempre ansiosa para ver seu trabalho, para viver esses momentos. Ao público que me questiona sobre o trabalho de Spike Lee, sobretudo o público não acadêmico, eu digo que não desejo "detonar" seus filmes, mas oferecer uma perspectiva crítica que possa ser útil para o público e para ele ao nos permitir reimaginar, repensar e ver sua obra sob nova luz. A intenção é que todos os textos críticos e as discussões em *Cinema vivido: raça, classe e sexo nas telas* sejam construtivos, intervenham criticamente de um jeito que desafie e promova mudança. Os filmes não nos oferecem meramente a oportunidade de reimaginar na tela a cultura que conhecemos de forma íntima; eles criam a cultura. Estes ensaios, conversas e entrevistas examinam com rigor e bom humor aquilo que vemos, modos de pensar sobre aquilo que vemos e modos diferentes de olhar para as coisas. Este trabalho questiona e ao mesmo tempo celebra a capacidade do cinema de abrir caminho para uma nova consciência e de transformar a cultura a olhos vistos.

01.
boas garotas desviam o olhar

Uma página do livro *Her Tongue on My Theory* [A língua dela na minha teoria] traz uma única imagem fotográfica dos lábios de uma mulher, pintados e fechados. Ao lado, a legenda pergunta: "Privados de história?". O desejo tem o poder de fazer exatamente isso, nos levar a esquecer quem somos. Perturbar e desconstruir na mesma medida. Desmembrar e descarnar. O poder de sedução do desejo, de nos colocar em direções perigosas, é explorado no tocante *Garota 6* (1996), de Spike Lee. Ao oferecer ao público intensos *close-ups* de lábios — fechados, em movimento, falando —, o filme coloca a paixão na boca, na voz. Ao contrário do que muitos espectadores supõem antes de ver o filme, *Garota 6* não explora a objetificação das mulheres. É um título que explora a erotização do estrelato, da atenção. É uma narrativa longa e lenta sobre a falta, sobre até que ponto a inabilidade para sentir prazer pode levar alguém. O filme nos diz várias e várias vezes que existem espaços em nossa vida, espaços de anseio, onde só importa a busca por satisfazer o desejo. As mulheres e os homens nessa produção não anseiam por satisfação sexual, mas por atenção completa e incondicional. É o desejo de ser visto, de não ser apagado ou tornado invisível, que alimenta os anseios individuais.

Não é de surpreender que muitas pessoas tenham achado "ruim" esse filme muito triste e sensível. Não se trata, como alguns críticos sugeriram, de uma comédia fracassada. Ainda que tenha momentos espirituosos e satíricos extremamente engraçados, é um filme sério. Ao contrário de outros trabalhos de Spike Lee, a narrativa não é conduzida continuamente pelo humor da cultura negra popular. Raça e racismo são panos de fundo, não questões centrais. O filme joga luz sobre a poética do desejo não correspondido. Não admira que a maioria dos espectadores não o compreenda. E é uma pena maior ainda que tantas mulheres, muitas delas feministas em suas crenças, o descartem como mais um exemplo de machismo.

Às vezes, a propaganda pode matar um filme tanto quanto pode fazer com que todos queiram vê-lo. Antes de qualquer pessoa ter visto *Garota 6*, o rumor de que Spike Lee estava fazendo um filme sobre telessexo se espalhou. Os trailers exibidos antes de outros filmes tinham o objetivo de excitar. Exploravam desejos pornográficos secretos dos espectadores, sugerindo que o filme seria raso, leve, tão superficial quanto a má pornografia heterossexual vulgar de sempre. Anúncios provocativos poderiam atrair o público para o filme, mas a maioria não ficaria satisfeita com o que veria na tela. Dos nove filmes[2] de Spike Lee, esse é o mais sério, o que realmente não trata de raça e racismo, o que traz muitas experimentações técnicas na fotografia.

Antes de eu assistir a *Garota 6*, todos me disseram que o filme é "a resposta de Spike às feministas". Como crítica cultural e pensadora feminista que começou a escrever sobre cinema

---

[2] Foram nove filmes até a publicação do ensaio de bell hooks, em 1996. Até o lançamento desta edição, Spike Lee já havia dirigido mais de trinta obras. [N.E.]

para dar uma resposta a *Ela Quer Tudo*, indaguei a mim mesma qual seria a pergunta que as feministas teriam feito a Spike. Nos meus textos críticos sobre o trabalho dele, tenho pedido uma visão mais complexa e ampla da feminilidade em geral, sobretudo da feminilidade negra. E, claro, no ensaio "De quem é essa buceta?" sugeri que seria ótimo haver um filme em que, ao ouvir essa pergunta, uma mulher negra empoderada pudesse procurar sua própria resposta e anunciá-la com sua própria voz sexual. De muitas formas, *Garota 6* mostra que a visão de Spike Lee sobre a representação da sexualidade feminina se expandiu. Seu amadurecimento como cineasta é evidente e vem acompanhado da capacidade de representar personagens femininas de maneiras mais complexas. Esse filme não é uma orgia de machismo pornográfico. Por meio de comentários esclarecidos tanto das atendentes de telessexo quanto dos personagens masculinos, o público entra voyeuristicamente em um mundo onde os homens "encenam" suas fantasias sexuais. As mulheres que trabalham na indústria do sexo e têm como ofício responder a essas fantasias nunca são retratadas como vítimas.

De cara, *Garota 6* informa ao público que mulheres que trabalham nesse ramo da indústria do sexo, assim como em muitas outras áreas, fazem isso por dinheiro. E que às vezes pode ser uma atividade tão prazerosa quanto qualquer outro emprego que qualquer outro trabalhador aceita por dinheiro — ao mesmo tempo que, em certos momentos, pode ser um trabalho degradante e desumanizador. Liderado por uma mulher negra curvilínea, poderosa e sensual, o time de mulheres ao qual a Garota 6 se junta é retratado com uma atitude distante em relação ao trabalho e bastante desdenhosa quanto aos homens que procuram sexo por telefone. Todo mundo deixa claro que é um trabalho chato e tedioso. Na maior parte do tempo, elas fazem outras coisas durante a ligação — leem, desenham, comem. Mesmo que os clientes procurem atenção total, e pareçam receber, a verdade é que as atendentes estão apenas fingindo.

A protagonista, a Garota 6, procura um emprego na indústria do sexo apenas depois de falhar em conseguir trabalho remunerado como atriz. Ironicamente, o que faz com que ela perca trabalhos é a recusa em deixar seu corpo nu ser explorado para o prazer visual pornográfico. De forma bastante óbvia, o filme lembra ao público que o corpo das mulheres está subordinado ao prazer patriarcal tanto na indústria cinematográfica quanto nas ruas. A produção começa com uma crítica ao machismo na indústria do cinema. Em um momento magistralmente satírico, o ator e cineasta Quentin Tarantino interpreta o papel de Q. T., o diretor mais em alta em Hollywood. Quando a Garota 6 faz um teste para um papel em seu próximo filme, ele a humilha. Ele a silencia. Basicamente, manda que cale a boca e ouça, obedeça, faça o que lhe ordenam. Quando se submete a expor seus maravilhosos seios redondos e avantajados, ela é tomada pela vergonha e abandona o teste. Mais tarde, seu agente admite que não a informou de que ela precisaria se despir para o teste e, possivelmente, para atuar, porque sabia que ela não aceitaria. Mentira e traição fazem parte da sedução. Ele ataca os princípios da Garota 6, apontando que Sharon Stone não teve esse tipo de inibição. Repetidas vezes, ela recebe a mensagem de que o sucesso depende da boa vontade em explorar seu corpo, seu ser. Para se tornar uma estrela de cinema, precisa estar disposta a ir até o fim. Quando se recusa, acaba sem dinheiro e sem qualificações, e recorre ao telessexo.

A Garota 6 é totalmente seduzida pela magia de Hollywood. A atração começou com uma infância passada vendo televisão e filmes. A heroína cinematográfica cujos passos procura seguir é Dorothy Dandridge, a primeira mulher negra indicada ao Oscar. Dandridge quebrou barreiras de cor e fascinou plateias com o retrato de uma mulher independente e sexualmente liberada em *Carmen Jones* (1954). Ela queria alcançar o estrelato seguindo pelo mesmo caminho que suas contemporâneas brancas, como Grace Kelly, Audrey Hepburn, Judy Garland. Ela mantinha relações sexuais com homens brancos, e, quando um jornal publicou que se relacionara com mais de mil homens, ameaçou processá-lo e recebeu uma retratação pública.

Certos aspectos da indústria do cinema, em especial a história do cinema negro, são sutilmente evocados a partir do foco em Dorothy Dandridge. E, mesmo que *Garota 6* não toque abertamente na questão do racismo, todos entendem que, no mundo das representações, a branquitude é o elemento essencial para o sucesso maior. Essa é a realidade tanto na cultura cinematográfica quanto na esfera do telessexo. A chefe da agência lembra a todas as mulheres que elas devem se descrever como "brancas", a não ser que os clientes peçam que elas interpretem uma fantasia. O livro *Talk Dirty to Me* [Me fale sacanagens], de Sallie Tisdale, documenta como o desejo por carne jovem, branca e loira predomina na indústria do sexo. O mesmo vale para Hollywood. Enquanto muitos críticos são incapazes de enxergar as dimensões mais profundas do filme de Lee, trabalhos como *Cassino* e *Despedida em Las Vegas*, ambos de 1995, dirigidos por homens brancos e protagonizados por loiras brancas que trabalham na indústria do sexo, são aclamados pela crítica. O filme de Lee faz uma crítica sutil à hegemonia das imagens brancas de glamour quando mostra explicitamente o modo como as mulheres negras adentram uma indústria de cinema na qual sua beleza é relegada ao papel de criadas sexuais.

Para expor a maneira como a sexualidade das mulheres negras é imaginada em programas de televisão e filmes com elenco totalmente negro, Lee reencena uma sequência hilária da sitcom *The Jeffersons* (1975-1985) na qual o pai autoritário literalmente atira no telefone para proteger a filha das ligações atrevidas de um admirador. Com os valores da família nuclear intactos, os personagens dançam para celebrar. No entanto, essa imagem sugere que a repressão sexual é a ordem do dia no contexto dos valores da família negra conservadora. São condições tão impróprias para o surgimento de uma sexualidade liberadora da mulher negra quanto o contexto da branquitude.

A personagem negra que representa o poder e a agência sexual do filme é a policial Foxy Brown, cujo nome, "Lovely", a Garota 6 assume para seus clientes. Como são brancos, ela sabe que não reconhecerão essa referência cultural. Lee incorpora sequências de um filme *blaxploitation*[3] em que a personagem Foxy aparece. Na cena que vemos, Lovely conquista poder apenas ao destruir homens negros. Ela se torna um pseudodrag

---

[3] Gênero de cinema surgido nos Estados Unidos nos anos 1970, abrangia filmes de ação dirigidos por cineastas negros e com elenco composto de atores e atrizes negros. Embora os filmes *blaxploitation* retratassem personagens negros empoderados e não condicionados às ações de protagonistas brancos, o cenário de crime e ilegalidade, com a glamorização de figuras como traficantes, vigaristas e prostitutas, foi alvo de críticas por reforçar estereótipos comumente associados à população negra urbana. Alguns clássicos do *blaxploitation* são *Foxy Brown* (1974), *Shaft* (1971) e *Sweet Sweetback's Baadassss Song* (1971). [N.E.]

masculino, daí sua habilidade de reivindicar agência sexual. Por se apoiar em imagens midiáticas de massa para estruturar seu senso de individualidade e identidade, a Garota 6 não consegue encontrar representações de uma sexualidade liberadora. Ela deve ser vítima, *vamp* ou castradora. Todos esses papéis ainda pedem que molde sua sexualidade de acordo com o erotismo do imaginário fálico patriarcal, pois é esse imaginário que controla o mundo das imagens midiáticas — das representações.

Os homens negros, sugere o filme, podem contar com a esfera dos esportes para constituir um espaço onde consigam desempenhar e moldar uma identidade empoderadora. Jimmy, o vizinho amigável que mora no mesmo prédio que a Garota 6, coleciona cartões de beisebol de jogadores negros. Mesmo que para sobreviver peça dinheiro emprestado à vizinha, ele pode usar suas fantasias infantilizadas para assegurar um futuro. As imagens com as quais se relaciona não impõem a negação da negritude. Enquanto isso, qualquer atriz negra que queira ter sucesso em Hollywood precisa confrontar um mundo em que glamour, beleza, sensualidade, sexualidade e atratividade são codificadas como brancas. Portanto, a mulher negra que deseja ter sucesso naquela esfera cultural deve estar preparada para se desidentificar com seu corpo e disposta a se reconstruir. No desenrolar do filme, observamos as inúmeras formas como a Garota 6 se reconstrói para se tornar o objeto de desejo. Sua troca constante de roupas, penteados etc. lembra aos espectadores que a feminilidade não é natural, mas construída. A feminilidade, assim como o telessexo, foi inventada para satisfazer a fantasia masculina. Existe para afirmar o domínio do masculino, do poder fálico. Os corpos das mulheres reais devem ser sacrificados no altar patriarcal.

Machismo e racismo convergem para que esse sacrifício seja ainda mais trágico e terrível para as mulheres negras. Esses fatores aumentam as chances de que a Garota 6 e seus companheiros e colegas homens (o ex-marido, o amigo Jimmy) permaneçam pobres. Eles têm feridas psíquicas. O único adulto negro que telefona em busca de diversão sexual é tão obcecado por beisebol quanto Jimmy. Seu apego a fantasias de estrelato fálico contrasta com seu corpo flácido e a inexistência de um time real. Todos os personagens negros relevantes no filme se frustram em seu desejo por prosperidade econômica e estrelato. A fantasia é o catalisador desse desejo. Mesmo que não consigam chegar ao topo, podem se apoiar em fantasias de glória — de retomar o poder retirado pelas forças conquistadoras da branquitude (o ex-marido tem Robin Hood como modelo de identidade). A mulher branca de quem a Garota 6 se aproxima a aconselha a não se viciar em fantasias. Ela não escuta. Todos os seus sonhos estão enraizados em fantasias. Apegada ao vício da atenção que recebe dos clientes, concorda em se encontrar com Bob, um empresário branco bem-sucedido que costuma falar com ela sobre a morte iminente da mãe. Vestida como se fosse a estrela de um filme, a Garota 6 espera por Bob, que não aparece. Quando um homem branco passa sem notá-la, ela o chama. Ele nem olha em sua direção. Invisível no reino da branquitude, a Garota 6 é incapaz de realizar suas fantasias.

A rejeição apenas intensifica o sentimento de vergonha que já ocupava papel central na formação da identidade da Garota 6. Em seu perspicaz trabalho *Femininity and Domination: Studies in the Phenomenology of Oppression* [Feminilidade e dominação: estudos sobre a fenomenologia da opressão], a filósofa Sandra Bartky enfatiza que a "vergonha é profundamente debilitante", pois cria uma "necessidade de esconder e dissimular" que leva ao isolamento. A Garota 6 parece incapaz de compartilhar com qualquer pessoa a extensão da prisão criada por seu desejo pelo estrelato e a compreensão de que não poderá de fato realizar esse desejo sem destruir partes de si. Tanto sua vergonha quanto seu senso de sofrimento a levam a se identificar com a linda garotinha negra do Harlem que cai no poço de um elevador quebrado. Superidentificada com a imagem televisiva da menininha que alcança a fama por meio da tragédia, a Garota 6 enfaixa a cabeça, como se também estivesse sofrendo.

Imagens midiáticas têm tanto poder que distorcem a realidade. Encorajam as crianças a buscar conforto na fantasia. Em uma entrevista à revista *Essence*, Theresa Randle fala sobre sua relação com imagens midiáticas e relembra: "Eu amava os filmes da Shirley Temple. Costumava assistir a essa garotinha que entrava e saía de todas aquelas experiências diferentes, e desejava poder fazer o mesmo". Ao longo do filme, Lee sugere que indivíduos psiquicamente feridos ficam presos a estados infantis. O vício em fantasias começa na infância como um modo de criar uma base para si quando não há uma base real, quando a vida não tem propósito nem significado. A mãe e a tia da garotinha que se acidenta apelam a Deus por consolo, enquanto suas "crianças interiores" feridas se apoiam na fantasia — em sonhos de poder e glória.

Não importa quão poderosos e bem-sucedidos sejam os executivos brancos em *Garota 6*, eles também têm feridas emocionais e estão presos em estágios infantis de desenvolvimento. Ao tratar da origem das fantasias sexuais masculinas, um autor branco comenta, na revista *Vogue*:

Parece-me que muitos homens fixam seu objeto de desejo em um ponto que remonta aos confins da infância; a libido é codificada muito cedo. Para a maioria dos homens, o aspecto infantilizado do desejo é o mais difícil de admitir ou aceitar. É a infantilidade que toda prostituta ou qualquer pessoa que participe de jogos sexuais conhece. Para muitos homens, o mero fato de se sentirem estimulados por algo considerado infantil faz com que relutem em admiti-lo.

O sexo anônimo por telefone possibilita a esses homens revelar seus desejos, por mais estranhos ou perversos que sejam. Essa libertação da emoção reprimida (que culmina na masturbação) permite que voltem ao espaço da vida real.

Apesar das intervenções do movimento feminista contemporâneo, as mulheres ainda lutam para encontrar uma voz sexual, para encontrar um espaço onde desejos e fantasias possam ser articulados em toda a sua estranheza e perversidade. Uma das coletâneas de ensaios mais potentes sobre a sexualidade feminina, *Pleasure and Danger* [Prazer e perigo], organizada por Carole Vance, traz trabalhos nos quais mulheres falam sobre a dificuldade em nomear o que desejamos sexualmente. Em "The Forbidden: Eroticism and Taboo" [O proibido: erotismo e tabu], Paula Webster discute a natureza do medo feminino, o fracasso em encontrar uma voz sexual:

> Como estranhos em uma terra estranha, nós nos fazemos essas perguntas dolorosas quando deixamos nossas confusões virem à tona. A responsabilidade de criar uma vida sexual em consonância com nossos desejos frequentemente silenciados parece assustadora e provavelmente impossível. [...] Além disso, o ter-

ritório erótico familiar parece proibido; suspendemos até nossa imaginação quando somos confrontadas com tabus. O coração acelera, o mundo parece fragmentado e ameaçador; dizemos "não" repetidas vezes, nos convencendo de que realizar ou mesmo imaginar um novo prazer seria devastador. Damos de cara com o tabu e ficamos paralisadas.

A Garota 6 é atraída de forma voyeurística para o telessexo e vai cada vez mais fundo no mundo da fantasia masculina pornográfica e misógina. Seguindo os passos da "cafetina" interpretada por ninguém menos do que Madonna, ela vai aonde a imaginação masculina a leva. Somente desperta do transe de sedução no qual seu voyeurismo erótico a colocou quando o cliente anônimo que curte *snuff*[4] faz ameaças reais de concretizar a fantasia, de realmente matá-la. Fantasias patriarcais exigem que a desejabilidade da mulher seja construída no espaço da autonegação, da falta. Para ser completamente dominada, a Garota 6 (e qualquer mulher) deve deixar seus desejos morrerem e estar disposta a agir como um espelho que reflete o desejo masculino. É isso que Spike Lee nos mostra no filme.

Quando a Garota 6 desempenha suas "obrigações sexuais" para com seu ex-marido e então descobre que ele espera que se comporte como puta, ela volta ao reino dos valores familiares, onde a repressão é símbolo de respeitabilidade. Agindo como uma virgem escandalizada, não enxerga as conexões entre seu modo de agir e o fato de ele acreditar que ela fará qualquer coisa para satisfazê-lo. Apesar de seu vício em roubar, ele é a única

[4] O termo *snuff* se refere a filmes que mostram cenas reais de tortura, estupro e assassinato. [N.T.]

pessoa no filme que resiste o tempo todo à desumanização na esfera sexual. Ele valoriza o toque, a conexão, os encontros cara a cara, e expressa suas emoções. É o verdadeiro romântico do filme — leva flores para a Garota 6, dá a ela a velha revista com a foto de Dorothy Dandridge na capa. No final, ele a chama pelo nome, Judy, fazendo com que se lembre de sua verdadeira identidade. Ainda assim, até a despedida do casal, é a vida que imita a arte. Na realidade, o casamento fracassou. Na fantasia, ainda podem manter a proximidade. Como recém-casados, vestidos de branco, eles se reencontram apenas para se separar. Essa é a cultura que os filmes criam na vida real. Enquanto carrega as malas, Jimmy a observa, genuinamente desapontado por perder uma amiga, mas satisfeito por ela ter acordado do transe.

A Garota 6 não tem tempo para sentimentos. Está paralisada, incapaz de sentir prazer, carregada por seus desejos de atenção, de estrelato. Ao perder contato com seus afetuosos amigos negros, o subtexto é o de que segue simbolicamente os passos de Dorothy Dandridge, que, mais tarde em sua carreira, passou a sentir repulsa pelo toque de homens negros. Os homens brancos têm mais valor para a Garota 6 porque detêm o poder de lhe dar a carreira que tanto almeja. Mais uma vez, isso aponta para um espelhamento simbólico com Dandridge, que costumava se envolver com homens brancos que a ajudavam a progredir na carreira. Na onírica sequência final em preto e branco, a Garota 6 está em Hollywood. A cena dramatiza seu desejo de habitar um universo visual no qual possa ser a protagonista, a estrela glamorosa. O poderoso homem branco que a recebe vestida com um traje completo de diva está cercado de criados: a Garota 6 é levada ao "mestre do cinema" por uma servil secretária negra. Encantado com sua presença, ele a cobre de atenção. Nessa fantasia, o racismo não existe, e tudo é possível. Theresa Randle, sem dúvida a atriz perfeita para o papel, admite em uma entrevista à revista *Interview* que é totalmente obcecada pelo "glamour do cinema clássico". "Quero ser Dorothy Dandridge ou Marilyn Monroe caminhando fabulosa pelo tapete vermelho." Disposta a abraçar a fantasia, Randle, assim como sua personagem, parece não ter dificuldades em ignorar o destino dessas estrelas, que perderam a vida de forma trágica. Elas foram garotas glamorosas que alcançaram o sucesso e morreram jovens. Eram mulheres que desejavam agência sexual e nunca encontraram um modo de obtê-la. Mesmo quando seus sonhos de estrelato se tornaram realidade, não foi o bastante.

Em muitos sentidos, *Garota 6* é um comentário satírico sobre o tema do insaciável desejo sexual feminino que Spike Lee enfatizou em *Ela Quer Tudo*. Como Nola Darling, Judy alega que está narrando a história para limpar seu nome. Nesse momento, parece estar falando por Spike Lee, que também está limpando seu nome com o filme, apagando as acusações de que só era capaz de criar representações machistas de mulheres negras. Com humor ácido, o comentário satírico do diretor é de que estava errado em *Ela Quer Tudo* quando sugeriu que o desejo sexual realmente importava para mulheres "liberadas". Agora ele nos conta que o que mulheres negras sensuais (e todas as mulheres) realmente querem é poder e estrelato — e, se for preciso, vão se prostituir para chegar lá. E obviamente o mundo branco e moderno do cinema (personificado aqui de maneira exemplar por Quentin Tarantino e Madonna) pergunta: "Qual o problema de uma prostituiçãozinha entre amigos? É tudo encenação".

Como Nola Darling, a Garota 6 tem sentimentos conflituosos. Ela quer seguir o caminho até o estrelato, mas não tem certeza se está pronta para fazer o sacrifício, sobretudo se no final precisar entregar sua vida. Se não jogar o jogo, se não estiver disposta a ir até o fim, nunca vai ser um grande sucesso. Quando Judy resiste em Hollywood, ao se recusar a tirar a roupa, ela parte com sua integridade intacta, o que celebra dançando sobre a estrela de Dorothy Dandridge. Ao longe, vemos que não há ninguém esperando fora do cinema para assistir ao filme que é exibido. O letreiro mostra o título: *Garota 6*. Mais uma vez, Spike Lee faz referência ao próprio trabalho em Hollywood. Até determinado ponto, jogou o jogo e teve sucesso, lançando mais filmes que qualquer outro diretor negro até hoje. Contudo, recusou-se a ir até o fim. *Garota 6* é seu gesto de resistência. Ao combinar estratégias de cinema experimental, ao se recusar a falar de modo convencional sobre raça no cinema, ou sobre sexo, ou classe, corre o risco de que o público não reconheça o valor desse trabalho. Ele tem o poder de reclamar o espaço da integridade artística. Trabalhando contra as regras de Hollywood, com *Garota 6* Lee oferece aos espectadores as imagens de identidade feminina negra mais diversas já vistas em um filme hollywoodiano. Representadas como mães, apresentadoras de telejornal, executivas, atendentes de telessexo, as mulheres negras ocupam o centro do filme.

Isso não significa que não seja uma história triste. No fim do filme, os sonhos de Judy não se concretizam. Continuam a ser fantasia. A Garota 6 nunca encontra uma voz sexual. Nós nos despedimos dela como a encontramos, dominada pelo desejo. É apropriado que a trilha sonora do filme tenha sido criada pelo gênio musical do artista antes conhecido como

Prince.[5] Pois ele erotiza a voz na música, criando um reino de promessas sexuais e possibilidades, de angústia articulada e desejos não realizados. Em alguns momentos, a trilha traz uma sensibilidade operística a *Garota 6*. Assim como o mundo do cinema, de Hollywood à pornografia barata, a tradição da ópera nos deu um espaço de encenação onde os desejos das mulheres são sempre traídos, no qual abundam representações negativas de mulheres. No fim do livro *A ópera ou a derrota das mulheres*, Catherine Clément seduz os leitores com a promessa de um mundo no qual as mulheres possam viver sem traições:

> Está cantando, quase inaudível, uma voz de além-ópera, uma voz futura. Uma voz de antes da idade adulta: a voz das ternuras e das meiguices. A voz de um corpo doce, sem distância, que só um corpo real pode fazer surgir. O sono não irá mais despertar sobre uma garotinha morta, e, como quem se espreguiça ao sair da noite, elas cantarão.

É aí que está o espírito de esperança de *Garota 6* de Spike Lee. Ele repousa não na narrativa, mas nas representações.

O filme opera como uma intervenção crítica, abrindo um espaço cinematográfico em que as mulheres podem se desinvestir e desconectar de velhas representações. Importante: essa animadora intervenção crítica será negligenciada se assistirmos ao filme pelos olhos de um feminismo limitado que se agarra ao que Drucilla Cornell chama, em *The Imaginary Domain*

---

[5] Entre 1991 e 2000, em protesto contra sua gravadora, o músico e compositor Prince adotou como nome um caractere impronunciável que unia os símbolos de masculino e feminino. [N.T.]

[O domínio do imaginário], de "a configuração das imagens masculinas". Dizendo de outro modo, se os espectadores simplesmente se incomodam que um homem negro represente a sexualidade da mulher usando nudez feminina e objetificação, então não conseguem ver o quadro completo. Muitas vezes, quando o contexto de um filme é a indústria do sexo, é só isso que todos enxergam. Até agora, as críticas sobre *Garota 6* sugerem que o público não está disposto a ignorar a preocupação cultural fálica com o sexo ilegal para enxergar o que de fato acontece no filme. Parte dessa resistência tem, sem dúvida, a ver com o fato de que os espectadores em nossa cultura ainda precisam aprender a olhar para raça e sexo e ao mesmo tempo enxergar além deles. Em outras palavras, ainda vivemos em uma cultura na qual corpos de mulheres negras são "vistos" de maneira estereotipada sob uma luz sexual — o que torna difícil a tarefa de fazer com que espectadores de qualquer raça considerem nossa imagem capaz de representar temas universais de formações identitárias, agência sexual, resistência feminina, desejos não realizados etc.

A capa da revista *Essence* que tem ao centro a estrela de *Garota 6* traz a legenda: "Spike Lee faz sexo por telefone: ele foi longe demais?". A legenda engana. O filme nos leva para dentro do mundo da indústria do telessexo e além. Os espectadores parecem se recusar a acompanhar todas as outras jornadas desenvolvidas no filme. Para compreender a arte e a visão dessa produção, precisamos resistir à tentação de ver *Garota 6* como uma história apenas sobre o modo como os homens exploram sexualmente o corpo feminino nas indústrias do sexo e do cinema. Com esse trabalho, Spike Lee nos dá um novo terreno cinematográfico, nos recorda de que a resistência é vital se quisermos que Hollywood mude sua maneira de lidar com raça, sexo e classe. A Garota 6 resiste. Drucilla Cornell nos lembra que as mulheres ainda estão lutando para criar um espaço que permita que nossa sexualidade e nossas vozes sexuais falem livremente, no qual a identidade e a performance sexual femininas possam ser representadas em sua diversidade e diferenças. Esse espaço deve ser imaginado e criado tanto por mulheres quanto por homens progressistas e visionários. Afirmando nossa necessidade de empreender essa jornada cultural, Cornell escreve: "Haverá espaço para a mulher que carrega a glória em seu coração apenas se insistirmos que já habitamos nele. Precisamos, pela escrita, tornar essa moradia real, como um lugar para 'existir' de modo diferente, existir sem ter que se adaptar". É por esse espaço cultural que Judy anseia, um mundo no qual não precise se adaptar aos desejos dos outros. Em *Garota 6*, Spike Lee nos deixa entrever a glória. Não desvie o olhar.

02.
transgressão e transformação: *Despedida em Las Vegas*

Há seis anos [em 1990] publiquei *Anseios: raça, gênero e políticas culturais*, uma coletânea de ensaios que trazia a dedicatória: "a você a quem me rendo/ para você por quem espero". Quando o livro estava prestes a ir para a gráfica, várias editoras feministas que trabalharam no projeto expressaram preocupação com a dedicatória. Achavam o uso do verbo "render-se" problemático, desencorajador para as mulheres. Segundo elas, remetia a uma perda de controle, à impotência. Embora eu concorde que "render-se" tenha essa conotação, também significa "entregar-se", "submeter-se". Argumentei que há ocasiões em que a submissão é um gesto de agência e poder, que é preciso distinguir entre uma rendição consciente, um ato de escolha, e a submissão de uma vítima que não tem opção. Naquele momento me pareceu, e ainda parece, que as mulheres precisam entender essa diferença se algum dia quisermos ser capazes de nos realizar dentro da cultura patriarcal.

Para amar por completo, é preciso ser capaz de se render — de abrir mão do controle. Se quisermos conhecer o amor, então não é possível escapar da prática da rendição. Na cultura patriarcal, a disponibilidade de se render coloca as mulheres que amam homens sob o risco de abrir um espaço de vulnerabilidade no qual podemos ser feridas, violadas. Foi isso que motivou a crítica contundente ao amor romântico feita pelas primeiras discussões feministas radicais e levou à crença de que dificilmente uma mulher conseguiria adotar por completo a prática feminista enquanto estivesse em uma relação heterossexual. Daí o ditado: "O feminismo é a teoria, e a lesbianidade é a prática". As mulheres ativas no movimento feminista que continuaram a se relacionar sexualmente com homens tiveram de refletir sobre o que significava uma política da rendição no contexto do amor heterossexual em uma sociedade patriarcal.

Infelizmente, teóricas feministas abandonaram, em grande medida, as discussões radicais da sexualidade e do significado do amor em relações heterossexuais. Muitas vezes, essas preocupações são postas de lado como se fossem irrelevantes, e as questões são abordadas simplesmente chamando a atenção para o machismo dos homens, como se reconhecer essa realidade dispensasse qualquer necessidade de compreender a construção das mulheres e da agência sexual delas dentro desse contexto. Essas questões são levantadas por Mike Figgis em *Despedida em Las Vegas* (1995). Muitas espectadoras feministas simplesmente condenaram o filme como mais um exemplo da imaginação pornográfica masculina em ação. Apesar do modo como o machismo comunica a sexualidade feminina no filme, *Despedida em Las Vegas* é um trabalho ousado na medida em que sugere que o masoquismo feminino no contexto patriarcal não é necessariamente debilitante; pode ser um espaço de abjeção e rendição em que o oprimido recupera um senso de agência. Ainda que utópica, essa visão não condena as mulheres a desempenhar eternamente o papel de vítima.

Despedida em Las Vegas conta a história de Sera, uma prostituta que se apaixona por Ben, um executivo de cinema desiludido, decidido a beber até morrer. Ben escolhe Las Vegas como lugar para se entregar à morte. No início do filme, testemunhamos sua chegada ao fundo do poço no trabalho e nos relacionamentos. A narrativa deixa claro que ele não está procurando ajuda (não é uma história de reabilitação). Tratando a questão do alcoolismo em seu famoso livro *Além da trilha menos percorrida*, o psicólogo M. Scott Peck argumenta:

> Alcoólatras não estão mais desesperados do que qualquer outra pessoa. Todos temos nossas mágoas e aflições — podemos não estar conscientes delas, mas todos as temos. Somos todos pessoas desesperadas, mas os alcoólatras não conseguem mais dissimular, enquanto o resto de nós pode se esconder atrás de nossas máscaras de compostura. Não conseguimos conversar com os outros sobre as coisas que nos são mais importantes, sobre nossas desilusões. Assim, a grande lição do alcoolismo é a natureza da doença. Ela coloca as pessoas em uma crise visível.

Ainda assim, Figgis cria um alcoólatra em crise que não busca redenção. Ele se rendeu a seu destino. Ele corteja a morte.

Em meio a esse flerte, procura um senso de comunidade, e o encontra em Sera. Erroneamente, os críticos trataram o filme como uma história de amor entre dois indivíduos devastados. O sinal da ruptura de Sera seria, supostamente, o fato de se prostituir. No entanto, espectadores e críticos chegam a essa conclusão a partir da lente de sua própria moralidade, da percepção de que trabalhar como prostituta significa que alguém fracassou. Na verdade, o filme perturba muitas feministas exatamente por não apresentar Sera como vítima. Em *Despedida em Las Vegas*, Sera é retratada como uma prostituta que gosta de seu trabalho. Ela gosta do poder de assumir o controle, de usar sua sexualidade como forma de ganhar dinheiro, assim como a prostituta real de *Talk Dirty to Me*, de Sallie Tisdale, que afirma que gostaria de poder ostentar seu conforto material e dizer para as pessoas: "Viu? Sou muito boa de cama! Olhe este apartamento! Olhe o que consegui com a minha buceta!". É essa afirmação de agência feminina em relação ao próprio corpo, exibida no filme pela personagem de Sera, que perturba tanto os espectadores. Muitos escolhem ver essa caracterização como uma fantasia masculina em vez de aceitar que certas mulheres na indústria do sexo carregam esse tipo de sentimento em relação a seu trabalho.

Ao contrário de Ben, o alcoólatra, Sera não está desiludida. Sua vulnerabilidade não vem de sua profissão, mas do desejo de ser enxergada como mais que seu trabalho. Na realidade, ela resiste à desumanização que lhe é imposta pela cultura patriarcal por trabalhar como prostituta. É essa resistência, essa recusa em ser vítima (ou objeto sem poder de escolha) que a atrai para Ben. Ele a seduz por reconhecer sua humanidade, por ver que ela não é definida por seu trabalho e pelo estigma ligado a ele. Esse reconhecimento permite que Sera compartilhe com outra pessoa a percepção crítica do fardo de não se considerar um fracasso, mas ser tratada como se o fosse. Sera responde a esse reconhecimento, à disposição de Ben para acolher sua complexidade, apaixonando-se. Mais tarde, porém, depois de ganhar sua confiança, ele constantemente a faz lembrar: "Nós dois sabemos que eu sou um bêbado e você é uma prostituta". O amor é mais importante para Sera do que para Ben.

Desconfiado de Sera e do amor, em vez de corresponder completamente a esse amor, Ben viola a confiança que ela depositou nele transformando-se com rapidez em um terrorista íntimo. Enquanto Sera é capaz de expressar sem vergonha o quanto necessita de Ben, ele resiste. É essa resistência que transforma a potencial relação amorosa em um laço sadomasoquista torturante. Em *Intimate Terrorism* [Terrorismo íntimo], Michael Miller argumenta que, quando o destino psicológico do eu se mistura à paixão erótica, os indivíduos entram em pânico:

> Quando as pessoas temem aquilo de que necessitam, ficam com raiva de si e daqueles que esperam que satisfaçam suas necessidades [...]. Muitas vezes vemos homens e mulheres em uma relação íntima [...] tratarem uns aos outros com uma crueldade que nunca pensariam destinar a alguém com quem não se importassem.

É exatamente isso que acontece com Ben em *Despedida em Las Vegas*.

Por estar decidido a se render à morte, Ben resiste ao apelo de eros — o chamado para retornar à vida que o anseio e a conexão sexuais endereçam à sua psique. Sua impotência é sinal dessa resistência. Por isso ele insiste que Sera nunca sugira que ele deve procurar ajuda. Ben exige que ela desista de qualquer desejo de que ele fique bem — fique vivo. É essa exigência desigual no relacionamento que cria a dinâmica sadomasoquista. Sera se torna escrava do amor. No final, é ela quem confessa, na terapia: "Percebemos que não tínhamos muito tempo, e eu o aceitei como ele era".

Ao longo do filme, Ben se mostra fascinado por seu flerte com a morte. No prefácio a *As lágrimas de Eros*, Georges Bataille celebra um caso de amor como o de Ben:

> A essência do homem do modo como é colocada pela sexualidade — que é sua origem e princípio — coloca a ele um problema que não tem outra consequência senão uma grave perturbação. Essa perturbação se dá na "pequena morte". Como é possível experimentar plenamente a "pequena morte" senão como um aperitivo da morte final? Guardo fundo no coração a violência do deleite espasmódico. Essa violência, ao mesmo tempo — e tremo enquanto o digo —, é o coração da morte: ela se abre para mim.

Em grande medida, Ben, a alma masculina perdida e gasta, é a personificação da masculinidade traída pelo patriarcado. Antes de partir para Las Vegas, todos com quem tenta se conectar são homens. Seu amigo Peter diz: "Nunca mais me procure". Quando ele se perde, o mundo dos laços homossociais patriarcais que antes lhe dava apoio se fecha. Perdido para si e para os outros precisamente porque sua atração pela morte representa a experiência extrema de viver fora do etos masculino patriarcal, ele está nu e exposto.

À medida que o senso de totalidade de Sera é restaurado pelo ato de amar Ben, ele perde o poder sobre ela. Sera começa a desejar que ele fique bem. Quando expressa esse desejo, é violentamente rejeitada. Mais tarde, Ben viola a casa dela ao trazer outra prostituta, com quem compartilha a paixão erótica que nega a Sera. Mesmo tendo voluntariamente se rendido ao amor, Sera não aceita a violação, em especial do espaço doméstico que é seu santuário e refúgio. Apesar de seu amor por Ben, exige que ele parta. É nesse momento fílmico que a imaginação pornográfica misógina põe as mangas de fora, e vemos que a recusa de Sera em se tornar uma vítima do amor romântico é o que prepara o terreno para que seja brutalmente estuprada. É nessa sequência do filme que a fantasia masculina machista aparece de forma pura e inalterada. Até esse ponto, Sera era uma mulher experiente e forte, que sabia se cuidar. De repente, é mostrada como estúpida, cega pela visão de três estudantes universitários cheios da grana que procuram serviços sexuais. Nessa sequência, Sera é triplamente traída: primeiro, pelos homens que a estupram; depois, pelo amante que a violara; e, por último, pelo cineasta, que sucumbe aos estereótipos de praxe e pune a menina "má". Essa punição masculina à mulher sexualmente decidida que se recusa a ser vítima dá ao filme um viés pornográfico patriarcal previsível e convencional.

De fato, a sequência cruel de estupro anal enfraquece a narrativa mais progressista do filme, na qual o senso de si da personagem é restaurado pela interação saudável com o homem amado. Em entrevista no livro *The Power to Dream* [O poder de sonhar], a escritora Maxine Hong Kingston afirma: "Acredito que, para crescer de fato, as mulheres precisam amar os homens. Esse tem que ser o estágio seguinte do feminismo. Não acredito que o feminismo deva parar no ponto em que nos tornamos fuzileiras navais". Não por acaso, Sera é o exemplo perfeito da mulher sexualmente liberada da sociedade moderna. Sua sexualidade hiperativa serve para mascarar o desejo de ser amada. É no ato de amar que Sera se arrisca a ser vulnerável, não no sexo com os homens. No sexo, ela pode ser indiferente, permanecer no controle. Para amar, ela precisa se entregar. É essa entrega que permite sua redenção. Ao contrário de Ben, ela começa um caso de amor com a vida. Amá-lo faz com que queira viver. Em *Rituals of Love* [Rituais do amor], Ted Polhemus e Housk Randall sugerem que, no ritual de poder sadomasoquista, o submisso acredita que, "ao se submeter a injúrias humilhantes, descobrirá em si uma 'dignidade sublime' e, pela perda do controle sobre suas próprias ações (a vontade por trás do autoabandono), descobrirá maior individualidade". É essa a busca de Sera.

Depois de conquistar o reconhecimento de sua individualidade por meio da ligação recíproca com Ben, ela sente que é impossível voltar a habitar um espaço social onde não é realmente vista. Apesar de pedir que Ben parta, ela continua a amá-lo. Durante o caso dos dois, ela se sentia impotente por não ser capaz de seduzi-lo sexualmente. Até então, a sedução era seu modo de controlar os homens. Em *Da sedução*, Jean Baudrillard caracteriza as relações de poder envolvidas no processo de sedução: "Há algo impessoal em todo processo de sedução, assim como em todo crime; algo ritual, supra-subjetivo e supra-sensual de que a experiência vivida, tanto do sedutor quanto da sua vítima, é apenas o reflexo inconsciente". Sera, a sedutora experiente, é seduzida. Baudrillard afirma que "a sedução sempre visa à reversibilidade e ao exorcismo de uma potência. Se a sedução é artificial, também é sacrificial. A morte é aí um jogo; sempre se trata de captar ou de imolar o desejo do outro". Quando Ben chama Sera, ela obedece, escrava do amor que é. Ao entrar no quarto de hotel decrépito onde ele se encontra à beira da morte, ela lhe oferece a mistura de lágrimas e eros que Georges Bataille exalta em sua obra. Porque o êxtase de Ben é apenas uma preparação para a morte. Ao meditar sobre a morte, sobre o "último instante", Freud observa: "Na dor física há um forte investimento no local dolorido do corpo, investimento esse que podemos chamar narcísico, que aumenta cada vez mais e age sobre o Eu de modo, digamos, 'esvaziador'". É esse estado de vazio que concede a Ben uma aura de alegre indiferença. A alegria seria erradicada no momento da morte se não fosse pela presença de Sera. De acordo com o testemunho de Bataille:

> Para mim, a satisfação de um desejo em geral se opõe aos meus interesses. Mas me rendo, porque de alguma forma brutal aquilo se tornou para mim o fim maior [...], o fim da razão que vai além da razão, é o mesmo que a superação da razão! Na violência da superação, na desordem do meu riso e do meu pranto, no excesso dos arrebatamentos que me despedaçam, eu me apodero da similaridade entre um horror e uma voluptuosidade que vão além de mim, entre uma dor definitiva e uma alegria insuportável!

Ben falha em sua busca pelo encontro solitário com a morte. O desejo por conexão triunfa. Ele consegue partir — verdadeiramente se despedir de Las Vegas — apenas quando se conecta, apenas quando tem uma testemunha.

Sera lhe dá o reconhecimento de que ele necessita antes da morte, assim como ele lhe havia dado o reconhecimento que devolvera a ela a humanidade por completo, que a trouxera de volta à vida. Para Sera, voltar à vida significa reconhecer a dor e o sofrimento. Para superar as mesmas realidades que Ben não conseguiu, ela procura conexão e cura. As feridas da paixão em sua vida se tornam a fonte dessa cura.

Como testemunha da morte, Sera é por fim transformada. Ela experimenta um mundo mais profundo do que aquele de seu cotidiano. Todas as experiências são essenciais para a autorrealização, incluindo as de sofrimento, degradação e dor. Por meio da aceitação de Ben e de si, Sera encontra um modo de experimentar a unidade. Em *No caminho para as núpcias*, a terapeuta junguiana Linda Leonard compartilha seu *insight*:

> Como disse Heidegger, nosso ser deve "estar lá" onde o Ser se abre e se revela, e nossa tarefa é nos abrirmos para a revelação e tentar preservá-la por meio da expressão. Para Heidegger, a abertura fundamental da experiência, para o ser humano, ocorre quando se é capaz de aceitar e afirmar o mistério da morte que existe dentro de cada ser. Porque é na aceitação de nosso "existir-para-a-morte" que renunciamos ao desejo de controlar a realidade e assim nos tornamos capazes de aceitar o que quer que se ofereça a nós. [...] Porque a morte é a transformação e o limiar finais.

Sera cruza o limiar da morte e adentra a vida. Renasce por meio de seu amor redentor. A tragédia de *Despedida em Las Vegas* está no fato de que Ben não se redime ao transgredir barreiras. Esse é o perigo de ser seduzido pela transgressão. No fim de seu ensaio "Is Transgression Transgressive?" [A transgressão é transgressora?], Elizabeth Wilson conclui:

> Transgredimos para reafirmar que existimos e para criar uma distância entre nós e a cultura dominante. Mas precisamos ir além — precisamos ter uma ideia de como as coisas poderiam ser diferentes; do contrário, a transgressão é mera pose. Em outras palavras, a transgressão em si eventualmente leva à entropia, a não ser que carreguemos conosco alguma ideia de transformação. Assim, nossa palavra de ordem deveria ser transformação, e não transgressão.

Se os espectadores de *Despedida em Las Vegas* forem meramente enfeitiçados por enredos sexuais de prazer e perigo, por excesso alcoólico hedonista, por vários clichês de transgressão, vão se deleitar com a tragédia e ignorar o chamado ao amor — a uma transformação completa. Amar é persistir.

03.
Exótica: sucumbir para se libertar

Nos Estados Unidos, poucos filmes tratam de questões de raça, sexo e classe de maneira inclusiva, a partir de uma posição crítica que revela diversidade de pontos de vista. Na nossa cultura, em geral uma das questões ganha ênfase em detrimento de outras. Spike Lee consegue nos apresentar mensagens cinematográficas progressistas sobre raça, mas suas visões sobre gênero são reacionárias. Oliver Stone é capaz de enfocar identidade nacional e imperialismo e ignorar a raça. Artistas deste país têm dificuldade de olhar de modo imaginativo para o panorama mais amplo, porque todos fomos socializados para aprender por partes — para enxergar apenas os fragmentos. Essa forma fraturada de visão leva a maioria dos críticos estadunidenses a ver um filme como *Exótica* (1994), de Atom Egoyan, e não perceber a maneira como a obra trabalha questões de raça, classe e nacionalidade. Observando através de uma lente estreita, enxergam o tema do filme apenas como a sexualidade. Em nossa cultura, a maioria dos espectadores ficou voyeuristicamente fascinada com o clube de striptease, enquanto as várias tramas do filme que não lidavam com questões sexuais foram consideradas desinteressantes.

Na introdução de uma entrevista com Egoyan que recebeu o título "Atom's ID" [A identidade de Atom], publicada na revista *Artforum*, Lawrence Chua escreve: "É uma jovem stripper fantasiada de colegial que nos introduz ao coração das trevas de Egoyan". Por essa declaração, poderíamos supor que o filme começa no clube de strip, quando na realidade chegamos lá apenas depois de nos deslocarmos visualmente por vários lugares. E, quando chegamos ao Club Exotica, mesmo antes de dirigirmos a atenção para a dançarina Christina, ouvimos os sons desse lugar — a música do Oriente Médio, a voz sedutora do mestre de cerimônias do clube. Vemos a decoração exuberante, projetada para evocar a selva — o reino do exótico. Desde o início, emerge um contraste agudo entre o ambiente "exótico" e as atividades mundanas que acontecem ali: as mesmas coisas que se passam em qualquer clube de strip em qualquer lugar do mundo. De cara, então, Egoyan funde o específico e o universal. Nós nos encontramos ao mesmo tempo em terreno familiar e estranho. E essa se torna a metáfora predominante para a psique pós-moderna. De fato, *Exótica* é o exemplo perfeito do filme pós-moderno.

O Club Exotica é uma paisagem diaspórica, um lugar onde indivíduos cruzam fronteiras de raça, sexo, classe e nacionalidade para se encontrar. No filme, as identidades estão sempre disponíveis, nada é o que parece. No ensaio "Identidade cultural e diáspora", Stuart Hall lembra aos leitores que identidade "tanto é uma questão de 'ser' quanto de 'se tornar, ou devir'". Hall argumenta que ela

> pertence ao passado, mas também ao futuro. Não é algo que já exista, transcendendo a lugar, tempo, cultura e história. As identi-

dades culturais provêm de alguma parte, têm histórias. Mas, como tudo que é histórico, sofrem transformação constante. Longe de fixadas eternamente em algum passado essencializado, estão sujeitas ao contínuo "jogo" da história, da cultura e do poder.

O poder da nação e do Estado é registrado nas cenas iniciais de *Exótica*.

No começo do filme, entramos no mundo do cruzamento de fronteiras ao assistir ao treinamento de um jovem negro para atuar como inspetor de alfândega. Ele é ensinado a interrogar tanto com os olhos quanto com a boca, a questionar o que vê, a enxergar aquilo que deve ser questionado. Deve julgar aparências, embora o filme constantemente nos lembre de que esses julgamentos serão sempre falhos, porque nada é exatamente o que parece e tudo está sempre em transformação.

Um hibridismo cultural forma a paisagem do filme desde o início. Os sinais de cruzamentos de fronteiras e misturas culturais estão por toda parte. Entendemos de imediato que não estamos nos bons e velhos Estados Unidos da América. Clubes de strip neste país não tocam música do Oriente Médio, não importa quem sejam os proprietários. A cultura que vemos na tela de Egoyan, onde a diferença é tolerada e o cruzamento de fronteiras é mais a norma do que um espetáculo artificial, foi criada pela imigração, pela mistura, pela integração. É parte da vida, não uma fantasia.

O caráter mundano dessa mistura cultural é marcado pela ausência de qualquer ênfase excessiva na diferença. Vemos imagens fotográficas da esposa negra do protagonista branco, Francis, um auditor fiscal, mas essa ligação inter-racial é naturalizada, assim como o são todos os cruzamentos de fronteiras do filme. Há pouca tensão entre gays e héteros, negros e brancos, imigrantes e não imigrantes. Nesse mundo fictício da diferença, Egoyan sugere que o desejo — o anseio por conexões e o medo da perda — é o fio que conecta, é a experiência comum. Na introdução a meu livro *Anseios: raça, gênero e políticas culturais*, concluo com uma declaração que espelha a percepção de Egoyan:

> Nosso desejo político de mudança é muitas vezes visto separado dos anseios e paixões que consomem tanto do nosso tempo e energia na vida cotidiana. O domínio da fantasia, em particular, é frequentemente visto como se fosse completamente separado da política. [...] Certamente, nosso desejo de mudança social radical está intimamente ligado ao desejo de sentir prazer, satisfação erótica e muitas outras paixões. [...] O "anseio", como espaço compartilhado e sensação, torna possível um terreno comum no qual todas essas diferenças possam confluir e mobilizar umas às outras. Pareceu-me apropriado, então, expressar este anseio.

Ao longo de *Exótica*, a intensidade emocional é marcada por anseios não satisfeitos.

A inabilidade de expressar anseios — o poder da repressão — é articulada pelos dois personagens masculinos principais, o homem branco hétero Francis e o introvertido gay branco Thomas, dono de um pet shop. Ambos carregam paixões reprimidas às quais podem dar vazão apenas em encontros com um "outro". O desejo inconsciente de um encontro com a "alteridade", Egoyan sugere, emerge daquele espaço interno de desconforto com nossos anseios, onde lhes negamos poder, ao mesmo tempo que os transferimos e transpomos para o outro, via fantasia. Então, procuramos satisfação nesse outro.

Vulneráveis durante nossa busca, vagamos por locais desconhecidos, expondo aquelas mesmas partes de nós que procuramos ocultar nos espaços familiares. Ao transgredirmos as fronteiras da norma, esperamos superar sentimentos de perda e redescobrir o caminho para casa. Virando de cabeça para baixo o paradigma colonial de conquista e dominação, Egoyan sugere que o colonizador branco perdido e carente procura se livrar do impulso colonizador mergulhando sua identidade no mundo do outro, com a esperança de ser transformado. É essa transformação redentora que Francis busca quando a civilização e a família que havia construído desmoronam. Não mais "no comando" da situação, não mais atrás da câmera filmando vídeos caseiros, Francis foi violado. É esse sentimento de violação compartilhada que o conecta à stripper Christina.

Para experimentar o reconhecimento, ele precisa deixar o mundo do lar e encontrar um local de refúgio. O Club Exotica surge, então, como um santuário. A aura imaculada de privilégio material da casa de Francis contrasta com a decoração exagerada e decadente do Club Exotica. Ainda assim, é no "submundo" que Francis espera encontrar satisfação para seu anseio. Em seu diálogo com Christina, nós o ouvimos apresentar um paradigma patriarcal de masculinidade e paternidade: ouvimos enquanto ele busca confirmação de sua habilidade para proteger aqueles que ama. Ouvimos Francis afirmar que jamais os abandonaria. Quando sua filha é assassinada, quando sua mulher morre em um acidente de carro, ele precisa encarar a realidade de sua própria impotência. Enquanto o drama que ele encena com Christina tem como objetivo afirmar e reafirmar sua potência sexual, na verdade o mero ato de regressão é o que permite que ele reprima a verdade da impotência e do desalento. A família que ele conhecia não existe mais. É essa verdade que ele não consegue aceitar. Traição e morte ressaltam a fragilidade do mito da inteireza. Até mesmo o vídeo caseiro, em que vemos a mão da esposa negra protegendo a filha do olhar invasivo e potencialmente violador do pai branco, é testemunha de que a vida familiar pacífica pela qual Francis anseia em sua nostalgia pode ter existido apenas no reino da fantasia. Sua necessidade de se agarrar à fantasia o leva a reprimir a memória do trauma (ou seja, da perda), fingindo, com a ajuda da babá Tracey, que nada mudou, tentando recriar com Christina os laços de amor que compartilhava com a filha. Ela compreende porque guarda suas próprias memórias de violação.

Sem perceberem conscientemente, os dois buscam a cura um no outro. Na entrevista a Lawrence Chua, Egoyan reconhece que é "fascinado por personagens que não têm acesso ou contato com uma forma de terapia profissional ou tradicional e, portanto, precisam criar as próprias formas". Ainda assim, o espaço de cura não é aquele onde se dá a interação entre Christina e Francis. A cura acontece apenas quando Eric, o mestre de cerimônias sedutor que foi amante de Christina, perturba os diálogos de faz de conta, rompe a negação. Desse modo, Eric recria o trauma da perda, permitindo que Francis expresse tanto sua raiva quanto seu luto. Como afirma a psicóloga Judith Viorst em seu livro *Perdas necessárias*, o fracasso em reconhecer agressões pode levar à ausência de amor. Francis precisa deixar o estado narcisista autocentrado, no qual idealiza mulher e filha, para lidar com o mundo real, onde deve encarar a desilusão e a perda. Ele encontra a reconciliação longe do espaço da negação. Quando Francis se depara com Eric sob as sombras da noite e encara o dragão, vê ali o espelho de sua própria dor e consegue encontrar alívio. No momento em que Eric identifica a dor do passado e concede, por meio de memórias em comum, o reconhecimento de que Francis necessita para ficar bem, este pode se recompor. O abraço que trocam é o momento de redenção e reconciliação.

Ao mesmo tempo, Christina reconquista sua subjetividade não por meio da relação com Francis, mas pelo encontro com Thomas. Ao contrário de todos os outros homens que a procuram buscando realizar seus anseios e desejos sexuais, Thomas está lá apenas como testemunha. Quando os dois personagens se conhecem, o diálogo entre eles é de reciprocidade. Os dois compreendem o que está acontecendo. Testemunhar o sofrimento de Francis fez com que desenvolvessem compaixão e um coração aberto. Com Thomas, Christina pode dar e ele pode receber. Entre eles não há possibilidade de traição.

O tema da traição na família de origem é constantemente evocado em *Exótica*. Mesmo que Francis idealize a relação com a filha, sua ânsia compulsiva por "possuí-la" é um desejo que poderia facilmente ter levado a uma violação. Quando transpõe seus sentimentos para a jovem Christina, que de fato sofre abusos no contexto familiar, e lhe assegura que o pai sente por ela o mesmo que ele sente pela filha, a possibilidade da violação é ressaltada. Onde quer que haja uma conexão intensa, há o potencial para violação. Repetidas vezes encontramos em *Exótica* o tema do abuso infantil. Aquele "trauma" precoce é representado pelo striptease da colegial. Os pais "simbólicos", homens adultos que se excitam com essa fantasia, nos remetem àquela tensão, ao que pode acontecer entre o poderoso e o indefeso. E, se os espectadores por acaso não "sacarem", por estarem fascinados e excitados demais com a apresentação do striptease da colegial, o corpo gestante de Zoe está lá para lembrar onde tudo começa. Seu filho foi concebido em um ato de traição. Zoe é filha de uma mãe que a traiu e traiu outras mulheres. É Christina quem nomeia a traição da mãe, quem articula que dissimulação e engano, e não amor, foram as bases do laço entre mãe e filha, tanto real quanto simbólico. É ela quem lembra das vezes em que Zoe repudiou a vida da mãe e desejou um destino diferente. Christina acusa Zoe de fracassar na invenção de uma existência apartada das fantasias da mãe.

O laço entre Christina e Eric é rompido pela traição. Traição diz respeito sempre a abandono. Esse é um tema central no filme. Está na relação entre Thomas e o agente da alfândega que o intimida. De forma voyeurística, assistimos à ternura do jogo de sedução, sabendo que resultará em traição. Está na relação entre Francis e seu irmão. Apesar das diferenças de raça, classe, sexo, nacionalidade, todos os indivíduos do filme são feridos pelo abandono, pela violação. Essas feridas da paixão são resultado de traumas de infância, da memória de uma perda irreconciliável. Em *Perdas necessárias*, Judith Viorst sugere que o medo do abandono emerge na infância, uma vez que o êxtase da conexão entre mãe e criança é rompido. Nossa dor reside no fato de que crescer demanda renúncias, sair do paraíso. Viorst argumenta:

> Reconhecemos um paraíso e um paraíso perdido. Reconhecemos um tempo de harmonia, de integração total, de segurança inviolável, amor incondicional... e um tempo em que essa integração foi irrevogavelmente rompida. [...] Nós o reconhecemos como realidade e como sonho. E [...] desejamos também recapturar o paraíso perdido daquela conexão perfeita.

Egoyan nos mostra que a fantasia é um lugar onde continuamos a buscar pelo paraíso.

Em última análise, no entanto, o filme mostra que nem mesmo a realização da fantasia põe fim ao nosso anseio. Na cultura de *Exótica*, o fim do desejo não é a realização, mas o reconhecimento do local de sofrimento. Para nos tornarmos inteiros, devemos estar dispostos a ganhar consciência por meio da vivência da dor. Como lembra Carl Jung, as forças do mal nos cercam quando permanecemos incapazes de reconhecer as sombras. Para experimentar a salvação, os personagens de *Exótica* precisam encarar a verdade. Precisam parar de mentir para si e para os outros.

O chamado para superar a negação e encarar a realidade — a verdade — é marcado pela letra assombrosa e provocante da canção "Everybody Knows" [Todo mundo sabe], de Leonard Cohen, tocada várias e várias vezes quando Christina faz sua apresentação como colegial. A verdade de nosso trauma coletivo é o conhecimento que todos compartilhamos. Sabemos que, em grande medida, esse trauma ocorre na família de origem, no espaço da infância. A inocência pela qual ansiamos, sugere Egoyan, foi sempre e somente uma fantasia. Para voltar à verdade, para nos salvarmos, precisamos ter a coragem de nos lembrar.

No fim de *Exótica*, somos levados em uma jornada que retorna até a infância de Christina. Testemunhamos seu anseio por ser amada e protegida. Vemos seu desejo de viver em um mundo onde não será violada nem abusada. Enxergamos sua necessidade de ter sua dor reconhecida. E confrontamos a dolorosa realidade de que ninguém vem para resgatá-la do espaço do trauma, de que ela não tem outra escolha senão sair do carro (o espaço de intimidade que compartilha com o pai simbolicamente amoroso) e voltar, de coração partido, para casa.

É a imagem dessa dor que permanece conosco. Uma imagem tão intensa que encontramos consolo apenas ao relembrar o filme e ver que Christina conseguiu se distanciar das mágoas da infância para adentrar, primeiramente, um mundo adulto de repetição simbólica do trauma e, então, um espaço de cura onde pode deixar o passado para trás e se libertar. Em *Exótica*, de Atom Egoyan, a transgressão, a destruição de barreiras, é essencial para o processo de autorrecuperação. Todos precisam sucumbir para se libertar. O rito de passagem é a jornada que se afasta da negação em direção ao reconhecimento e à reconciliação.

04.
Crooklyn — Uma Família de Pernas pro Ar: a negação da morte

Hollywood não gosta muito de lidar com a boa e velha morte melancólica. A morte que capta a imaginação do público nos filmes, a morte que vende, é violenta, glamorizada, sexualizada e passional. Filmes como *Um Passo em Falso* (1992), *Amor à Queima-Roupa* (1993), *Cães de Aluguel* (1992), *Perigo para a Sociedade* (1993) e *Um Mundo Perfeito* (1993) nos oferecem o impacto sensorial da morte implacável. Ela é feroz — intensa —, e não há tempo para o luto. Mortes que fazem com que o público se sinta contemplativo, triste, consciente da natureza transitória da vida humana, têm pouco apelo na tela grande. Quando retratada nas produções hollywoodianas contemporâneas, a morte é veloz, romantizada por meio de iluminação suave e trilha sonora lúgubre. Nos filmes, a visão e os sons da morte não duram tempo suficiente para perturbar os sentidos, para nos lembrar de que o pesar pelos mortos pode ser longo e inexorável. Quando filmes hollywoodianos retratam mortes melancólicas, os espectadores chegam prontos para chorar. Filmes como *Filadélfia* (1993) fazem do apelo emocional sua propaganda, para que os espectadores entrem na sala preparados. Mesmo antes que os ingressos sejam vendidos e as poltronas ocupadas, todos sabem que as lágrimas fazem parte do pacote e que o choro não vai durar muito.

Tais são as políticas raciais de Hollywood que não é possível representar a morte e a mortalidade de forma séria quando os personagens são afro-americanos. Mortes negras melancólicas não estão em alta. No sucesso de bilheteria *O Guarda-Costas* (1992), a irmã de Rachel Marron (Whitney Houston) é assassinada acidentalmente pelo homem que ela própria contratou para matar Rachel. Não há luto, não há rememoração. Na maioria dos filmes hollywoodianos, a morte de negros é violenta. Em geral, é banalizada e ridicularizada. Como no momento horrivelmente homofóbico de *Perigo para a Sociedade* no qual um jovem negro viciado em crack, segurando um hambúrguer de fast-food e à procura de drogas, diz ao poderoso traficante: "Eu chupo seu pau", para, em seguida, ser morto por ousar sugerir que o chefão do tráfico poderia se interessar pela oferta. Satisfeito com o assassinato, o gângster ri e oferece o hambúrguer para os presentes, um gesto que define o valor das vidas negras. Não valem nada. São carne morta.

A crueldade hollywoodiana não poupa nem as crianças negras. Espectadores de *Paris Trout* (1991) testemunham o massacre brutal e lento de uma talentosa menina negra do Sul por um poderoso homem branco racista e sádico. Os homens negros de sua família são retratados como completamente indiferentes ao crime. Covardes demais para salvá-la ou vingar sua morte, aceitam, por alguns trocados, mostrar ao advogado de defesa do assassino as manchas de sangue deixadas pelo corpo da menina ao ser arrastado e os incontáveis buracos de bala nas paredes e na mobília. A vida dela não vale nada.

Os espectadores estão tão acostumados às representações brutais de mortes de pessoas negras em filmes de Hollywood que ninguém se indigna quando nossos corpos são violentamente massacrados. Não consegui encontrar um filme hollywoodiano sequer no qual uma criança branca seja vítima de um assassinato brutal e prolongado cometido por um homem branco poderoso — nenhuma imagem comparável à morte retratada em *Paris Trout*. Ainda assim, nenhum grupo nos Estados Unidos protestou publicamente contra essa cena — mesmo que *Paris Trout* seja exibido com frequência na HBO, atingindo um público muito maior do que aquele que vai regularmente ao cinema e penetrando os espaços íntimos da vida doméstica e o mundo privado dos valores familiares. Ao que parece, a representação do assassinato explícito e prolongado de uma garotinha negra não é capaz de chocar ou gerar luto e protestos. Há uma concordância cultural coletiva de que a morte de negros é inevitável, sem sentido e sem muito valor. De que não há nada a lamentar.

É essa cultura cinematográfica que Spike Lee confronta com seu filme *Crooklyn — Uma Família de Pernas pro Ar* (1994), que representa de forma superficial questões de morte e mortalidade na vida dos negros como se nossa sobrevivência de fato importasse, como se nossos corpos vivos contassem, ao mesmo tempo que, em última análise, acaba por reafirmar a tradicional mensagem hollywoodiana em relação à morte de negros. Lee fez um filme tão provocador quanto controverso. Para apresentá-lo a consumidores que não levam a sério vidas negras, a publicidade dá poucas pistas de seu verdadeiro conteúdo. Anúncios enormes dizem: "O hilário *Crooklyn*, de Spike Lee, é a escolha mais inteligente", sugerindo que a produção se trata de uma comédia. A seriedade de seu tema precisa ser minimizada, ignorada, negada. Esperando assistir a uma comédia, espectadores com quem falei ficaram mais intrigados do que frustrados com o fato de os elementos cômicos do filme terem sido ofuscados pela representação séria de uma família em crise, que culmina com a morte da mãe. Ao fim do filme, a maioria das pessoas no cinema no Village onde assisti à produção pela primeira vez dizia: "Não era o que eu esperava. Não é como os outros filmes dele". *Crooklyn* difere dos trabalhos anteriores de Lee, em primeiro lugar, porque a protagonista é uma menina de dez anos chamada Troy (Zelda Harris). É raro vermos longa-metragens hollywoodianos estrelados por atrizes negras, ainda mais por atrizes mirins. Positivamente radical nesse aspecto, o filme convida o público a enxergar a experiência negra pelos olhos de Troy, a adentrar os espaços de seu universo emocional, o mundo íntimo da família e dos amigos que são a base de sua existência e dão significado à sua vida.

A magia de Lee como cineasta tem se expressado por meio da construção cinemática de um espaço estético em que imagens descolonizadas (ou seja, visões de negritude que desafiam e se opõem a estereótipos racistas) são representadas de forma amorosa. Entretanto, essa intervenção radical é muitas vezes enquadrada por uma narrativa dominante convencional e estruturas de representação que reinscrevem à força normas estereotipadas. O humor sombrio do retrato familiar presente na publicidade do filme é um exemplo. Espectadores querem ver essa imagem, não imagens que desafiem essa perspectiva. Essa posição contraditória tende a minar a habilidade de Lee para subverter e/ou alterar retratos de negritude dominantes e colonizadores. Suas imagens radicais são frequentemente ofuscadas por caracterizações arquetípicas e podem ser facilmente negligenciadas, sobretudo por espectadores mais acostumados a esperar estereótipos previsíveis. Até mesmo públicos progressistas e atentos podem ser tão dominados pelo fascínio com a "alteridade" engraçada e cheia de suingue dos personagens negros típicos dos filmes de Spike Lee que se recusam a "enxergar" qualquer representação que desafie modos convencionais de olhar para a negritude. A crítica de J. Hoberman a *Crooklyn* publicada no jornal *Village Voice* é um exemplo perfeito do modo como o ponto de vista pode determinar como vemos o que vemos. Hoberman não viu um filme que enfatiza questões de morte e mortalidade. Em sua interpretação, "os momentos mais duros do drama familiar de Lee" são exemplificados por discussões à mesa de jantar e discordâncias sobre programas de TV. Na verdade, para Hoberman o filme não tem "nenhuma trama específica". Sem mencionar a morte da mãe, ele não viu que a produção constrói um contexto no qual esse evento, mais do que qualquer outro, leva ao amadurecimento da menina negra aos dez anos. Hoberman se deixa envolver muito mais pelos aspectos cômicos do filme, em especial aqueles centrados no filho mais velho dessa família de quatro meninos e uma menina, Clinton (Carlton Williams), o personagem que mais se assemelha a Spike Lee. Assim como os espectadores com quem conversei, Hoberman parece muito mais fascinado com as excentricidades de Lee, o cineasta controverso, do que com o conteúdo do filme. Ao desviar a atenção de *Crooklyn* para seu diretor, nem Hoberman, nem ninguém precisa interrogar o filme por si só. Para fazê-lo, seria necessário aceitar o tratamento que essa produção dá à morte e à mortalidade, pois é esse aspecto do filme que falha em estimular e desafiar nossa imaginação.

Crooklyn se torna mais convincente nos momentos em que oferece representações ficcionais de subjetividade negra raramente vistas no cinema dominante, imagens que ao mesmo tempo se opõem a estereótipos racistas e a noções simplistas de retratos positivos da "família negra". A família negra com casa própria, artística e progressista retratada no filme é única. Os Carmichael de modo algum representam a burguesia negra tradicional. Não são obcecados por ascensão social e armadilhas materiais do sucesso. São contraculturais — uma mistura do movimento nacionalista pelo aprimoramento da raça[6] com uma subcultura boêmia artística — e representam uma alternativa às normas burguesas. Uma família dos anos 1970 que ousa ser diferente. Woody (Delroy Lindo), o pai, é aspirante a músico e compositor de jazz; a mãe, Carolyn (Alfre Woodard), professora que foge aos padrões. Por meio de uma criação liberal, os cinco filhos são encorajados a ser indivíduos únicos, com seus próprios interesses, paixões, obsessões. Não são crianças comuns; eles votam democraticamente para decidir a qual programa de TV vão assistir. Devem todos participar igualmente nas tarefas domésticas. Apesar de a política familiar ser moldada pelo pensamento nacionalista negro, o mundo em que os Carmichael vivem é multicultural e multiétnico. Italianos, latinos, gays e héteros, jovens e velhos, os abastados e os despossuídos são todos parte da mistura. Esse é o verdadeiro mundo do hibridismo cultural e do cruzamento de fronteiras exaltado por críticos progressistas contemporâneos. Em grande medida, o filme

---

[6] A ideologia de "aprimoramento da raça" surgiu nos Estados Unidos entre o fim do século XIX e o início do XX, partindo de uma classe média negra que acreditava no autoaperfeiçoamento como forma de se "igualar" aos brancos, que tomou para si a responsabilidade de desenvolver instituições para que as massas negras pudessem se aprimorar em termos de cultura e educação, buscando uma respeitabilidade que, acreditavam, enfraqueceria o racismo. [N.T.]

retrata esse mundo "como ele é", com suas imagens artificialmente positivas ou excessivamente negativas.

No início do filme, podemos nos deleitar com cenas que se opõem ao retrato cinemático dominante unidimensional que estamos acostumados a ver sobre a vida negra urbana. Abrindo em um estilo de documentário fictício (inicialmente ressaltado pela fotografia de Arthur Jafa), Lee oferece um corpo panorâmico de imagens visuais de comunidades negras que rompem com as representações hegemônicas. Ao dar ênfase a cenas de brincadeiras e lazer, à beleza dos corpos negros, ao rosto de crianças e idosos, corpos que participam da vida cotidiana, o filme revela a alegria de viver em detrimento das imagens habituais de desumanização racial e privação. Essas cenas apontam para uma elevada criatividade, uma imaginação desenfreada que cria esplendor em um mundo de falta, que torna a elegância e o encanto partes muito comuns do dia a dia, para que se tornem uma expressão corriqueira da comunhão natural com o universo.

A sequência de abertura é composta por imagens em movimento que funcionam como foto-legenda, pedindo que sejamos leitores resistentes capazes de abraçar uma visão de negritude que subverte e desafia o modo normal de ver e olhar. Lee mobiliza uma política de representação que a crítica cultural Saidiya Hartman descreve, no ensaio "Roots and Romance" [Raízes e romance], como "um trabalho crítico de reconstrução": "É uma obra decididamente contra-hegemônica cujo objetivo é estabelecer outros padrões de valor estético e possibilidade visual. A intenção do trabalho é ser uma representação corretiva". Essa estratégia se realiza em raros momentos ao longo de *Crooklyn*. É extraordinário seguir por onde a câmera nos leva — avistar imagens tão empoderadoras. Seduzido por esse momento inicial de intervenção radical, pela forma como quebra paradigmas e pede novos modos de ver, o espectador enfeitiçado pode permanecer em um torpor de deleite até o fim do filme, fracassando em experimentar os modos como a direção cinematográfica e a estrutura narrativa que vêm a seguir contrariam e enfraquecem aquelas representações subversivas iniciais. É preciso fazer uma distinção entre representações opositivas e imagens de negritude romanticamente aclamatórias e enaltecedoras tornadas invisíveis pelo pensamento supremacista branco, como o cinema veicula. A visibilidade não significa que certas imagens sejam inerentemente radicais ou progressistas. Hartman convoca críticos culturais a questionar rigorosamente essa distinção, a fazer as perguntas necessárias:

> Em resumo, de que forma narrativas redentoras da negritude são moldadas e comunicadas por um racialismo romântico, a representação pastoril e sentimental de vidas negras? Quanto desse discurso de autenticidade cultural negra e afrocentrismo é moldado e veiculado por essa construção de africanidade e até que ponto mantém e naturaliza a hegemonia cultural branca?

Crooklyn é apresentado como uma narrativa de redenção. As representações contra-hegemônicas que vemos no início servem para mascarar tudo que há de "errado" com essa imagem.

Desde o primeiro momento em que vemos os Carmichael à mesa do jantar, nos é oferecida uma representação acrítica de sua vida familiar normal. Filmadas como "docudrama", essas cenas iniciais parecem inocentes e neutras. No entanto, o estilo de apresentação de documentário etnográfico sobre rotina diária exige que o espectador não encontre nada de errado nessa imagem. A câmera naturaliza de maneira agressiva. Didáticas, essas cenas familiares são apresentadas como incontroversas; assim, parecem ser representações positivas, e Lee alcança seu objetivo de levar para a tela grande sujeitos estéticos negros "autênticos" que raramente são vistos.

Como o gênio cinematográfico de Spike Lee costuma se revelar melhor nos momentos em que o diretor documenta aspectos familiares de um rico legado cultural negro para o qual convergem referências e códigos coletivos internos que podem ou não ser percebidos por quem está de fora, fica fácil ignorar o fato de que essas representações contra-hegemônicas são constantemente desmentidas por imagens estereotipadas. Quando essas imagens são combinadas ao uso de um humor escrachado, tomado emprestado da cultura branca dominante, emerge uma atmosfera carnavalesca que parece mais direcionada a um público de massa majoritariamente branco. Essa apropriação cultural, que dá ao filme um apelo mais comercial, fica mais evidente nas cenas em que Troy viaja ao Sul para ficar com parentes em um subúrbio da Virgínia. Ainda que a fotografia demande que o público se distancie de qualquer noção do "real" e abrace o "ridículo e absurdo", essas cenas parecem estúpidas, sobretudo a morte misteriosa e nada cômica do cachorro que é o xodó da tia. Lee se esforça demais para criar nessas cenas uma atmosfera cômica que contraste com a seriedade do lar dos Carmichael, mas simplesmente não funciona. O uso da lente anamórfica[1] confunde. Sem dúvida foi por isso que alguns cinemas colocaram cartazes nas bilheterias avisando aos espectadores que essa transição não era um problema na

---

1 Tipo de lente utilizada para dar às cenas um efeito etéreo, onírico. [N.E.]

projeção. Tentativas elaboradas de disfarçar a questão à parte, nessas cenas Lee ridiculariza de forma caricatural e desinteressante a classe média negra sulista (que mais parece composta de pessoas do Norte fantasiadas, representando a vida do Sul à moda das comédias de stand-up clássicas de Hollywood). Bem, o que Lee nos oferece é *blackface*.[8] É tudo muito previsível, e o espectador fica esperando ansiosamente retornar à casa da família Carmichael. Porém, é preciso apontar que, ao mesmo tempo que Lee constrói estrategicamente imagens e cenas que naturalizam as disfunções dos Carmichael, ele insiste em tornar essa família patológica. A tentativa de criar uma representação contra-hegemônica falha.

Desde o início, qualquer um que enxergue a família Carmichael sem adotar a lente cor-de-rosa que o filme oferece perceberá que eles são seriamente disfuncionais. Ao longo do filme, observamos transtornos alimentares (uma das crianças é coagida a comer por meio de intimidação verbal, a ponto de vomitar sobre o prato em certa ocasião) e um vício excessivo em açúcar (o pai que coloca meio saco da substância branca em uma jarra de limonada, que se empanturra de bolo e sorvete e está sempre comprando doces; tudo isso sinaliza que ele pode ser viciado em algo mais do que açúcar, mesmo que o filme não o mostre abertamente como usuário de drogas), acompanhados de uma instabilidade econômica simbolizada por falta de dinheiro para prover alimentação variada e corte da eletri-

---

[8] Caracterização ofensiva de artistas brancos como personagens negros, geralmente com o intuito de ridicularizar os traços físicos e culturais da população negra. A prática surgiu com os espetáculos de menestréis (*minstrel shows*, ou *minstrelsy*, em inglês), um tipo de entretenimento popular nos Estados Unidos no século XIX. [N.E.]

cidade, assim como pela incapacidade do pai em gerir as finanças (o filme nunca nos mostra o que ele faz com seu dinheiro): todas essas são pistas de que há problemas sérios no lar dos Carmichael. Ao tornar corriqueira essa imagem da família, Lee assume uma posição que não aborda a questão do abuso psicológico. Todas as interações são construídas para parecerem naturais, comuns, cômicas — e não trágicas. As raízes autobiográficas de Crooklyn podem explicar por que Lee é incapaz de assumir outra posição que não a de repórter "objetivo". Ao trabalhar sobre um roteiro escrito de maneira colaborativa com a irmã, Joie, e o irmão, Cinqué, Spike Lee pode ter sentido a necessidade de se distanciar do material. Sem dúvida, são o distanciamento e o desapego emocionais que caracterizam as interações entre os membros da família no filme.

Para escrever o roteiro, Joie Lee se baseou em suas memórias familiares e afirma ter buscado "as poucas lembranças da minha mãe", que morreu de câncer quando ela tinha catorze anos. Ainda assim, as crianças em Crooklyn são bem mais novas e claramente muito ambivalentes em relação à mãe. Retratada como uma Sapphire[9] dos tempos atuais, herdeira direta da personagem de Amos 'n' Andy,[10] Carolyn, a mãe, responde à crise

---

[9] Sapphire é um estereótipo racista comum nos Estados Unidos que consiste em apresentar mulheres negras como fortes, dominantes, agressivas e castradoras, em oposição à passividade, fragilidade e domesticidade da feminilidade branca. Também conhecido como "matriarca negra", o estereótipo foi usado para culpar as mulheres negras pelos problemas sociais na sociedade civil negra e justificar o abandono delas por maridos e amantes. [N.T.]

[10] Amos 'n' Andy era uma comédia de rádio, transmitida nos Estados Unidos nas décadas de 1930-1950, criada por comedianes brancos que representavam personagens negros de forma caricata, reforçando estereótipos racistas. Posteriormente foi transformada em série de TV, exibida entre 1951-1953. [N.T.]

econômica da família reclamando o tempo todo e irrompendo em acessos irracionais de raiva e indignação que dão à personagem uma qualidade cruel e, às vezes, abusiva. Mesmo que os problemas econômicos que a família enfrenta sejam causados pelo desemprego de Woody, este recebe do filme um tratamento benevolente. Retratado de forma sedutora, como aspirante a artista que apenas quer ser deixado em paz para compor sua música, Woody está sempre relaxado e calmo. Estereótipos machistas/racistas de identidade de gênero na experiência negra são evidenciados na construção dos personagens Carolyn e Woody. Apesar de ser glamorosa, bela em seu estilo afrocentrado, ela é retratada como uma deusa-megera. Seus encantos físicos atraem na mesma medida que sua fúria e sua hostilidade imprevisíveis alienam e afastam. De acordo com estereótipos machistas da matriarca negra castradora, Carolyn usurpa a autoridade parental do marido ao insistir que, como principal provedora, é a única figura de autoridade com o direito de dominar, humilhando Woody na frente dos filhos. Esses aspectos de sua personalidade nos encorajam a vê-la com antipatia e a simpatizar com Woody. Ela é o bandido, ele, o mocinho. A irresponsabilidade e o mau uso de recursos são legitimados pela sugestão de que Woody tem uma mentalidade artística, e não prática. Não pode ser responsabilizado. Como a fúria de Carolyn é mostrada de maneira exagerada, é fácil esquecer que ela tem razões concretas para se sentir decepcionada, irritada, enraivecida. Retratada como vingativa, estraga-prazeres, perigosa e ameaçadora, seus momentos de ternura e doçura não são suficientemente enfatizados para contrabalancear os momentos negativos. Até mesmo sua doçura é retratada como um gesto manipulativo, enquanto o "doce" comportamento de Woody é uma marca da sensibilidade artística que eleva seu valor.

Como artista, Woody personifica o princípio do prazer, a vontade de transgredir. Sempre retratado como gentil, sua resposta mansa à vida é infinitamente mais cativante que a ética adotada por Carolyn de que "você deve trabalhar duro para arcar com suas responsabilidades". Ser responsável parece deixá-la "maluca". Em determinada cena, as crianças estão assistindo a um jogo de basquete quando ela as encoraja a desligar a TV para fazer o dever de casa. Eles se recusam a obedecer, e ela perde as estribeiras. Woody intervém, mas não para oferecer apoio ou reforço, e sim para ficar contra ela. Carolyn se torna a vilã que cerceia a liberdade dos filhos de se entregar a prazeres sem responsabilidade. Woody responde a essa raiva tornando-se fisicamente intimidador. A violência doméstica na vida dos negros é suavizada, retratada como uma questão familiar na qual não há vítimas nem abusadores — quando, na verdade, Carolyn foi humilhada e fisicamente atacada. Sua exigência de que Woody saia de casa faz com que pareça que ele é a vítima, e as crianças inicialmente o apoiam, confortando-o e pedindo que fique. A dor de Carolyn passa despercebida para seus filhos homens. É Troy, que atua como cuidadora, quem assume o papel feminino tradicionalmente definido e desejável.

Em marcante contraste com Carolyn, a menina de dez anos se preocupa com a feminilidade. A mãe expressa raiva por não poder "fazer xixi sem ter seis pessoas penduradas nas minhas tetas", repudiando pensamentos machistas convencionais sobre o papel da mulher. Troy adere a noções tradicionais de feminilidade. Cativante, adorável, ela manipula por meio de um charme bem treinado. É ela quem aconselha o pai a sair com

Carolyn para que se reconciliem. Troy personifica todos os elementos desejáveis de uma feminilidade definida de modo machista. É sua capacidade de escapar para um mundo de fantasias românticas que faz com que sua angústia e seus tormentos internos sejam ignorados por ela própria e por todos à sua volta. Quando mente, rouba e trapaceia, seus atos de desobediência não têm consequências. Como a princesinha da casa, ela tem privilégios que são negados aos irmãos. Quando a mãe adoece, apenas Troy recebe proteção dessa realidade dolorosa: é enviada ao Sul.

Na casa dos parentes sulistas, Troy conhece uma prima de pele clara, cujos interesses são retratados como convencionalmente femininos, tanto que se mostra ansiosa para criar laços com sua hóspede. Em contraste, Troy assume um "papel de megera". Até ser conquistada, ela age de modo hostil e desconfiado. Ao representar a garota de pele clara como "boa" e Troy como "má", *Crooklyn*, como todos os filmes de Lee, perpetua estereótipos que classificam as mulheres de pele escura como "cruéis". Enquanto a prima é amorosa, Troy é narcisista e indiferente. Quando decide voltar para casa, é a prima quem fica triste, porque o tempo delas juntas vai acabar. Ela corre ao lado do carro que leva Troy, acenando com ternura. Troy parece não se importar. Esse encontro nos prepara para sua transformação de pequena princesa infantil em minimatriarca.

Ao chegar, Troy é levada diretamente ao hospital para ver a mãe e recebe instruções sobre como deve assumir o papel de cuidadora. Teóricas feministas contemporâneas têm apontado para a infância como um momento na vida feminina em que temos acesso a uma esfera de poder mais ampla do que aquela que nos é oferecida na vida adulta. Ninguém no filme se preocupa com a perda da infância de Troy. A interrupção de sua infância contrasta profundamente com a liberdade dos irmãos de manter suas paixões e o espírito de diversão. Clinton, o garoto mais velho, não precisa abrir mão de seu gosto por esportes para se tornar responsável porque a mãe está doente e vai morrer. Ele ainda pode ser criança. Tornar-se uma minimatriarca exige que Troy renuncie a qualquer tipo de prazer ou diversão, que reprima o desejo. Ideias machistas/racistas sobre identidade feminina negra levam à aceitação da exploração e ao menosprezo da infância das meninas negras. No livro *In the Company of My Sisters: Black Women and Self-Esteem* [Na companhia das minhas irmãs: mulheres negras e autoestima], Julia Boyd comenta o modo como meninas negras são frequentemente forçadas a assumir um papel adulto: "Sem entendermos por completo as tarefas adultas que esperavam que desempenhássemos, tivemos de carregar fardos pesados demais para uma criança. Mais uma vez, não tivemos escolha nem pudemos experimentar o processo completo de desenvolvimento infantil". Alinhando-se ao menosprezo da infância das meninas negras em nossa sociedade, Spike Lee romantiza essa violação, fazendo com que a transformação de Troy em uma figura matriarcal pareça uma progressão "natural", como se esse papel não fosse imposto de forma coerciva por uma política de gênero machista, por meio de um processo de socialização.

Carolyn não fazia distinções de gênero em relação às tarefas domésticas quando estava bem, e o filme falha em indicar o motivo dessa súbita mudança de atitude. Como se para sublinhar a concepção patriarcal de que mulheres são intercambiáveis, indiferenciadas, e, portanto, uma pode substituir a outra, o filme de forma alguma sugere que há algo de errado no fato de uma menina de dez anos assumir um papel de adulto no lar. Essa representação é reforçada. De fato, a morte da mãe é eclipsada pela passagem de bastão para Troy. A seriedade da doença de Carolyn é anunciada aos filhos pelo pai, que os interrompe para dar a notícia enquanto eles assistem alegremente ao programa *Soul Train*.[11] Mesmo ausente, a mãe/matriarca atrapalha a diversão. Ao longo de *Crooklyn*, Lee mostra a importância da TV em moldar suas identidades, seu senso de si. Enquanto os meninos entram em pânico quando ouvem a notícia, desatando a chorar, os sentimentos de Troy permanecem escondidos por uma máscara de indiferença. O fato de as crianças obedecerem ao pai na ausência da mãe (não há nenhuma reclamação quando ele pede que desliguem a TV) sugere que sua capacidade para assumir a responsabilidade do papel parental é maior quando ela não está mais presente. A transformação de Woody em um adulto responsável na ausência de Carolyn reforça ideias machistas/racistas que sugerem que a presença de uma mulher negra "forte" necessariamente castra o homem negro. Quando Carolyn morre, sua morte é tratada de modo muito banal. Ficamos sabendo do acontecido enquanto as crianças discutem casualmente sobre o funeral. Nunca os vemos lidar em família com o luto. Quando Troy, que está emocionalmente entorpecida, confronta a realidade dessa morte, ela o faz ao ser arrancada do sono pelo que imagina ser a voz furiosa da mãe. Quando se conecta com o pai na cozinha, seu luto reprimido não provoca lágrimas; em vez disso, ela vomita. Essa limpeza ritual catártica é o rito de passagem que assinala que está deixando a infância para trás.

---

[11] Programa televisivo de variedades musicais que foi ao ar nos Estados Unidos entre 1971 e 2006, apresentado originalmente por Don Cornelius. [N.E.]

Ao assumir o lugar da mãe, Troy deixa de ser aventureira. Não perambula mais pelas ruas, explorando e fazendo descobertas. É confinada à casa, à vida doméstica. Observamos enquanto cuida das necessidades dos irmãos, atuando como uma "pequena mulher". Desaparece a garota vulnerável e emocionalmente aberta que expressava uma variedade de sentimentos, substituída por uma máscara dura e impenetrável. Assim como ninguém lamenta a morte da mãe, ninguém lamenta a perda da infância de Troy — o apagamento de sua adolescência. No livro *Failing at Fairness: How America's Schools Cheat Girls* [Igualdade fracassada: como as escolas estadunidenses enganam as meninas], Myra e David Sadker documentam a prevalência de um "machismo curricular" que transforma as meninas em "espectadoras em vez de jogadoras". Troy é também convertida em espectadora, observando a vida de longe, do portão, com uma expressão severa no rosto.

Apesar de morta, Carolyn reaparece para tranquilizar e apoiar a filha. Esse reaparecimento é mais uma rejeição da perda. A mãe controladora e dominadora continua presente mesmo depois de morta, visível apenas para a filha. Como fantasma, ela se torna a guardiã do patriarcado, que consente com a submissão e a sujeição de Troy. Enquanto os meninos e o pai adulto continuam a levar uma vida autônoma, a expressar criatividade e vontade de explorar, apenas Troy é confinada e tem a criatividade reprimida. Como ela é tão somente uma mãe substituta, seu poder é mais simbólico do que real. Mães negras poderosas que trabalham fora de casa, o filme sugere, "falham" com suas famílias, como fez Carolyn, por não desempenhar o papel feminino definido de forma machista. A punição para elas é a morte. Mesmo quando está morrendo de câncer e sentindo muita dor, Carolyn tem tempo de dar um curso básico de machismo para a filha. Ainda que sua carreira tenha garantido a sobrevivência econômica da família, ela não encoraja Troy a pensar em um futuro profissional. O machismo convencional que Carolyn expressa nessas cenas contrasta com os valores que havia expressado ao longo do filme. Ao fim do primeiro capítulo de *Failing at Fairness*, os autores expõem o modo como uma socialização machista rouba o potencial das meninas, em uma seção intitulada "Silent Losses" [Perdas silenciosas], que termina com a seguinte afirmação: "Se a cura para o câncer for formulada na mente de uma de nossas filhas, é menos provável que se torne realidade do que se for formulada na mente de um de nossos filhos". Embora *Crooklyn* tente se opor a suposições racistas sobre a identidade negra, o filme valoriza e encoraja concepções machistas e misóginas sobre papéis de gênero. A ordem é restabelecida na casa dos Carmichael quando a figura materna dominadora morre. A ascensão do patriarcado é celebrada, marcada pela sujeição de Troy. Depois que a mãe morre, os problemas no lar dos Carmichael desaparecem "magicamente". A vida não apenas segue sem ela, como se torna mais harmoniosa.

Crooklyn constrói uma narrativa fictícia redentora para a vida negra na qual a sujeição do corpo da mulher negra é celebrada como um rito de passagem restaurativo, o qual garante a sobrevivência da família. Seja pelo apagamento do corpo da mulher adulta após a morte, seja pelo corpo da menininha apagado com a violenta interrupção da infância, as políticas machistas entranhadas nesse filme em geral passam despercebidas para espectadores cuja atenção está tão presa às façanhas dos personagens masculinos que não são capazes nem de se identificar com as personagens femininas, quanto mais tecer qualquer perspectiva crítica a tais representações. Dessa forma, o público é tacitamente conivente com a desvalorização e o apagamento patriarcais da subjetividade rebelde das mulheres negras que o filme retrata. Representações opositivas de negritude no filme desviam a atenção das políticas machistas que emergem quando raça e gênero convergem. O estilo realista de *Crooklyn* dá ao espectador uma impressão da vida "como ela é", em vez da representação da vida como uma construção fictícia. Lee está de fato reimaginando ficcionalmente os anos 1970 nesse filme, e não apenas apresentando um retrato nostálgico de como as coisas eram. Ele constrói uma narrativa a-histórica na qual não há nenhuma convergência significativa entre a libertação dos negros e as políticas feministas. Na verdade, as mulheres negras que atuavam nos grupos black power nacionalistas desafiavam o machismo e insistiam em uma agenda feminista. Em *Crooklyn*, a visão agressivamente masculinista de Lee é disfarçada por um sentimentalismo excessivo, pelo uso de Troy como a personificação central da mensagem do filme. James Baldwin escreve sobre os perigos que surgem quando uma emotividade excessiva é usada para encobrir outra agenda, e nos lembra de que esse "sentimentalismo é o paradigma ostensivo de emoções excessivas e espúrias. É a marca da desonestidade, da inabilidade para sentir". Tal desonestidade emocional emerge com força total em *Crooklyn*. O foco no amadurecimento de Troy e na morte da mãe é na verdade um disfarce inofensivo para uma traiçoeira visão antimulher e antifeminista da família negra, que é o tema dominante do filme.

Isso é usado para mascarar uma valorização patriarcal repressiva da vida das famílias negras, na qual o retorno a uma feminilidade machista e idealizada resgata simbolicamente a família da dissolução. Morte e mortalidade são apenas um subtexto em *Crooklyn*, um recurso de distração que cria um pano de fundo emocional passivo sobre o qual Lee impõe uma visão fundamentalmente conservadora da família negra que nunca se opõe às crenças e aos valores da cultura branca dominante. Os aspectos do filme que estão enraizados na própria história e na vida de Lee são os mais interessantes; é quando ele explora aquelas memórias para criar uma visão de mundo contrária, uma visão que perpetua ideias patriarcais, que a narrativa perde seu apelo. Ao afirmar que escrever o roteiro foi catártico, que permitiu que confrontasse o passado, Joie Lee declara: "Os episódios emocionais que acontecem conosco quando somos crianças são eternos, ficam conosco até lidarmos com eles. Eu definitivamente fiz uma limpeza em algumas áreas da minha vida com as quais nunca tinha lidado — como a morte". O filme que Spike Lee fez, contudo, não confronta a morte. Em *Crooklyn*, morte e mortalidade são realidades das quais os homens fogem. Não há nenhuma cura redentora para uma divisão generificada entre mente e corpo. Em vez disso, o filme ecoa a visão patriarcal celebrada por Norman O. Brown em *Vida contra a morte*, em que a esperança é de que "o homem não reprimido se livraria dos pesadelos [...] que assombram a civilização" e que "libertar-se dessas fantasias também significaria libertar-se daquela desordem do corpo humano". A desordem causada pela morte é tarefa para as mulheres em *Crooklyn*. Expressar criatividade, ocupar-se com o prazer e a diversão são os modos como homens reais escapam da realidade da morte e da mortalidade. No espaço da fantasia imaginativa, Lee pode ressuscitar o corpo feminino dos cuidados maternos e criar um mundo no qual não há necessidade alguma de confrontar as limitações da carne e, portanto, não há lugar para perdas e abandono. Em um mundo como esse, não há necessidade de passar pelo luto, já que a morte não significa nada.

05.
cinismo com estilo:
Pulp Fiction: Tempo de Violência

Embora até hoje os filmes de Quentin Tarantino tenham explorado os mesmos temas (de uma maneira hollywoodiana), seus trabalhos despertam fascínio precisamente pelo modo como cada um se distingue do anterior e constrói seu significado com base em filmes precedentes — do próprio cineasta ou de outros. Em termos cinematográficos, Tarantino é um mestre desconstrutivista. Não surpreende, portanto, que tudo que ele produza tenha um sabor tão pós-moderno e seduza tanto aqueles que têm o hábito da leitura quanto os que não têm. Quando se trata de sabor, ele definitivamente oferece oportunidades igualitárias. Ao contrário da maioria dos disruptivos contemporâneos, marginais culturais que defendem a mentalidade de "comer o outro", ele não tem medo de incrementar suas mercadorias.

Tarantino tem pleno domínio do niilismo do nosso tempo. Ele representa a última palavra em "branco arrojado": uma visão cínica extrema que explicita o racismo, o machismo, a homofobia, mas se comporta como se nada dessa merda realmente importasse, ou como se não significasse nada porque nada vai mudar, porque a verdade nua e crua é que a dominação veio para ficar — não vai a lugar algum, e todo mundo está envolvido até o pescoço. E, veja bem, dominação é sempre e somente patriarcal — coisa de macho.

Nos filmes de Tarantino, a libertação das mulheres é só mais um golpe, mulheres brancas que querem participar dos negócios ao mesmo tempo que agem exatamente como aquele comercial do Enjoli[12] disse que agiriam: elas podem ajudar a "pôr comida em casa, prepará-la no fogão e nunca te deixar esquecer" que são uma m-u-l-h-e-r. Tipo as mulheres brancas de *Amor à Queima-Roupa* (1993), escrito por Tarantino, e *Pulp Fiction: Tempo de Violência* (1994). Mesmo quando elas não estão em cena, como em *Cães de Aluguel* (1992), aquele pequeno diálogo inicial sobre Madonna diz tudo — um gostinho da ação, a parte delas do bolo. E as pessoas negras, personificadas unicamente por homens negros, só participam de coisas de macho, desejam ser parte da turma, dançam conforme a música no baile do patriarcado supremacista branco capitalista. As únicas a protestar são as mulheres negras sem rosto — a mulher de Jimmy em *Pulp Fiction*, que só aparece de costas. O engraçado dos filmes de Tarantino é que ele faz toda essa merda parecer tão ridícula que ficamos achando que todo mundo vai entender e perceber o quanto é absurdo. Bem, é aí que entramos em uma zona de perigo. As pessoas podem rir do disparate e ainda sim se apegar a ele. Foi o que aconteceu primeiro com *Cães de Aluguel*, que pega o falocentrismo extremo do patriarcado branco e revela a cultura sanguessuga subjacente. E, depois de os homens

---

[12] hooks se refere ao comercial do perfume Enjoli, exibido nos Estados Unidos a partir do fim dos anos 1970. Na peça, uma mulher loira canta o jingle "I can bring home the bacon/ Fry it up in a pan/ And never, ever let you forget you're a man" [Eu posso pôr comida em casa/ prepará-la no fogão/ e nunca, jamais te deixar esquecer que você é um homem]. O slogan do produto era: "O perfume que dura oito horas para a mulher que dura 24 horas". [N.T.]

brancos terem devorado uns aos outros (porque Tarantino quer deixar claro que, quando garotas brancas e crioulos de qualquer cor não estão por perto, garotos brancos estão ocupados ferrando uns aos outros), dificilmente um espectador vai enxergar o filme como uma alegre celebração da loucura. *Cães de Aluguel* tem um lado crítico que está totalmente ausente em *Pulp Fiction*, onde tudo é farsa. Claro, deveria ser muito engraçado quando Butch, o menino branco fálico hipermasculino — cujo nome não tem nenhum significado, que não possui uma cultura da qual se orgulhar, que sai da infância agarrando-se a um relógio anal-retentivo do imperialismo patriarcal —, é exposto. Ainda assim, a exposição não evita esse mal de modo algum, apenas o explicita graficamente. Ao longo da história, é isso que o pequeno Butch continua a fazer pelo papai — um verdadeiro herói americano.

Os filmes de Tarantino são a última palavra em disfarces atraentes para pirações nada atraentes. Eles nos provocam com possibilidades subversivas (cenas tão perfeitas que nos deixam totalmente impressionados — como aquele momento maravilhoso em que Vincent e Mia dançam o twist em *Pulp Fiction*), mas então tudo meio que volta depressa ao normal. E o normal é, no fim, um mundo multicultural onde a supremacia branca permanece intacta. Note que, mesmo quando um homem negro chega ao topo, como é o caso de Marcellus em *Pulp Fiction* — o pacote completo, com direito a uma esposa branca submissa e infantilizada, que mente e trai —, ele é desmascarado como apenas uma imitação de caubói, e não a coisa em si. E, caso os espectadores não tenham entendido que Marcellus não tem o que é preciso, o filme o transforma em um caso de assistência social — mais uma vítima indefesa que, em última instância, precisa contar com a bondade de estranhos (no caso, de Butch, o colonizador branco neoprimitivo, mais um Tarzan moderno) para ser salvo de um estupro que representa sua castração simbólica, seu retorno à selva, a um degrau mais baixo na cadeia alimentar. Se uma cena tão abertamente antigay quanto essa tivesse sido filmada por John Singleton ou qualquer outro cineasta negro, não tenho dúvidas de que forças progressistas teriam se manifestado em massa para condená-la — para protestar — e lembrar aos espectadores que homofobia significa genocídio, que o silêncio resulta em morte. Mas tudo bem ficar em silêncio quando o garoto branco hétero de atitude, que cresceu na parte barra-pesada da cidade, roda um filme que retrata o assassinato e/ou espancamento brutal de "sodomitas" e seus parceiros. Se isso não é genocídio simbólico de homens gays, o que é? Mesmo assim, todo mundo tem que fingir que há alguma mensagem subversiva oculta nessas cenas. Alô! Mas esta é a mensagem de Tarantino: todo mundo está na selva da corrupção, fazendo sua própria versão encantadora da dança da dominação. É multiculturalismo com uma pitada de neofascismo estiloso.

Vamos criar uma nova ordem cinematográfica mundial: ou seja, filmes espalhafatosos como os de Tarantino, que parecem de certa forma uma versão estadunidense do niilismo elegante de Hanif Kureishi, muito bem executado em *Sammy e Rosie* (1987) e não tão bem-sucedido no bastante tedioso *London Kills Me* [Londres me mata] (1991). Aqui, quase todo mundo pode ter um gostinho da ação, todas as etnias podem ser representadas, podem se foder, porque no fim das contas é tudo uma merda. A verdadeira democracia, como *Amor à Queima-Roupa* nos diz em alto e bom som, consiste em um mundo em que todos se ferram igual. Repare que alguns emergem da merda com aroma de rosas, como nosso mortífero casal branco com igualdade de gênero de *Amor à Queima-Roupa*, que carrega seus ideais de família nuclear para um lugar quente no Terceiro Mundo e relaxa, porque esse é seu modo de fugir de tudo. Mas quando Jules (Samuel L. Jackson), nosso mortífero filósofo-pregador negro e intelectual *mammificado*[13] de plantão (ele coloca a teta para fora e alimenta todos em *Pulp Fiction* com conhecimento — de forma magnífica, devo dizer, uma interpretação assombrosa, em especial o monólogo final), decide deixar o jogo de gato e rato para trás, não tem a opção de abandonar a senzala levando riquezas. O sinhozinho de John Travolta deixa claro que ele deve seguir seu caminho de mãos abanando. Porque, na economia colonial real, não importa quantas fronteiras sejam cruzadas, quantas culturas sejam misturadas e quantas coisas sejam apropriadas (como a versão somos-todos--negros de "We Are the World"):[14] no fim das contas, Jules, nosso vagabundo iluminado, não tem para onde ir — nenhum parque de diversões no Terceiro Mundo onde possa se aposentar.

Sem dúvida, aquele penteado retrô que Jules usa durante o filme impede que trace um novo rumo. É sua metáfora traiçoeira particular. Não importa a seriedade das palavras de Jules, aquele cabelo sempre entra no meio para indicar ao público que não deve levá-lo tão a sério. Aquele penteado é mais um personagem do filme. Ele se contrapõe quando Jules fala conosco e enfraquece suas palavras a cada passo do caminho. Porque aquele cabelo é um acessório de *blackface* — ele conta ao mundo que o filó-

---

[13] O adjetivo *mammificado* (*mammified*, no original em inglês) se refere ao estereótipo negativo da *mammy*, serviçal fiel e obediente que em geral faz serviços domésticos e cuida da família de seus senhores; na cultura brasileira, corresponderia ao estereótipo da "mãe preta". [N.T.]

[14] "We Are the World" [Nós somos o mundo] é uma canção composta por Michael Jackson e Lionel Richie e gravada em 1985 por 45 cantores e cantoras estadunidenses no projeto USA for Africa [EUA pela África] com o objetivo de arrecadar fundos para o combate à fome no continente africano. [N.E.]

sofo-pregador é, em última análise, apenas um garoto branco intelectual pedante disfarçado, macaqueando, imitando, balbuciando uma retórica intelectual que não pode de fato usar para dar sentido à própria vida. Bem, é aí que entra o intérprete de sonhos, Vincent "Cavaleiro Solitário" Vega, que não tem nenhum problema em explicar com todas as letras a seu querido Tonto,[15] o pobre Jules, que não haverá qualquer futuro redentor para ele — que, se deixar sua posição entre homens brancos e abandonar a sina criminosa, será só mais um homem negro sem-teto, um vagabundo. Na nova ordem mundial que Tarantino cria em *Pulp Fiction*, a cultura de bandidos-celebridades brancos é ressuscitada, e, como seus correspondentes etnográficos, eles conhecem as pessoas negras melhor do que podemos nos conhecer.

Bem, como revela o trabalho de Tarantino, é um mundo doente do caralho, e é melhor se acostumar a esse fato, rir dele e seguir nosso caminho, porque nada vai mudar — e assim é Hollywood, o lugar onde o patriarcado supremacista branco capitalista pode continuar a se reinventar, não importa quantas vezes o Oeste saia de foco. Hollywood é a nova casa-grande, que se torna mais elegante conforme o tempo passa. Que Tarantino possa denunciar, dar a real, mandar a "indireta" definitiva, o insulto disfarçado, faz parte da magia. É desconstrução em sua melhor forma — toda arrumada e sem ter aonde ir. Quer dizer, a não ser que você, o espectador, queira levá-la para passear, porque esse é o novo modelo para o sucesso, o novo kit de sobrevivência multicultural. Pode assumir qualquer forma, ao gosto

---

[15] Referência ao personagem indígena que atua como fiel escudeiro de Zorro (Lone Ranger), o caubói mascarado que estrelou séries radiofônicas, televisivas e literárias, além de filmes, nos Estados Unidos a partir de 1933. [N.E.]

do freguês. Você pode sair de *Cães de Aluguel* pensando: acabou para a supremacia branca, o racismo e o fascismo, porque, quando aquela merda é exposta, qualquer um pode sentir o quanto fede. Ou talvez você possa até pegar aquele momento em *Pulp Fiction* quando Butch e Marcellus se conectam, unidos pelo laço do medo compartilhado de um estupro homossexual, e pensar: Tarantino não acabou de mostrar a homofobia dos nossos tempos, denunciando a forma como o racismo é mediado por laços patriarcais de homossocialidade? (Quer dizer, Butch e Marcellus se transformam quase em irmãos no final.) Mas, se você escolher olhar para tudo isso a partir da direita, tudo bem também. Porque a merda tem o mesmo cheiro, seja você progressista ou conservador, de direita ou de esquerda. Não há escapatória.

Se você ainda não entendeu, vejamos o destino de nossa dupla de companheiros inter-raciais, Vincent e Jules. Ao longo do filme, admiramos sua solidariedade inter-racial cheia de suingue e estilo, mas essa diferença não dura: eles não terminam como "irmãos" porque ambos são desleais à estrutura que deveriam manter de pé (Vincent ao fazer uma pausa para ler, ou seja, dormir no ponto; Jules por querer ser relegado ao esquecimento). O filme ignora a morte de Vincent e não mostra Jules de luto ou em busca de vingança. Como todos os laços emocionais significativos do filme (Vincent e Mia), esse também não vale nada. No fim, a lealdade é uma merda. O que rende frutos é a traição.

Como diz o pregador ao fim de *Pulp Fiction*, a tirania do mal não desaparece apenas porque trocamos de canal. Tarantino nos mostra, com seus filmes, que um bom olhar cínico para a vida pode ser cativante, divertido e completamente satisfatório — tão satisfatório que todo mundo volta querendo mais. Mas, como lembra o poeta Amiri Baraka: "O cinismo não é revolucionário".

06.
feminismo de mentirinha:
Falando de Amor

No passado, cinema negro em geral se referia a filmes feitos por cineastas negros que enfocavam algum aspecto da vida de pessoas negras. Mais recentemente, a "ideia" de "cinema negro" foi apropriada como um modo de promover filmes basicamente escritos e produzidos por brancos como se de fato nos representassem e nos oferecessem uma negritude "autêntica". Não importa que cineastas e críticos negros progressistas questionem noções essencialistas de autenticidade negra a ponto de repensar e debater a noção de cinema negro. Esses grupos não têm acesso aos níveis de marketing e publicidade capazes de reembalar a negritude autêntica e comercializá-la como se fosse "real". Foi exatamente isso que ocorreu com o marketing e a publicidade do filme *Falando de Amor* (1995).

Quando Kevin Costner produziu e estrelou *O Guarda-Costas* (1992) tendo Whitney Houston como coprotagonista, o filme tratava de uma família negra. Não passou pela cabeça de ninguém promovê-lo como cinema negro. Na verdade, muitas pessoas negras se recusaram a assistir ao filme porque estavam indignadas demais com esse retrato de um romance inter-racial. Ninguém mostrou muita curiosidade em conhecer a identidade racial dos roteiristas ou, para falar a verdade, de qualquer um que tenha trabalhado no filme — ninguém achou que tivesse relevância para as mulheres negras às voltas com uma grande mídia dominada por brancos. Ainda assim, a maneira como *Falando de Amor* reivindica a negritude e a autenticidade negra é quase tão dúbia quanto qualquer reivindicação do tipo feita por *O Guarda-Costas*. Entretanto, essa reivindicação só se tornou possível porque uma escritora negra escreveu o livro no qual o filme se baseia. A contratação de um diretor negro inexpressivo não foi alvo de críticas. Todo mundo agiu como se fosse normal em Hollywood oferecer a direção de um filme de grande orçamento a alguém que podia não saber o que estava fazendo.

A autoria do roteiro é de um homem branco, mas, se pudermos acreditar no que lemos em jornais e revistas populares, Terry McMillan ajudou na escrita. Claro, ter seu nome associado a esse processo foi uma ótima maneira de proteger o filme da crítica de que sua "negritude autêntica" seria de alguma forma enfraquecida pela interpretação de um homem branco. Alice Walker não teve a mesma sorte quando seu livro *A cor púrpura* foi transformado em filme por Steven Spielberg: ninguém pensou se tratar de um filme negro, e pouquíssimos espectadores ficaram surpresos com o fato de que o que vimos na tela tinha pouco a ver com o romance de Alice Walker.

Uma publicidade e um marketing cuidadosos livraram *Falando de Amor* desse tipo de crítica; todos os atos de apropriação foram escondidos com cuidado por trás do rótulo de uma história autêntica de uma mulher negra. Antes que alguém pudesse se incomodar com o fato de não terem contratado uma mulher negra para dirigir o filme, McMillan declarou ao mundo, na revista *Movieland*, que as diretoras negras com experiência em Hollywood não seriam capazes de fazer o trabalho. Ela fez a mesma crítica em relação à roteirista negra que havia sido inicialmente contratada para essa tarefa. Ao que tudo indica (sobretudo segundo a própria diva), parece que Terry McMillan é a única mulher negra competente na cena hollywoodiana, e ela está apenas começando.

É difícil decidir o que é mais perturbador: a cumplicidade de McMillan com os vários atos de apropriação cultural empreendidos pelo patriarcado supremacista branco capitalista, que resultaram em um filme raso e essencialmente ruim como *Falando de Amor*, ou o consumo passivo e comemorativo desse lixo por parte do público, como se fosse uma verdadeira revelação sobre a vida das mulheres negras. Alguns filmes ruins pelo menos são divertidos. *Falando de Amor* é apenas um espetáculo de chatice. O fato de ter sido possível persuadir hordas de mulheres negras a abraçar esse produto cultural, por meio da cobertura da grande mídia e de um bem-sucedido marketing de sedução (a principal artimanha foi dizer que esse foi o primeiro filme na história de Hollywood com quatro mulheres negras como protagonistas), indica que esta não é uma sociedade que encoraja os espectadores a pensar de maneira crítica sobre o que veem na tela.

Apresentar como narrativa "feminista" um filme que é basicamente sobre as desventuras de quatro profissionais negras heterossexuais dispostas a fazer qualquer coisa para arranjar e "segurar" um homem é um verdadeiro tributo ao poder da cultura dominante de cooptar movimentos sociais progressistas e despi-los de qualquer significado político por meio de uma série de representações ridículas e desrespeitosas. O romance *Falando de Amor*, de Terry McMillan, não era um livro feminista e não se transformou em um filme feminista. Não se tornou nem mesmo um filme que faça uso de quaisquer políticas progressistas de raça e gênero evocadas, ainda que superficialmente, no próprio romance.

Falando de Amor, o longa-metragem, pegou as imagens romantizadas de profissionais negras preocupadas com questões de aprimoramento da raça e igualdade de gênero e as transformou em uma sucessão de estereótipos machistas e racistas de "neguinhas" (*darkie*) alegres que cantam, dançam, transam e se divertem mesmo em horas de tristeza e momentos trágicos. O que vimos na tela não eram mulheres negras falando sobre o amor ou o significado da parceria e do casamento em sua vida. Vimos quatro mulheres incrivelmente glamorosas obcecadas por arranjar um homem, por status, sucesso material e competições mesquinhas com outras mulheres (em especial brancas). No livro, uma das mulheres, Gloria, é dona de um salão de beleza; ela trabalha o tempo todo, o que ocorre quando se tem um pequeno negócio. No filme, ela quase nunca trabalha porque está ocupada demais cozinhando refeições de dar água na boca para seu vizinho. No filme, é a comida que ocupa sua mente, e ela mal se lembra do trabalho, a não ser quando telefona vez ou outra para saber como andam as coisas. Não podemos nos esquecer de um momento realmente fictício e utópico do filme, que ocorre quando Bernie vai à Justiça para se divorciar do marido e recebe rios de dinheiro. Isso também acontece no livro. Ironicamente, o romance termina com ela doando o dinheiro, o que sublinha sua generosidade e suas posições políticas. Nas palavras de McMillan:

> Ela também não precisava mais se preocupar com a venda da casa. Mas Bernadine não ia tirar aquela porcaria do mercado. Baixaria o preço. E mandaria um cheque gordo para o Fundo das

Universidades Negras Unidas, algo que sempre quis fazer. Ajudaria a alimentar algumas daquelas crianças africanas que vira na TV uma noite [...]. Talvez mandasse alguns trocados para a Liga Urbana e a NAACP [Associação nacional para o progresso de pessoas de cor, na sigla em inglês] e definitivamente ajudaria alguns daqueles programas que a BWOTM [Mulheres negras em ação, na sigla em inglês] vinha tentando colocar de pé havia séculos. Naquele ritmo, Bernadine já havia doado mais de um milhão de dólares.

Definitivamente, não era uma "garota materialista". Com uma cena a menos de sexo, os espectadores poderiam testemunhar Bernie assinando aqueles cheques com uma bela narração em off. Mas essa imagem poderia arruinar o estereótipo machista e racista da mulher negra austera, raivosa, pura e simplesmente gananciosa. Sem dúvida os roteiristas sentiram que esses estereótipos "familiares" garantiriam o apelo do filme para um público maior.

Ao mesmo tempo, criar conflitos racistas e machistas estereotipados entre mulheres brancas e negras (nos quais, se acreditarmos na lógica do filme, a mulher branca fica com "seu" homem negro no final) certamente reforça esse apelo. Vamos recordar. No livro no qual o filme se baseia, apenas um homem negro declara seu amor a uma mulher branca. O homem que Bernie conhece, o advogado James, pensa em se divorciar de sua esposa branca, que está morrendo de câncer, mas se mantém com ela lealmente até a morte, mesmo deixando claro que não existe mais amor no casamento há muito tempo. Depois de declarar seu amor eterno a Bernie, James atravessa o país para ficar com ela, abre um escritório de advocacia e se envolve com uma "aliança para impedir que o conselho de bebidas alcoólicas permita a abertura de tantas lojas de bebidas nas comunidades negras". Bem, não no filme! O James do cinema declara seu amor eterno à esposa doente. Vejamos como a carta que ele escreve no romance difere da do filme. Eis um trecho:

> Sei que você provavelmente achou que aquela noite foi algo banal, mas, como eu disse antes de partir, para mim significou mais que isso. Muito mais. Enterrei minha mulher em agosto e, pelo bem dela, estou contente que não esteja mais sofrendo [...]. Quero vê-la de novo, Bernadine, e não para outra noite casual. Se há algo de verdadeiro na ideia de uma "alma gêmea", então você é o mais próximo disso que pode existir [...]. Não estou interessado em joguinhos ou em começar algo que não vou poder terminar. Para mim é tudo ou nada, e não quero apenas me divertir [...]. Eu soube que estava apaixonado por você muito antes de abrirmos a porta daquele quarto de hotel.

A imagem de masculinidade negra que transparece nessa carta é a de um homem íntegro e afetuoso, em contato com os próprios sentimentos e capaz de se responsabilizar por suas ações.

Na versão de *Falando de Amor* para o cinema, nenhum homem negro que se envolve com uma mulher negra possui essas qualidades. Ao contrário do que acontece no livro, no filme James não tem um caso de uma noite com Bernie porque é retratado como totalmente devotado à esposa. Aqui estão algumas passagens relevantes da carta que ele escreve para Bernie e que os espectadores podem ouvir no filme:

> O que sinto por você nunca interferiu no amor que tenho pela minha mulher. Como isso é possível? Eu a observo todos os dias.

> Tão linda e corajosa. Apenas desejo dar a ela tudo o que posso oferecer. Cada momento. Ela está aguentando, lutando para estar aqui comigo. E, quando dorme, eu choro. Por ela ser tão maravilhosa e eu tão sortudo de tê-la em minha vida.

O filme pode até não ter uma mulher branca como personagem central, mas essa carta certamente põe a esposa branca moribunda no centro das coisas. Reescrever a carta que aparece no romance, a qual diz respeito apenas ao amor e à devoção de James por Bernie, a fim de que a esposa branca (morta no livro, mas ressuscitada na tela) seja a destinatária do amor de James foi certamente mais uma artimanha para atingir um público mais amplo: as inúmeras consumidoras brancas que poderiam não se interessar pelo filme se ele fosse de fato sobre mulheres negras.

No fim das contas, apenas mulheres brancas têm relacionamentos sérios com homens negros no filme. Além de essas imagens reforçarem estereótipos, o roteiro foi escrito de forma a perpetuá-los ativamente. Os roteiristas com certeza acharam que picuinhas entre mulheres, tanto reais quanto simbólicas, poderiam ser mais divertidas para os espectadores do que o retrato de uma mulher negra divorciada que conhece seu verdadeiro amor de maneira inesperada — um homem negro honesto, amável, responsável, maduro, carinhoso e amoroso que atende às expectativas. As mulheres negras são retratadas no filme com um temperamento tão difícil que a traição de Lionel a Bernie parece nada mais do que um ato de autodefesa. O filme sugere que Lionel está apenas tentando fugir da megera negra que o interrompe de forma abrupta no trabalho e ataca fisicamente sua dócil e amorosa esposa branca. Pensar que Terry

McMillan foi uma das roteiristas torna tudo ainda mais desanimador. Por acaso ela esqueceu que havia desenvolvido em seu romance uma visão muito mais progressista e emocionalmente complexa das relações entre mulheres e homens negros?

Embora todos conheçamos mulheres negras de trinta e poucos anos desesperadas para arranjar um homem de qualquer maneira, e muitas jovens negras que temem nunca encontrar um parceiro e estão dispostas a fazer coisas completamente estúpidas nessa busca, o filme foi tão simplista e depreciativo em sua caracterização da feminilidade negra que todas deveriam se indignar quando dizem que foi feito "para nós". Ou, ainda pior, como consta em uma reportagem da *Newsweek*, "essa é nossa Marcha de Um Milhão de Homens".[16] Não importa se você apoiou ou não a marcha (e eu não apoiei, por muitas das mesmas razões pelas quais acho esse filme pavoroso), vamos deixar uma coisa clara: estão nos dizendo, e estamos dizendo a nós mesmas, que homens negros precisam de um protesto político e mulheres negras precisam de um filme. E repare: não um filme político, mas um filme em que as "estrelas" negras passam a maior parte do tempo fumando um cigarro atrás do outro (não podemos esquecer que Gloria não teve fôlego para soprar a vela no seu aniversário) e afogando as mágoas no álcool. Não tenho dúvidas de que o conhecimento de McMillan sobre a quantidade de mulheres negras que morrem de câncer de pulmão e alcoolismo a levou a escrever, em seu romance, uma crítica útil e não moralista sobre esses vícios. No livro, as perso-

---

[16] A chamada "Marcha de Um Milhão de Homens" foi convocada em outubro de 1995, em Washington, por Louis Farrakhan, líder do movimento Nação do Islã, para encorajar homens negros a melhorar suas comunidades. [N.T.]

nagens que fumam estão tentando parar, e as Mulheres Negras em Ação estão lutando para fechar lojas de bebidas. Nenhuma dessas ações corresponde a fantasias racistas. Não é por acaso que a imagem exatamente oposta emerge na tela. O cigarro está tão onipresente em cada cena que muitas de nós ficamos esperando ver uma mensagem de patrocínio da indústria do tabaco.

O aspecto mais distorcido e perverso desse filme talvez seja o modo como foi promovido, como se fosse sobre laços de amizade entre mulheres. O que dizer daquela cena em que Robin compartilha um trauma real com Savannah, que está ocupada olhando para o outro lado e simplesmente não responde? Laços significativos de amizade entre mulheres não têm a ver com a codependência que é imaginada no filme. Em seus melhores momentos, *Falando de Amor* é uma produção sobre mulheres negras que ajudam umas às outras a permanecer empacadas. Acreditamos mesmo que aquela cena em que Savannah insulta Kenneth de forma rude (mesmo que o filme não tenha de modo algum construído o personagem como um safado mentiroso e traidor) seja um momento de profundo despertar "feminista"? Os espectadores são repentinamente levados a acreditar que ela entendeu o dilema de se envolver com um homem casado, mesmo que ele tenha dado entrada no divórcio. Por que não retratar uma simples conversa madura entre um homem e uma mulher negros? Sem dúvida isso também não seria divertido para o público mais amplo. Melhor oferecer o que estão acostumados: representações estereotipadas de homens negros sempre como safados mentirosos e traidores (isto é, quando se envolvem com mulheres negras) e de mulheres negras devotadas à carreira como deusas megeras selvagens, irracionais e castradoras.

O mais deprimente foi ouvir relatos pessoais de algumas mulheres negras dizendo que essas imagens cinematográficas rasas são "retratos realistas" de suas experiências. Se é esse o mundo das relações de gênero entre pessoas negras que elas conhecem, não é de espantar que haja uma séria crise entre homens e mulheres negros. De fato, é difícil para muitas mulheres negras heterossexuais encontrar um parceiro e/ou marido negro. No entanto, é difícil acreditar que mulheres negras tão convencionalmente femininas, bonitas, glamorosas e simplesmente estúpidas como as do filme não consigam arranjar um homem (Bernie tem um MBA, ajudou a montar um negócio, mas não tem a menor ideia de como lidar com qualquer coisa relacionada a dinheiro; Robin está disposta a fazer sexo desprotegido e celebrar uma gravidez não planejada com um parceiro que pode ser viciado em drogas; Gloria prefere passar os dias cozinhando para seu homem em vez de trabalhar; Savannah faz sexo como quem troca de roupa, mesmo quando não quer se envolver). Na vida real, os homens fazem fila por mulheres assim.

Porém, se essas e outras mulheres internalizarem as mensagens de *Falando de Amor*, vão cair em si e perceber que, de acordo com o filme, homens negros são pares nada desejáveis para mulheres negras. Na verdade, muitas jovens negras e suas colegas de trinta e poucos anos verão seus piores medos confirmados ao assistir a *Falando de Amor*: homens negros são irresponsáveis e insensíveis; mulheres negras, não importa quão atraentes, ainda assim serão magoadas e abandonadas e, no fim das contas, provavelmente ficarão sozinhas e sem amor. Talvez não se pareça tanto com um genocídio cultural se essas mensagens de autodepreciação e impotência chegarem a elas por meio de quatro lindas "estrelas" negras.

Mulheres negras que buscam nesse filme alguma lição sobre relações de gênero podem ter um exemplo melhor de empoderamento caso se identifiquem com a única personagem negra que quase não fala. Ela é a graciosa e atraente advogada de pele marrom que tem o cabelo naturalmente trançado e é uma profissional capaz de fazer seu trabalho e de se conectar emocionalmente com seus clientes. Ela não só representa a justiça de gênero (o único lampejo de feminilidade feminista e empoderadora no filme), como também alcança esse objetivo sem jamais humilhar os homens ou competir com outras mulheres. Apesar de não a vermos com um parceiro, ela age com confiança e autoestima e demonstra satisfação com um trabalho bem-feito.

O sucesso de bilheteria de um filme vulgar como *Falando de Amor*, com seu sentimentalismo pesado e melodrama previsível, mostra que Hollywood reconhece que a negritude enquanto mercadoria pode ser explorada para fazer dinheiro. Perigosamente, também mostra que é possível se apropriar dos estereótipos racistas/machistas de sempre e apresentá-los ao público em um disfarce novo e mais elegante. Embora seja vantajoso para os interesses financeiros de Hollywood e para a conta bancária de McMillan que, nos bastidores, ela desvie de críticas que examinam as políticas subjacentes a essas representações e seus modos de produção com afirmações espirituosas de que o romance e o filme são "formas de entretenimento, não estudos antropológicos", na realidade os criadores do filme devem ser tão responsabilizados por seu trabalho quanto seus antecessores. Não por acaso, críticas contemporâneas a essencialismos raciais desestabilizam por completo a noção de que tudo que artistas negros criam é inerentemente radical, progressista ou capaz de romper com representações supremacistas brancas. Ficou bastante evidente que, à medida que artistas negros buscam sucesso com um público mais amplo, as representações que criam em geral espelham estereótipos dominantes. Depois de uma enxurrada de publicidade e marketing incentivando pessoas negras — e, em especial, mulheres negras — a ver *Falando de Amor* como uma etnografia fictícia, McMillan está sendo bastante desonesta ao sugerir que o filme não deveria ser visto dessa maneira. No ensaio "Who's Doin' the Twist: Notes Toward a Politics of Appropriation" [Quem dança o twist: notas sobre uma política de apropriação], a crítica cultural Coco Fusco nos lembra de que precisamos criticar esse gênero continuamente, tanto em suas formas puras quanto nas impuras. "O cinema etnográfico, à luz de suas conexões históricas com o aventureirismo colonialista e de décadas de debate sobre a ética de representar sujeitos documentais, é um gênero que demanda um grau especial de escrutínio." O simples fato de os roteiristas e diretores serem negros não os isenta de análise. A mulher negra que escreveu uma carta ao *New York Times* apontando o modo como o filme obstrui a luta para criar outras imagens de negritude na tela certamente tinha razão em sustentar que, se todos os envolvidos na produção do filme fossem brancos e homens, seus pontos de vista descaradamente racistas e machistas não teriam passado sem protesto.

07.
Kids: tema subversivo em um filme reacionário

Quem assistiu aos trailers de *Kids* (1994), de Larry Clark, basicamente já conhece o conteúdo do filme. Nada muda quando a projeção começa: é apenas uma versão mais longa e mais explícita, tanto visual quanto verbalmente, dos mesmos trechos apresentados na divulgação. É evidente que, para muitas pessoas, isso significa uma sessão de cinema excitante. Para alguns de nós, assistir ao filme propriamente dito foi tedioso depois de experimentar, naqueles pequenos momentos, grande parte do que ele tinha a oferecer. Por um lado, tive a sensação de estar perdendo tempo, de ficar entediada pra cacete; por outro, me debati com uma fúria cega, uma raiva violenta pelo modo como esse filme foi recebido e discutido. Como aconteceu com o livro *A profecia celestina*, que registra a jornada espiritual de um solitário homem branco que procura verdade e redenção no Terceiro Mundo — e em cuja divulgação inicialmente houve a falha de não transmitir no material promocional que se tratava de uma ficção, e não de uma história real —, *Kids* é apresentado e discutido como se fosse um documentário etnográfico que mostra a vida dos adolescentes inconsequentes dos anos 1990. Na realidade, é uma ficção, produto da obsessão imaginativa de Clark pelo hedonismo adolescente. Ao falar sobre os jovens atores em sua resenha do filme, o crítico Jim Lewis, amigo do cineasta, escreve que aquele grupo conta uma história por meio de "interpretações tão vivas e cirúrgicas que é fácil esquecer que o filme é ficção e que cada fala foi cuidadosamente roteirizada". Grande parte da comoção em torno do filme encoraja esse esquecimento. E, com frequência, a produção é apresentada como se fosse uma exposição documental feita por Clark.

Embora seja verdade que Clark anda com adolescentes, ele tem o poder de se apropriar de suas narrativas e transformar o privado em público por meio do cinema de uma maneira que é inacessível a esses jovens. Sem fazer nenhum julgamento moral sobre o fato de Clark "fazer parte da galera" — uma frase que um dos adolescentes usou para descrever o envolvimento do cineasta com os jovens antes da realização do filme —, críticos incorreriam em negligência se não levantassem questionamentos sobre os muitos modos como Clark se apropria das "confissões reais" de sua turma de adolescentes ou sobre como idealiza e glamoriza no cinema a dura realidade dessas vidas. Ainda que algumas pessoas tenham levantado questões éticas sobre o interesse que o fotógrafo de 52 anos que se tornou cineasta possa ter pelos adolescentes, ninguém comentou as políticas de idade, raça, sexo e classe que moldaram sua visão. Em uma entrevista à revista *Spin*, Clark declara: "Às vezes a gente precisa deixar as bobagens de lado para contar a verdade". A questão, obviamente, é: o filme conta a verdade de quem?

Poucas discussões sobre *Kids* tratam do conteúdo do filme em si. Está claro que o fascínio de Clark não é pela mentalidade geral dos adolescentes rebeldes urbanos, e sim, mais especificamente, por suas atitudes em relação ao sexo e às drogas. Para ser ainda mais específica, ele não está interessado nos adolescentes. O filme poderia muito bem se chamar "white kids" [garotos brancos]. De fato, os personagens principais, os que mais aparecem, são dois adolescentes brancos, Telly e Casper, e uma garota branca, Jennie. O assunto preferido deles é sexo. Quando não estão trepando ou falando sobre trepar, estão comprando drogas, curtindo, ficando chapados em festas. Grande parte da linguagem e do modo como se vestem foi apropriada da cultura popular de rua, em especial do estilo das pessoas negras e de outros grupos não brancos. Para ser sincera, pouca gente consideraria o filme chocante ou, até mesmo, levemente perturbador se os personagens principais fossem adolescentes negros periféricos. O filme se tornou um assunto quente porque as "estrelas" são jovens brancos. Muitos o enxergam como o registro de uma crise — a corrupção dos jovens contemporâneos. O principal agente dessa corrupção nunca é nomeado explicitamente no filme. Ainda assim, como muito do "estilo" dos jovens brancos se baseia na cultura e nos costumes populares dos pobres não brancos, pode-se mais ou menos sacar que são essas as influências que corrompem. Por exemplo, o rap está sempre espreitando ao fundo quando alguma merda acontece. A apropriação da cultura negra das ruas pelos jovens, no entanto, é mediada pelo racismo pesado expresso pelas duas "estrelas" — os garotos brancos.

"Crioulo" é a palavra preferida deles quando querem expressar desprezo por pessoas negras ou qualquer um que desejem subjugar. Para ser honesta, a supremacia branca nesse filme perde apenas para a ideologia machista e misógina dominante. Essas são duas palavras que nunca aparecem nas resenhas do filme. Entretanto, o espetáculo da sexualidade adolescente que *Kids* explora é moldado e informado unicamente por atitudes patriarcais. A palavra "vadia" é, no filme, companheira do termo "crioulo", sendo usada tanto para se referir a todas as garotas quanto para ridicularizar qualquer garoto que pise fora da linha da macheza. Do começo ao fim, o foco de *Kids* são os dois garotos brancos. E isso acontece apesar das cenas em estilo documental em que vemos primeiro um grupo de garotos adolescentes e depois um grupo de garotas falando sobre sexo. Conforme o filme avança, fica claro que, mesmo que as meninas possam falar de sexo de forma tão baixa e suja, tão violenta e crua quanto os meninos, apenas elas são fodidas e enganadas. No mundo de Telly e Casper, assim como no mundo real que esses personagens espelham, racismo e machismo convergem.

    O racismo de Telly e de seu amigo Casper se reflete nas escolhas de elenco e nas representações das personagens mulheres, cujas origens étnicas são nebulosas. Fica claro que as garotas não brancas são escaladas (como é praxe no cinema de Hollywood) de acordo com estereótipos racistas e machistas. São elas as personagens retratadas como promíscuas e selvagens. São as putas. Meninas que fazem muito sexo sem proteção, que chupam paus, que dão o cu, que fazem qualquer coisa. A única garota à qual o filme dá atenção é a branca Jennie, que, enquanto as outras garotas, em sua maioria não brancas, contam suas experiências sexuais, confessa ter feito sexo apenas uma vez, com Telly. Mesmo que não seja mais virgem, ela parece representar o mundo da inocência em comparação com as outras personagens. Consequentemente, como em geral é o caso na iconografia racista e machista, é a única garota que pode de fato ser violada. Apesar de Darcy, que tem treze anos e pele mais escura, se tornar alvo de Telly — que é HIV positivo, embora o filme sugira que ele não saiba — e ser sedutoramente pressionada a fazer sexo desprotegido com ele, ela nunca é retratada como vítima. Jennie é a única vítima tratada com empatia no filme. Ainda que procure Telly para confrontá-lo com o fato de que ele lhe transmitiu o vírus, quando Jennie entra no quarto e o encontra transando com Darcy (que claramente está sentindo dor, não prazer), ela apenas fecha a porta e chora. Dopada e praticamente em coma, Jennie é estuprada por Casper. Nesse momento, seu corpo, na verdade seu próprio ser, é subjugado pelo corpo masculino dominador. Nunca vemos seu rosto. Vemos apenas Casper e ouvimos seus sons enquanto a estupra. Há um paralelo entre o estupro de Jennie por Casper e a violação sedutora de Darcy por Telly. No entanto, ao fim, a câmera volta ao quarto e, sob uma iluminação suave, foca os corpos nus de Telly e Darcy dormindo ternamente juntos. De repente, o filme faz com que pareçam crianças inocentes. Essa cena minimiza a violência do encontro ao sugerir que o resultado foi feliz. De forma similar, o estupro violento de Jennie por Casper é mediado pela presença da voz dele e pela ausência da voz da garota, de sua corporeidade viva — Casper fala com ela como se estivessem compartilhando um momento de prazer consensual. A voz dele desvia a atenção da violência de suas ações.

Em termos cinematográficos, Jennie é representada como a única vítima real do hedonismo niilista de garotos brancos. Sua traumática impotência confere ao filme seu único aspecto emocional. Todos os outros personagens são apresentados como embrutecidos. Embora o público possa enxergá-los como trágicos, não é essa a mensagem que o filme passa. A completa falta de remorso depois do espancamento brutal de um garoto negro anônimo no parque é mais uma oportunidade para que os adolescentes afirmem seu charme patriarcal supremacista branco. O fato de que o cineasta joga no meio da mistura um amigo negro para Telly e Casper serve para nos distrair do racismo por trás da construção e da filmagem da cena. Porém, a forma como a câmera se fixa e se demora sobre ele revela a autoconsciência da direção artística dessa mesma cena. Se não houvesse um garoto negro de pele escura no grupo, a sequência anunciaria explicitamente o modo como explora o racismo. Não é coincidência que os únicos adolescentes negros relevantes no filme tenham a pele escura. Nessa fictícia utopia nova-iorquina adolescente transgressora, não existem garotas negras de pele escura. A violência contra estranhos negros agressivos é aceitável para o público de cinema em uma sociedade que foi educada pela grande mídia para enxergar a negritude como sinal de ameaça.

Críticos não têm demonstrado nenhum interesse em comentar essa violência. Eles guardam seus comentários para Jennie. O recurso de colocar uma inocente garota virgem "branca" sendo atacada por sombrias forças do mal é levado às últimas consequências no filme. Ao contrário dos outros jovens, Jennie tem dinheiro. Ela circula pela cidade de táxi. Apesar de não sabermos nada sobre a origem de classe dela, podemos ver um pouco do ambiente doméstico de Telly. Seu pai trabalha, e a mãe fica em casa cuidando do bebê. É um lar patriarcal, e sabemos disso porque a mãe nos informa que o marido a proibiu de dar dinheiro a Telly. Essa recusa não significa nada, claro, porque Telly ainda consegue explorá-la, roubando seus recursos financeiros escondidos da mesma forma que explora as garotas de quem rouba a virgindade. Telly, com seus dentes tortos e suas roupas baratas, não representa o mundo do privilégio de classe, mas seu melhor amigo, Casper, parece representar. O visual de Casper é cuidadosamente escolhido para que ele possa entrar no clima. Apesar da aparência de um garoto hollywoodiano glamoroso e idealizado, o suposto desinteresse de Casper em se aproveitar das mulheres na maior parte do filme faz com que pareça mais inocente do que o amigo. Na verdade, o filme sugere que o laço homossocial entre os garotos mascara a inveja que Casper sente de Telly, que é mais hábil em explorar as mulheres.

Todas as hierarquias usuais de raça, sexo e classe permanecem intactas no mundo adolescente fictício que Clark cria em *Kids* — mesmo quando Ruby e Jennie fazem o teste de HIV e há uma correspondência racial com suas enfermeiras. Ruby é atendida por uma enfermeira de pele escura que é tão desprendida em relação a essas questões quanto a adolescente. Jennie tem uma enfermeira branca que se comporta como se estivesse ao mesmo tempo incomodada e indiferente. Os únicos adultos que vemos no filme são mulheres. Elas são ou endurecidas por suas vivências (como as enfermeiras) ou facilmente enganadas (como a mãe de Telly). São todas ineficientes, incapazes de intervir de maneira significativa e construtiva na vida dos adolescentes que encontram.

Adultos não são inimigos nesse filme. Eles simplesmente não estão presentes. Muitos espectadores verão nessa ausência a explicação para a corrupção desses jovens. Parece irônico, já que esses não são jovens radicais com valores alternativos. As atitudes racistas e machistas que exibem e seu vício em drogas são apenas amostras explícitas e hiperbólicas de atitudes e valores normativos em nossa sociedade. Não há em *Kids* valores subversivos ou qualquer ponto de vista político radical. Todas as formas de transgressão que os adolescentes adotam são apenas espelhamentos violentamente exagerados dos valores conservadores dominantes em nossa cultura. O fato de muitos espectadores verem o filme como o registro de um mundo secreto de transgressão adolescente é sinal de que a maioria das pessoas está em negação quanto aos valores que apoiam e perpetuam coletivamente. Longe de ser um filme que condena os adolescentes, se há algum crime exposto em Kids ele se refere ao fato de que essa é a cultura que o patriarcado supremacista branco capitalista produz. Esses jovens apenas a levam ao extremo, encenam ao máximo. E aqui não podemos confundir mostrar com criticar. Falta em Kids uma força crítica. Não há no filme nenhuma resistência à dominação, apenas uma adoção primitiva de paradigmas dominantes. As vítimas são sempre as mesmas que as do mundo real em que vivemos: garotos pobres e de classe baixa; pessoas não brancas, em especial homens negros; garotas não brancas vulneráveis; e boas garotas brancas que estariam a salvo se ficassem em casa.

Não é por acaso que a maioria dos espectadores é aparentemente incapaz de enxergar que Kids apenas espelha os valores reacionários que são a norma em nossa cultura de consumo (é isso que torna o filme tedioso para alguns de nós, ainda que também seja ameaçador). Como afirma Susan Bordo em *Unbearable Weight: Feminism, Western Culture, and the Body* [Um peso insuportável: feminismo, cultura ocidental e o corpo], o capitalismo tardio de consumo nos diz que, como consumidores, "devemos demonstrar uma capacidade ilimitada de nos entregar aos desejos e satisfazer os impulsos; precisamos ter fome de satisfação constante e imediata". Ao contrário da maior parte dos cidadãos desta nação, os adolescentes fictícios de Kids e seus correspondentes na vida real não reagem de maneira eficaz às tentativas sociais de regular seus desejos. Estão fora de controle. Em grande medida, a popularidade do filme vem do prazer voyeurístico experimentado pelos espectadores, cujos desejos são rigidamente regulados, ao assistir a um mundo fictício de hedonismo niilista adolescente. Apesar de talvez não se identificarem com os personagens do filme, eles se identificam de forma nostálgica com a ânsia de agir por impulso, com o narcisismo que ameaça a vida.

Para auxiliar nesse processo sedutor de identificação, que desvia a atenção da ênfase primária de *Kids* em dois adolescentes brancos, o filme se apoia em estratégias familiares mais comumente usadas na construção da pornografia e da arte erótica patriarcais. Clark usa engenhosamente suas habilidades como fotógrafo ao empregar tomadas curtas que dão um efeito de fotografia. Essa técnica é ilustrada por vários planos dos garotos dormindo durante a festa. No livro *The Imaginary Domain* [O domínio imaginário], Drucilla Cornell define a pornografia como

> a apresentação e a representação explícitas de órgãos sexuais e atos sexuais com o propósito de provocar excitação sexual por meio do (i) retrato da violência e da coerção contra mulheres como base para o desejo heterossexual ou (ii) da descrição explícita do desmembramento do corpo da mulher, produzido pela redução dela a seu sexo e completa subtração de sua individualidade enquanto é retratada tomando parte de atos sexuais explícitos.

Se tomarmos essa definição, *Kids* pode ser visto como um filme que emprega a imaginação pornográfica. Isso é materializado por um foco cinematográfico concentrado no imaginário fálico.

Do começo ao fim, *Kids* é, em primeiro lugar, sobre masculinidade e sexualidade masculinas. De início, esse foco é mascarado pela inclusão de vozes femininas, de modo a sugerir paridade de gênero. Mas, conforme a ação se desenrola, fica evidente que *Kids* é um filme sobre a forma como o desejo masculino se organiza em torno do poder fálico, em torno do poder de dominar e penetrar. A voz de Telly está presente tanto no início quanto no fim, para ao mesmo tempo anunciar e glorificar esse ponto de vista. É a imaginação pornográfica de Telly que molda a narrativa. São suas fantasias sexuais que a dominam. Os espectadores são convidados a se tornar participantes imaginários das cenas apresentadas. Queiramos ou não, nós nos tornamos voyeurs na busca de Telly por novas virgens a serem penetradas, novos corpos a serem conquistados. E, como Jennie confessa nas cenas iniciais do filme, a causa de sua dor não é ter tido sua única relação sexual com Telly, mas o fato de que Telly não fala mais com ela. Esse é o ato definitivo de apagamento. Como ela desejava estar com ele, o triunfo de Telly não está em possuí-la sexualmente contra sua vontade, mas em transformá-la unicamente em um objeto sexual ao se recusar a reconhecer sua presença, ao se recusar a estabelecer e manter um contato contínuo.

O modo como o cineasta posiciona mulheres não brancas em papéis sexualmente objetificados se conforma a tradições de representação pornográfica e fascínio racial que retratam mulheres de pele escura como a expressão máxima da "garota má". Em *Kids*, as garotas não brancas mais sexualmente experientes são vistas como ameaçadoras demais e, portanto, não desejáveis. Elas não podem ser controladas da mesma forma que é possível manipular e violar garotas inexperientes, virgens. Ao escrever sobre a análise psicanalítica do terror e da fantasia de controle que são centrais para a imaginação pornográfica, Drucilla Cornell sugere que, "nessa cena reducionista, não há mulheres e homens, mas tacos e buracos":

> É essa redução a identidades de gênero exacerbadas por meio da representação explícita de partes do corpo que leva a pornografia a reforçar e expressar o que Louise Kaplan chamou de "estratégia perversa". Para Kaplan, a estratégia perversa é um superinvestimento em identidades de gênero rígidas, do modo como são imaginadas no início da infância em associação aos Grandes Outros que têm poder.

Kids celebra a agência fálica patriarcal. Não há nenhuma crítica. Apenas mostrar que garotas são violadas para que garotos adolescentes possam sentir uma potência fálica não serve de forma alguma como crítica. Em sua estratégia e fotografia, o subtexto do filme se alia ao falocentrismo e ao patriarcado. Mesmo quando duas garotas se beijam em determinada cena, sua agência sexual é logo quebrada por observadores masculinos que insistem que repitam o ato para seu prazer voyeurístico. Apesar de as garotas se recusarem, essa é mais uma cena que insiste na primazia do ponto de vista fálico patriarcal.

Não há nada em *Kids* que indique uma preocupação em enfatizar perspectivas que não sejam machistas. A coerção que Cornell insiste ser central para o ato pornográfico permanece como força motriz do filme. Ao discutir com seu colega Jim Lewis o processo de dirigir *Kids*, Clark afirma: "Quando fiz o filme, continuei a ser amigo deles, mas também era uma figura de autoridade. Eles estavam trabalhando. Eu era o chefe; era um ditador, às vezes era mau e gritava com eles, os ameaçava. Peguei bem pesado". Em um momento perfeito de cumplicidade homossocial heterossexista, Jim Lewis acrescenta sua interpretação sobre a declaração de Clark: "Ainda assim, dá para ver pela franqueza das interpretações que os garotos confiavam completamente nele, e dá para ver pelo próprio filme que não tinham razão para não confiar: tudo o que ele quer é mostrar a perturbadora beleza de suas vidas". Na medida em que o filme revela muitos aspectos trágicos, podemos apenas supor que essa "beleza" só pode ser evocada pela imposição da imaginação voyeurística de um adulto, que se desidentifica da experiência real de uma adolescência dolorosa e traumática na qual os traços predominantes de abuso e abandono precisam ser enterrados fisicamente para ser possível projetar uma fantasia de rebeldia romantizada.

Considerando a visão reacionária que está no cerne de *Kids*, não surpreende que o filme seja frequentemente caracterizado, tanto pelo cineasta quanto por uma variedade de indivíduos que o promovem, como uma intervenção útil — um filme que os pais deveriam ver com os filhos. Esse grupo, claro, raramente fala sobre quais "lições" espera que sejam aprendidas com o longa. Espectadores mais conservadores estimulam adolescentes a assistir para que fiquem tão horrorizados que não queiram seguir o mesmo caminho desses garotos fictícios. E, claro, as jovens são incentivadas a assistir por pais que querem que suas filhas não só entendam que sexo é ruim mas que a vida delas pode ser para sempre arruinada por uma noite de relação sexual desprotegida. Nenhuma dessas lições é particularmente progressista.

Tendo em vista que o filme não condena de nenhum modo a educação patriarcal, ele pode agir em cumplicidade com essas forças culturais que enxergam os dilemas da vida adolescente apenas como fruto da ausência de controle e autoridade coercivos. Além disso, *Kids* causa admiração ou choque apenas em indivíduos que desconhecem a cultura de adolescentes periféricos pobres, muitas vezes sem-teto. Dada a persistência do elitismo de classe, do racismo e da supremacia branca, de ferozes reações antifeministas e do desejo de parte da direita de resgatar controles rígidos que regulem o desejo, o prazer, a sexualidade e a mistura racial, certamente são necessários filmes que ofereçam *insights* construtivos e alternativas progressistas. E *Kids* não é um desses filmes.

O roteiro se debruça de maneira tão estreita sobre suas preocupações que não é capaz de jogar luz sobre a complexa realidade dos adolescentes urbanos. Ironicamente, apesar do apelo transgressor do filme, ele sem dúvida será usado como evidência para afirmar a noção de que são necessários mais repressão, mais vigilância e um retorno a benevolentes e antiquados valores patriarcais capitalistas supremacistas brancos para manter os adolescentes "na linha". A subversão não se dá apenas porque as imagens são transgressoras. *Kids* é a fantasia escapista de uma imaginação adulta. O fato de que o roteiro foi escrito por um jovem adulto não altera seu ponto de vista ou mensagem. Os aspectos lúdicos e às vezes ousados de *Kids*, que na superfície parecem ser subversivos, não o são, precisamente porque Clark apaga de forma astuta a realidade social cruel que leva esses adolescentes a um hedonismo niilista. Ao romantizar essa resposta, nossa cultura continua a abusar e a trair os jovens de Nova York e de muitos outros lugares. Assim como o sexo e as drogas no filme, tal resposta serve apenas para desviar o foco dos problemas reais: educação patriarcal, exploração de classe, dominação racial e de gênero, exclusão e subordinação.

08.
integridade artística: raça e responsabilidade

A maioria dos cineastas não precisa lidar com a questão da raça. Quando homens brancos filmam somente com atores brancos ou com atores não brancos, seu "direito" de fazê-lo não é questionado. Ninguém pergunta a um cineasta branco que faz um filme só com personagens brancos, nos Estados Unidos ou na Inglaterra, se ele é supremacista branco. Supõe-se que a arte criada por eles reflete o mundo que conhecem, ou certamente o mundo que lhes interessa. Contudo, quando um cineasta negro — ou qualquer cineasta não branco — roda um filme que enfoca exclusivamente personagens negros, ou brancos, críticos e espectadores pedem que justifique suas escolhas e assuma a responsabilidade política pela qualidade de suas representações. No cerne do raciocínio que garante que algumas pessoas sejam interrogadas sobre suas escolhas, e outras não, está a suposição tanto racista quanto machista de que a integridade da visão artística importa mais para cineastas brancos e homens do que para os não brancos e/ou mulheres.

Ironicamente, os homens brancos podem fazer filmes — mais do que qualquer outro grupo — sem que sejam submetidos a uma exigência constante de não perpetuar sistemas de dominação baseados em raça, classe e gênero. Como consequência, esses trabalhos costumam ser os mais descuidados e negligentes em suas representações de grupos marginalizados pelas estruturas institucionalizadas de exploração e opressão. Talvez já tivéssemos testemunhado uma revolução cultural no cinema em relação ao retrato de pessoas não brancas e mulheres brancas se os cineastas brancos fossem submetidos a apenas uma fração da crítica dirigida a cineastas de grupos marginalizados. Para ser sincera, um pouco de questionamento aberto e franco pode ser útil e inspirar qualquer artista a ser mais vigilante. Artistas homens brancos não necessariamente se beneficiaram da ausência de certas pressões que poderiam fazê-los refletir sobre seu papel na produção de obras que perpetuam a dominação. Mais do que outras pessoas, os cineastas estão bem conscientes do poder das imagens em movimento em uma época de analfabetismo crescente. Os filmes nos ensinam muito devido à acessibilidade da linguagem que empregam, composta tanto de imagens quanto de palavras. Felizmente, alguns cineastas brancos começaram a pensar de forma crítica, em certos momentos, sobre representações de raça, gênero e nacionalidade. Seria uma dádiva para todos os cineastas se esse grupo resistisse a abraçar a noção de que são mais preocupados com a visão artística do que outros grupos.

Grupos marginalizados — mulheres brancas, pessoas não brancas e/ou artistas gays, por exemplo — se debatem com o tema da responsabilidade estética, sobretudo em relação ao perpetuamento da dominação. Apesar de esse embate ser com frequência visto apenas sob uma luz negativa, ele pode elevar a integridade artística quando serve para ajudar o artista a iluminar sua visão e seu propósito. Um cineasta como Derek Jarman foi capaz de usar a exigência de responsabilidade para fortalecer seu trabalho. *Blue* (1993) é um poderoso testamento à habilidade de lidar abertamente com o político e o metafísico de um modo que não os diminui e ilumina a ambos.

Stan Brakhage usa a expressão "ecologia estética" para articular sua crença de que é preciso haver um delicado equilíbrio entre mostrar uma preocupação consciente com o político na produção artística e permitir o surgimento de uma expressão artística sem amarras. Ele acredita que é importante que um ou uma cineasta "seja muito cuidadoso/a em não permitir que impulsos sociais e políticos dominem" seu trabalho, porque isso poderia "falsificar os equilíbrios intrínsecos e necessários para criar uma ecologia estética". Com muita frequência, cineastas de grupos marginalizados têm dificuldades para lidar com a questão da autorização necessária para manter tal equilíbrio. Muitos dos cineastas negros criados em uma cultura supremacista branca — na qual a vasta maioria de imagens cinematográficas é construída de modo a preservar e sustentar essa estrutura de dominação — se sentem obrigados a assumir a responsabilidade de produzir imagens de resistência. Esse desejo não mina a integridade artística, mas impõe limitações àqueles artistas que permitem que isso tome conta de toda a sua produção. É essa determinação exagerada que quebra a possibilidade de uma ecologia estética, pois perturba o equilíbrio.

Para se tornarem cineastas, artistas negros de todo o mundo têm a resistência como ponto de partida, não importa em que cultura atuem. É por isso que o termo "cineasta negro" tem um significado que vai além da simples palavra "cineasta". Em uma entrevista publicada na revista de estudos culturais *Border/Lines*, ao falar sobre como esse termo pode tanto limitar quanto expandir possibilidades criativas, o cineasta negro britânico John Akomfrah explica:

> Sou um cineasta negro — isso significa que há certas prescrições que esperam que eu incorpore. Eu não me incomodo muito com isso, porque faz parte do jogo. O que me perturba é a natureza kantiana do modo como essa prescrição é colocada em nosso colo como um imperativo categórico específico — um cineasta negro deve fazer isso. Acho isso errado não só porque é absurdo, mas também porque nos impede de fazer as perguntas que devemos fazer.

Nos Estados Unidos, tanto no passado como no presente, assumimos que um cineasta negro vai construir imagens negras, vai enfocar um conteúdo narrativo que coloque em evidência a experiência negra, e que as imagens que ele ou ela criará trabalharão necessariamente contra as imagens estereotipadas negativas que são representadas pela cultura dominante branca. Essa exigência é colocada tanto por financiadores quanto por espectadores. Nenhum cineasta negro trabalha com imagens apenas brancas ou não negras. E, embora um foco totalmente não negro possa não ser desejável, o fato de que essa não é uma escolha aceitável serve como lembrete das limitações impostas a cineastas negros — e a mais ninguém.

Na nossa cultura, há muito tempo se deduz que cineastas negros farão filmes negros (ou seja, trabalharão com conteúdos e imagens que enfatizem a experiência negra). Ao mesmo tempo, dada a escassez de imagens cativantes de negritude no cinema, não é de estranhar que tantos cineastas negros escolham trabalhar nesse terreno visual, porque é uma fronteira fértil — ainda há muito a descobrir e fazer. Nesse sentido, há um frescor em trabalhar com um tema negro que não pode ser abordado quando o foco está na branquitude. Em algum ponto de um futuro distante, a negritude também se esgotará, será um tema batido. No momento, ela ainda está sendo descoberta tanto por cineastas negros quanto por não negros. É praticamente impossível encontrar um filme hollywoodiano sobre um assunto transgressor que não tenha personagens negros, uma vez que as imagens negras, por muito tempo ausentes no cinema dominante, permitem a criação de perspectivas e pontos de vista inovadores.

Já foi feito esforço suficiente para garantir que filmes negros não deixarão de ser produzidos. Agora, é importante que financiadores e apoiadores não confinem cineastas negros a uma posição que só admita um foco exclusivo na negritude. Embora críticos brancos costumem elogiar artistas negros por não enfocar a negritude, eles não insinuam que artistas brancos devem deixar de lado seu foco obsessivo na branquitude. A crítica ao essencialismo racial precisa ser uma via de mão dupla. Assim como é importante vermos a negritude a partir de diferentes perspectivas — retratada por cineastas que não sejam negros —, é igualmente importante que experiências brancas e outras não negras sejam retratadas por cineastas negros. Cineastas asiáticos, tanto independentes quanto comerciais, têm trabalhado com temas negros, mas o contrário não ocorre. Quando cineastas negros puderem tratar de uma variedade de assuntos, não apenas aqueles que joguem luz sobre a negritude, haverá mais liberdade para resistir ao fardo racial da representação.

É certo que a crítica ao essencialismo racial tem ampliado a consciência de que apenas a cor da pele não garante que cineastas negros criarão imagens radicais ou subversivas. Hoje sabemos, mesmo que não estejamos dispostos a abraçar essa verdade, que a raça tem menos impacto em determinar o tipo de imagem criada do que a perspectiva adotada pelo cineasta. Quando cineastas negros conservadores fazem filmes, as imagens de negritude que criam em geral se adaptam ao status quo, tão construídas por uma estética supremacista branca internalizada quanto as imagens produzidas por cineastas brancos e outros cineastas não negros não esclarecidos. No passado, presumia-se que cineastas negros nos Estados Unidos criariam imagens de resistência, que seu trabalho ofereceria uma perspectiva de desafio aos estereótipos dominantes. No entanto, agora que cineastas negros fazem filmes com a expectativa de atrair as massas, eles se dirigem ao enorme público branco de cinema oferecendo imagens familiares de negritude. Essas imagens são geralmente estereotipadas. Até que tanto a mente dos colonizadores quanto a dos colonizados tenham sido descolonizadas, espectadores em culturas supremacistas brancas terão dificuldade de "ver" e entender imagens de negritude que não se conformem ao estereótipo.

Mais do que nunca, cineastas negros têm percebido que não basta criar imagens a partir de uma perspectiva descolonizada: para que esse tipo de trabalho possa ser valorizado, é preciso também que se ensine uma nova estética do olhar aos espectadores. É político o processo por meio do qual qualquer um de nós pode alterar o modo como enxergamos as imagens. Até que todos possam reconhecer que uma estética supremacista branca molda a criatividade de uma forma que invalida e desencoraja a produção de qualquer imagem que rompa com essa estética, os espectadores podem continuar a acreditar que imagens são politicamente neutras. Na verdade, regras tácitas governam na mesma medida a maneira como artistas brancos e de outros grupos produzem imagens. Ainda assim, essas regras podem continuar não sendo nomeadas enquanto forem passivamente aceitas, ou enquanto conflitos sobre políticas de raça e representação ocorrerem a portas fechadas. Quando entrevistei Wayne Wang sobre a decisão que ele e Paul Auster tomaram de transformar o ladrão em um homem negro ao escolher o elenco de *Cortina de Fumaça* (1995) (a identidade racial do ladrão não era mencionada no conto original), ele não respondeu à pergunta por completo. Ao dar um rosto negro para o ladrão, eles escolheram perpetuar estereótipos raciais. Contudo, estou certa de que a verdadeira razão para adicionar personagens negros à história foi trazer algo diferente, apimentá-la com um contraste racial. Existe uma dimensão ética nas escolhas estéticas sobre a qual ninguém quer falar. A decisão de tornar esse ladrão negro não foi inocente. Porém, ninguém quer falar abertamente sobre o significado dessa decisão. E isso inclui vários atores negros que perceberam que muitas pessoas negras foram incluídas no elenco depois que um homem negro foi colocado no papel de ladrão. Embora não aprovem as implicações sociais e políticas do conteúdo narrativo do filme, eles querem trabalhar em Hollywood.

Ninguém que trabalhe em Hollywood quer de fato expor publicamente o papel que o pensamento supremacista branco desempenha na escolha dos elencos. Ou falar sobre o quanto é mais fácil para todo mundo dar continuidade a um legado fílmico racista em vez de desafiá-lo. Ainda não houve nenhuma reivindicação política coletiva para que Hollywood se despisse da supremacia branca. Os protestos costumam acontecer no nível individual e passam despercebidos. De tempos em tempos, quando algum homem branco poderoso no cinema dominante decide agir contra a estética supremacista branca, temos uma amostra da hostilidade a que outros brancos o submetem por desafiar o status quo. Um bom exemplo foi a decisão de Kevin Costner de transformar Whitney Houston em protagonista de *O Guarda-Costas* (1992). Essa quebra do racismo convencional do cinema dominante, da insistência de que protagonistas negras não têm apelo de massa, não foi provocada por uma resistência coletiva aberta contra o racismo. Foi apenas o capricho de um único homem branco, que deixou de ser o "garoto de ouro" que era antes dessa produção. Recentemente, Marlon Brando foi forçado a pedir desculpas públicas por ter denunciado o racismo em Hollywood e por sugerir que muitos judeus que trabalham nesse mercado questionam a reprodução de estereótipos racistas de judeus, enquanto toleram a criação de imagens degradantes de outros grupos, em especial não brancos. O modo como pessoas brancas são policiadas por outras pessoas brancas na arena da produção cultural cinematográfica recebe pouca atenção. Isso sustenta a ficção de que existe mais liberdade para criar representações progressistas de raça do que de fato há. E aqui não é o caso apenas de retratar personagens negros de forma progressista, mas também personagens brancos e todo o resto.

Ironicamente, diretores brancos agora acreditam que apenas colocar personagens negros em seus filmes significa que não estão ajudando a perpetuar o racismo em seu trabalho. Quando alguns críticos se referiram a *Cães de Aluguel* (1992), de Quentin Tarantino, como um verdadeiro "filme de caras brancos", estavam articulando uma preocupação com o modo como muito da intensidade dessa produção pode ser atribuído a comentários de alta carga racial e sexual. Claro, Tarantino foi o primeiro a desautorizar qualquer um que sugerisse que seu uso de epítetos racistas ou machistas não era a rigor politicamente neutro ou apenas "descolado". É significativo que ele tenha defendido o uso repetido da palavra "crioulo" (*nigger*) em seus filmes sugerindo que é uma forma de despojar essa palavra de seu poder e, no entanto, não faça nenhuma conexão entre esse raciocínio e formas possíveis de despojar a branquitude de seu poder de dominação. Em *Quentin Tarantino: The Cinema of Cool* [Quentin Tarantino: cinema de atitude], o autor Jeff Dawson declara: "A verdade é que a escolha do elenco de *Pulp Fiction* [1994] dissipou toda e qualquer ideia de racismo". Essa declaração é um sinal de nosso fracasso cultural em entender que a mera escalação de personagens negros em um filme não garante que o filme vá trabalhar, seja de forma velada ou ostensiva, para minar o racismo. Esses personagens negros podem ser construídos cinematograficamente de maneira a se tornarem porta-vozes de pressupostos e crenças racistas. O "cinema de atitude" de Tarantino gerou uma represália contra as forças que exigem vigilância das representações de raça e gênero na arte. Seus filmes transformam o racismo e o machismo em algo divertido.

As estruturas narrativas do cinema dominante estão tão profundamente investidas de uma mitologia racista que será preciso nada menos que uma revolução (ou seja, que os espectadores se recusem a pagar para ver filmes que perpetuem sistemas de dominação) para que esse mundo possa ser transformado. Atualmente, espectadores agem em profunda cumplicidade com o status quo. Quando um filme como *Corina, uma Babá Perfeita* (1994) mostra ao público imagens progressistas de uma personagem negra (permitindo que Whoopi Goldberg tire uma folga de seus papéis racistas e machistas de costume como *mammy* ou biscate),[17] ele não faz sucesso comercial. Espectadores brancos não são os únicos a dar as costas a imagens progressistas. É comum que negros e outros grupos não brancos pouco esclarecidos — que, assim como muitos brancos, foram socialmente condicionados a aceitar retratos degradantes de pessoas negras — fiquem insatisfeitos ao não ver esses estereótipos familiares na tela. Em *Media, Communication, Culture* [Mídia, comunicação, cultura], James Lull lembra aos leitores que o sistema supremacista branco hegemônico funciona porque todos estamos implicados nele:

> Correntes ideológicas dominantes precisam ser ulteriormente reproduzidas nas atividades de nossas unidades sociais mais básicas — família, redes profissionais e grupos de amigos nos muitos locais e tarefas da vida cotidiana [...]. A hegemonia requer que afirmações ideológicas se tornem pressupostos culturais autoevidentes. Para que ela funcione, grupos subordinados devem aceitar a ideologia dominante como "realidade normal ou senso comum".

Desse modo, embora na vida "real" haja pouca evidência de que jovens negros matam comerciantes coreanos de forma brutal,

---

[17] *Ho*, no original em inglês. hooks se refere ao estereótipo da *hoochie*, muito presente na cultura popular negra, em especial no hip-hop. A *hoochie* é uma versão contemporânea do estereótipo da Jezebel, que retrata as mulheres negras como promíscuas, sexualmente agressivas e em geral também manipuladoras e interesseiras. O termo reforça um tipo de sexualidade feminina desviante, em oposição à sexualidade das mulheres brancas, de modo a naturalizar a violência sexual contra mulheres negras. [N.T.]

quando um filme como *Perigo para a Sociedade* (1993) retrata um massacre desse tipo, muitos jovens negros insistem que essas imagens desumanizadas da masculinidade negra são autênticas, refletem a realidade. Eles ao mesmo tempo abraçam a identidade que o filme lhes oferece e procuram expressá-la culturalmente.

A cultura que a maioria dos filmes cria quando o assunto é raça, tanto no cinema dominante quanto em trabalhos independentes, ainda dá sustentação à supremacia branca, seja de modo velado ou ostensivo. Filmes independentes produzidos por mulheres brancas que se autointitulam progressistas — heterossexuais e lésbicas — ainda organizam suas narrativas com base em modos convencionais estereotipados de enxergar a feminilidade negra. Isso vale tanto para *O Par Perfeito* (1994) quanto para *Duas Garotas In Love* (1995). No primeiro, a cineasta escolheu uma mulher negra para o papel da mãe megera irascível de classe alta e homofóbica cuja filha vive um relacionamento lésbico. Embora a diretora branca tenha declarado em inúmeras entrevistas que a personagem foi inspirada em sua mãe, nenhum crítico pediu que ela discutisse por que decidiu escalar uma atriz negra para o papel. Ela então poderia ter sido questionada se essas representações não perpetuariam a noção de que mulheres negras são mais homofóbicas do que mulheres brancas, como o são nesse filme. Tais questionamentos não surgem porque não são vistos como algo "descolado". Está mais na moda juntar-se a uma celebração acrítica do desejo inter-racial homoafetivo. No longa, mulheres negras são apresentadas como adoradoras fúteis da cultura eurocêntrica, e há um paralelo entre essas representações e as que vemos em *Falando de Amor* (1995).

Quando se trata da questão da raça e da representação, muito do que vemos na tela traça um quadro sombrio. À medida que mais imagens não brancas aparecem em cena, elas ao menos promovem debates públicos e discussões sobre as políticas de representação. No passado, todos acreditavam que o racismo e a supremacia branca seriam contestados e transformados na vida cotidiana e que isso levaria a uma revolução no cinema. Reverter esse processo poderia pôr o racismo em xeque de forma mais estratégica. Espectadores têm o poder de cancelar a exibição de um filme. Protestos e boicotes são algumas das maneiras mais baratas e efetivas de dizer ao mundo que as imagens que tentam nos empurrar são indesejáveis. Como a cultura cinematográfica é uma das instâncias primordiais para a reprodução e a perpetuação da estética supremacista branca, exigir mudanças no que vemos na tela — exigir a criação de imagens progressistas — é um modo de transformar a cultura na qual vivemos. Enquanto ninguém fizer essa reivindicação, não apenas continuaremos reféns da hegemonia imagética da imaginação coletiva patriarcal supremacista branca capitalista, como também não teremos olhos para enxergar as visões libertadoras que cineastas progressistas nos oferecem.

09.
fantasias neocolonialistas de conquista:
Basquete Blues

Tive vontade de ir embora quando entrei em um cinema lotado de corpos brancos esperando para ver *Basquete Blues* (1994) e percebi que nós (eu e as duas pessoas negras que me acompanhavam: uma das minhas cinco irmãs e meu ex-namorado) provavelmente não conseguiríamos sentar juntos. Por alguma razão, senti que não seria capaz de assistir ao filme em meio a um mar de branquitude sem ter um corpo de negritude para me ancorar — para ver comigo —, para testemunhar o modo como a vida dos negros era retratada. Veja bem, não tenho problema nenhum com cineastas brancos que fazem filmes sobre a vida dos negros: é só uma questão de visão, de perspectiva. Em uma cultura supremacista branca, a política da localização é relevante, independentemente de quem esteja fazendo um filme sobre pessoas não brancas. Nos Estados Unidos, quando brancos querem ver e "desfrutar" de imagens de negros, raramente isso tem a ver com um desejo de conhecer pessoas negras reais.

Sentados juntos no meio da multidão que lotava o cinema, todos os lugares ocupados, debochamos da atmosfera da sala. Estava carregada com o mesmo clima de animação, tensão e expectativa que em geral está presente em eventos esportivos. O foco no basquete talvez tenha feito o público relaxar. Contudo, mesmo sem saber muito sobre o conteúdo e o gênero da produção (se era sério ou não), as pessoas claramente estavam lá para se divertir. Quando o filme começou, a multidão foi tomada pelo prazer voyeurístico de observar à distância a vida de dois garotos negros da classe trabalhadora, criados em regiões pobres da cidade. Esse fascínio mórbido por "assistir" a um documentário sobre dois adolescentes afro-estadunidenses lutando para se tornar jogadores da NBA é uma evidência profunda do quanto a negritude foi mercantilizada nesta sociedade — ao nível de transformar a vida dos negros, em especial das pessoas negras pobres que vivem na miséria, em entretenimento barato (mesmo que essa não seja a intenção dos cineastas).

Os diretores Peter Gilbert, Fred Marx e Steve James deixam claro em entrevistas que querem mostrar aos espectadores os aspectos abusivos do sistema esportivo nos Estados Unidos e, ao mesmo tempo, o lado positivo. Gilbert declara: "Gostaríamos de ver essas famílias passar por momentos muito difíceis, superar vários obstáculos e transpor alguns dos estereótipos midiáticos sobre famílias periféricas". Note como Gilbert não identifica a raça dessas famílias. Ainda assim, a negritude é precisamente o que dá a esse documentário um apelo cultural popular. O atrativo de *Basquete Blues* está em afirmar que aqueles que estão por baixo podem ascender nesta sociedade, mesmo que o documentário critique a maneira como se dá essa ascensão. O filme diz ao mundo que o sonho americano funciona, como o técnico branco abusivo da escola St. Joseph deixa claro enquanto açoita verbalmente os garotos negros para que eles fiquem em forma: "Isto aqui é a América. Vocês podem fazer algo da vida de vocês".

Ao contrário do que indicam as críticas elogiosas a *Basquete Blues*, que fizeram dele o primeiro documentário considerado digno do Oscar de melhor filme tanto pela crítica quanto pelo público, não há nada espetacular ou tecnicamente excepcional na produção. Não é um trabalho inventivo. Na realidade, deveria ocupar um lugar no contínuo de documentários antropológicos e/ou etnográficos típicos que mostram o "outro negro" a partir da perspectiva da branquitude. Comunidades negras em regiões pobres das cidades, vistas por muitos estadunidenses como "selvas", se tornam nesse filme a fronteira que cineastas brancos cruzam para documentar seus personagens durante um período de cinco anos. Para muitos espectadores progressistas, eu inclusa, o filme é tocante porque reconhece os aspectos positivos da vida dos negros que tornam possível a sobrevivência. Mesmo que eu tenha encorajado minha família e todo mundo a assistir ao filme, também os encorajei a apreciá-lo de maneira crítica.

Contextualizar *Basquete Blues* e avaliá-lo de um ponto de vista cinematográfico é crucial para qualquer entendimento de seu sucesso fenomenal. O fato é que não se trata de um grande documentário. É um drama real cativante e comovente. Na realidade, seu sucesso é prova da obsessão cultural por histórias reais. Em vários aspectos, o estilo do filme tem muito em comum com os documentários breves exibidos no noticiário das cinco horas ou nos programas mais sensacionalistas, como *Hard Copy*.[18] Nos Estados Unidos, o trabalho foi elogia-

---

[18] Programa televisivo exibido nos Estados Unidos entre 1989 e 1999, dedicado a fofocas sobre celebridades e casos de violência, entre outros assuntos sensacionalistas. [N.E.]

do por muitos críticos, majoritariamente brancos. Ao contrário do que acontece com muitas outras produções que examinam a experiência dos estadunidenses negros (documentários sobre Malcolm X, *Eyes on the Prize*[19] etc.), cujo conteúdo político é explícito, que falam abertamente sobre questões de racismo, o foco de *Basquete Blues* foi considerado mais acolhedor pela maioria dos espectadores. Ele joga luz sobre uma questão com a qual estadunidenses de todas as raças, mas em particular brancos, podem se identificar com facilidade: o desejo de jovens negros de se tornar grandes jogadores de basquete. Sem dúvida é esse ponto de vista que leva críticos como David Denby a proclamar na revista *New York* que *Basquete Blues* é "um trabalho extraordinariamente detalhado e emocionalmente satisfatório sobre a vida de regiões urbanas pobres dos Estados Unidos, as esperanças dos Estados Unidos e a derrota dos Estados Unidos". Tal comentário parece altamente irônico, considerando que são precisamente o racismo institucionalizado e as atitudes supremacistas brancas na vida cotidiana dos Estados Unidos que impedem de maneira ativa que os homens negros participem de arenas culturais e esferas de trabalho diversas, ao mesmo tempo que os esportes são apresentados como "o" ambiente onde reconhecimento, sucesso e recompensa material podem ser alcançados. O medo desesperado de não ser bem-sucedido presente na cultura estadunidense é o catalisador que leva os dois jovens negros, Arthur Agee e William Gates, a sonhar com a carreira de jogador

---

[19] *Eyes on the Prize: America's Civil Rights Movement* [De olho no prêmio: movimento dos direitos civis da América] é uma série documental com catorze episódios sobre o movimento dos direitos civis nos Estados Unidos entre 1952 e 1965, exibida na televisão do país no fim da década de 1980. [N.E.]

profissional. Eles, suas famílias e seus amigos nunca imaginaram que poderiam ser bem-sucedidos de qualquer outra forma. Negros e pobres, eles não têm nenhuma esperança de conquistar riqueza e poder em quaisquer outros campos que não sejam os esportes. Ainda assim, esse espírito de derrota e desesperança que caracteriza suas opiniões sobre a vida e suas escolhas não é enfatizado no filme. O desejo de ter sucesso como jogadores é apresentado como se fosse simplesmente um sonho americano positivo. O filme sugere que o que transforma esse sonho em um pesadelo em potencial é apenas a exploração dos jovens por adultos que esperam se beneficiar de seu sucesso (técnicos, pais, irmãos, interesses amorosos).

Os momentos mais potentes do filme são aqueles que documentam, de maneira subversiva, o modo como esses corpos negros jovens são insensivelmente objetificados e desumanizados pelo mundo da administração esportiva nos Estados Unidos, dominado por homens brancos. *Basquete Blues* mostra aos espectadores como técnicos e olheiros em busca dos melhores jogadores para os times de suas escolas e faculdades agem a partir de uma mentalidade de "leilão em lotes" que, para qualquer espectador atento, traz à mente a história da escravidão e da economia colonial construída sobre a exploração de corpos de homens negros jovens. Assim como os corpos dos escravos afro-americanos eram descartáveis, os corpos dos jogadores negros deixam de ter importância se não forem capazes de entregar o produto anunciado. De forma perspicaz, os cineastas expõem as intenções cruéis dos adultos, especialmente dos homens brancos e negros paternalistas e patriarcais, que depositam grandes expectativas, emocionais ou materiais, nos dois adolescentes.

Enquanto as provações e as adversidades com as quais Agee e Gates se deparam nas quadras dão força a *Basquete Blues*, é o envolvimento com a família e os amigos, assim como o desejo de serem grandes jogadores de basquete, que dá ao filme sua qualidade emocional. Em especial, *Basquete Blues* oferece um retrato de mães negras diferente e bastante particular. Contrariando mitos populares sobre mulheres negras matriarcais "duras" que controlam e castram seus filhos, as duas mães do filme oferecem a eles o apoio e o cuidado de que precisam. Claramente, é a mãe de Agee, Sheila, que conduz de modo exemplar os esforços para ser uma mãe amorosa, oferecendo a disciplina, o apoio e o incentivo necessários. Menos carismática — ela muitas vezes parece mesmo aprisionada em um estoicismo passivo-depressivo —, a mãe de Gates é deixada em segundo plano pelos cineastas: ela é uma mãe solo, e o filme não nos mostra como ela ganha dinheiro para sustentar os filhos.

Tanto Sheila quanto Arthur, a mãe e o pai de Agee, são pessoas negras inteligentes, abertas e articuladas. Ao mesmo tempo que a representação de sua inteligência contraria estereótipos, o fato de não conseguirem trabalhar juntos para manter a família saudável e livre de disfunções maiores reforça outros estereótipos. Apesar de o retrato de Sheila ser positivo, ela é representada no filme como sempre mais preocupada em manter a família unida do que o pai. Esse é um exemplo típico e por vezes estereotipado de como a grande mídia representa mulheres negras, comunicando nas entrelinhas a crença racista e machista de que são de algum modo "melhores" que os homens negros, mais responsáveis, menos preguiçosas. Infelizmente, o estilo noticioso jornalístico do filme impossibilita qualquer investigação complexa sobre o vício em drogas do pai de Agee ou o colapso do casamento. Em sintonia com retratos estereotipados de famílias negras pobres na grande mídia, *Basquete Blues* apenas mostra o fracasso de pais negros em manter laços relevantes com seus filhos. O filme não interroga criticamente as circunstâncias e as condições desse fracasso.

Apesar de um dos momentos mais tristes do filme ocorrer quando testemunhamos Agee perder a fé no pai, sua hostilidade e raiva crescentes, ele nunca é interrogado sobre a importância dessa perda da mesma forma que é questionado pelos cineastas sobre sua relação com o basquete ou com a educação. A ligação problemática de Gates com o pai é ainda menos explorada. Sem nenhum exame crítico, essas imagens da dinâmica entre pais e filhos negros apenas confirmam estereótipos negativos, combinando-os ao sugerir que, mesmo quando pais negros estão presentes na vida dos filhos, são tão fracassados que não têm impacto positivo algum. Desse modo, o ponto de vista dos cineastas cria um retrato cinematográfico que não joga luz sobre a complexidade emocional da vida dos homens negros. Por meio de um processo de simplificação extrema, o filme faz parecer que jogar basquete é o desejo que consome a vida desses jovens negros. Não interessa aos cineastas mostrar outros possíveis anseios ignorados e não realizados. Assim sendo, não é possível enxergar como esses estados de privação e insatisfação intensificam a obsessão dos garotos pelo sucesso nos esportes. Os espectadores são surpreendidos quando Gates aparece de repente com uma namorada grávida, pois até essa cena o filme vinha criando uma narrativa que sugeria que o basquete consumia todas as suas energias.

Essa foi obviamente uma decisão estratégica dos cineastas. Pois a força dramática de *Basquete Blues* está enraizada em grande medida na evocação da competição dramaticamente extraída de filmagens documentais de jogos de basquete, que permite ao público torcer pelas estrelas do filme e se identificar com seu sucesso ou fracasso, ou na construção de uma relação de competitividade entre Agee e Gates. Apesar de vermos sinais de camaradagem entre os dois rapazes negros, ao comparar e contrastar constantemente seus destinos, o filme cria uma competição simbólica. As forças que os opõem são a lógica da assimilação racial, que sugere que as pessoas negras que assumem valores e atitudes de brancos privilegiados serão mais bem-sucedidas, e a lógica de um nacionalismo limitado, que sugere que ficar em seu próprio grupo é melhor porque é o único lugar onde se está seguro, onde é possível sobreviver. É esta última visão que "vence" no filme — e está perfeitamente em sintonia com o nacionalismo xenófobo que vem ganhando força entre todos os grupos na cultura estadunidense.

Em última instância, *Basquete Blues* oferece uma visão conservadora das condições para "chegar lá" nos Estados Unidos. O contexto em que alguém pode chegar lá é claramente aquele dentro de um núcleo familiar que reza unido, que trabalha duro, que acredita de forma plena e acrítica no sonho americano. Uma crença quase religiosa no poder da competitividade como meio para obter sucesso permeia a vida estadunidense. A ética da competição é encorajada e valorizada de maneira passional na família de Agee, até o ponto de intensificar a ruptura entre o garoto e o pai. William Gates, que aprende a criticar a ética da competição que fora socializado a aceitar passivamente no patriarcado supremacista branco capitalista, é retratado como vítima. Seu anseio por ser um bom pai, por não ficar obcecado pelo basquete, não é representado como uma mudança positiva de pensamento. Depois que sua saúde se deteriora, ele é mostrado no filme quase sempre como uma figura desesperançosa e derrotada.

O indivíduo triunfante da narrativa é Arthur Agee, que permanece obcecado pelo esporte. Ele continua a acreditar que pode vencer, que pode chegar ao topo. No livro *Memoir of a Race Traitor* [Memórias de uma traidora da raça], a escritora feminista Mab Segrest sugere que a ética da competição é a base da estrutura do racismo e do machismo nos Estados Unidos, que ser "americano" significa ser seduzido pelo fascínio da dominação, da conquista, da vitória:

> Como filha de europeus, uma mulher cujas famílias passaram muitas gerações neste litoral, algumas delas em relativo privilégio material, minha cultura me ensinou a competir por notas, empregos, dinheiro, autoestima. Conforme meus pulmões inspiravam competição, expiravam o ar rançoso do individualismo, entregando a mensagem tóxica: você está sozinha.

Estar sempre competindo, assombrado pelo medo do fracasso, é a natureza do jogo em uma cultura de dominação. Uma solidão terrível envolve Agee ao longo de *Basquete Blues*. Não há escapatória. Ele precisa continuar jogando o jogo. Fugir significa fracassar. O conteúdo subversivo do documentário e suas mensagens trágicas, semelhantes às transmitidas por outros filmes populares na cena estadunidense (*Entrevista com o Vampiro*, *Pulp Fiction: Tempo de Violência*, *Assassinos por Natureza*, todos de 1994), são soterrados pelo espetáculo de jogar o jogo — pela excitação da vitória. Pague o preço, o sonho americano de conquista triunfa, e nada muda.

10.
para agradar o papai: a masculinidade negra na cultura dominante

Quando a teórica feminista Phyllis Chesler publicou *About Men* [Sobre os homens], ela incluiu uma narrativa curta que ficou marcada na minha imaginação. Dizia respeito a Charles Manson[20] e às mulheres que mantiveram relações sexuais com ele. A história conta que, em uma entrevista, perguntaram a uma delas como era trepar com Manson, e ela respondeu: "Ele me disse: 'Imagine que eu sou seu pai'. Eu imaginei. E foi muito bom". Já contei essa história inúmeras vezes desde que a li. Nunca voltei ao livro para conferir se minhas lembranças eram precisas. Ela me fascinou porque revela de forma bastante inocente até que ponto o patriarcado convida a todos a aprender como "agradar o papai" e a encontrar nesse ato de encenação e submissão a expressão máxima do prazer, da satisfação e da realização.

Eu me lembrei dessa anedota mais uma vez ao ler recentemente o jornal *USA Today*. Na seção que traz os principais acontecimentos de todo o país, encontrei esta notícia de Birmingham,

---

[20] Charles Manson (1934-2017) foi o líder de uma seita apocalíptica na Califórnia durante a ascensão da cultura hippie e ficou mundialmente conhecido após ter sido condenado à morte (pena depois comutada para prisão perpétua) pelo assassinato de sete pessoas, incluindo a atriz Sharon Tate, em 1969. [N.E.]

Alabama: "A Comissão do Condado de Jefferson votou por não remover do tribunal um mural que retrata uma fazendeira branca elevando-se entre homens negros que colhem algodão". Sem dúvida essa mulher branca no mural também estava "agradando o papai", encenando um ato de dominação pelo qual esperava receber a aprovação e o amor paternos.

No patriarcado supremacista branco capitalista, homens negros e mulheres brancas estão especialmente posicionados para competir entre si pelos favores que os "papais" brancos em posições de poder podem lhes conceder. Na eventualidade de indivíduos desses grupos falharem em compreender tanto sua posição em relação uns aos outros quanto em relação ao patriarcado branco, a pedagogia da cultura popular empreendida pela grande mídia os bombardeia de imagens para lembrá-los o tempo todo de que as chances de serem recompensados pelo patriarcado dominante e as esperanças de salvação dentro da estrutura social existente aumentam consideravelmente quando eles aprendem a "agradar o papai".

Ao refletir sobre o papel dos homens negros na hierarquia social atual, fiquei fascinada com as imagens da cultura popular que representam homens negros não apenas como ansiosos por "agradar o papai", mas também, sobretudo, como indivíduos torturados pelo que chamo de "anseio não correspondido pelo amor de homens brancos". Em sua maioria, homens negros não se representam desse modo; são representados assim por produções culturais brancas, em especial na televisão, no cinema e na publicidade. A manipulação da representação pela cultura colonizadora é essencial para a manutenção do patriarcado supremacista branco capitalista. Representações que ensinam os homens negros a se enxergar como insuficientes e subordinados a homens brancos mais poderosos, de cuja aprovação necessitam para sobreviver, são relevantes no patriarcado branco. Uma vez que a competição masculina é chancelada em uma sociedade dominada por homens, do ponto de vista do patriarcado branco a masculinidade negra precisa ser mantida "sob controle". Homens negros precisam ser subjugados no maior número possível de arenas culturais. Representações que socializam os homens negros a abraçar a submissão como "natural" tendem a construir uma visão de mundo na qual os homens brancos são retratados como todo-poderosos. Para se tornarem poderosos, então, e ocupar essa posição onipotente, homens negros (e mulheres brancas) devem passar a vida empenhando-se em imitar os homens brancos. Esse empenho é solo fértil para o surgimento, entre os homens negros, de uma política da inveja que reforça o sentimento latente de que não têm valor a não ser que recebam a aprovação dos homens brancos.

O Dossiê Pelicano (1993), dirigido por Alan J. Pakula, e *Filadélfia* (1993), dirigido por Jonathan Demme, são filmes que retratam essa estrutura de competição e inveja e o desejo dos homens negros pela aprovação dos homens brancos. Em *O Dossiê Pelicano*, Julia Roberts, um dos maiores símbolos sexuais de Hollywood, divide o protagonismo com Denzel Washington, "o" homem negro símbolo sexual. Ela interpreta uma estudante de direito que, como nos conta uma propaganda, "escreve um relatório jurídico com suas teorias sobre quem assassinou dois juízes da Suprema Corte"; ele interpreta um repórter do *Washington Post*. De início, o filme enfoca a relação da personagem de Roberts com o homem branco que ela ama, seu antigo professor de direito. Simbolicamente, ele é posicionado como seu superior. Ela o admira e anseia por salvá-lo do alcoolismo que está destruindo a vida dele. Quando, como a propaganda anuncia, "seu relatório chega às altas esferas do governo, ela tem que fugir para salvar sua vida". Ao tentarem assassiná-la, funcionários do poderoso governo patriarcal branco matam seu amante. Ela então passa a ter uma dupla missão: expor os assassinos dos juízes da Suprema Corte e vingar a morte do "bom" patriarca branco.

Em um primeiro momento, os anúncios do filme mostravam uma imagem enorme do rosto de Julia Roberts com a imagem de Denzel Washington ao fundo. Os agentes do ator ameaçaram retirá-lo do filme se as imagens publicitárias não fossem refeitas para mostrar as duas estrelas em pé de igualdade. Como a questão não havia sido colocada por financiadores, produtores ou pelo diretor de *O Dossiê Pelicano*, a necessidade de distinguir o status dos dois personagens era, supostamente, uma tarefa para a publicidade. Propagandas são um veículo primário de disseminação e perpetuação de valores patriarcais supremacistas brancos: pense em quantos anúncios você vê em revistas e na televisão que retratam um casal branco heterossexual realizando alguma atividade "divertida" enquanto um amigo negro solitário o observa com desejo e inveja. A mensagem que a propaganda de *O Dossiê Pelicano* queria passar era de que a estrela branca protagonista do filme não seguiria o esquema romântico habitual em Hollywood, de transar com o protagonista masculino. Falando vulgarmente: a madona branca pura não treparia com a furiosa fera negra. Mesmo o anúncio refeito foi construído de modo a deixar claro que as duas estrelas não formariam um casal. E, ao longo do filme, seus corpos são cuidadosamente posicionados para evitar qualquer contato que pudesse insinuar um interesse erótico mútuo. Os espectadores podem apenas imaginar o que terá acontecido nos bastidores, durante as filmagens. Será que o diretor ficava lembrando aos atores que os personagens estavam apenas trabalhando juntos, que o jornalista de Denzel Washington deveria expressar um interesse romântico velado, mas que a protagonista feminina branca deveria sempre parecer devotada ao fantasma patriarcal de seu amante branco? Ambos os personagens são retratados como completamente alinhados à atual estrutura social do patriarcado supremacista branco capitalista. Eles estão nessa aventura juntos, para defender a lei e a ordem, para reforçar valores corrompidos pelos patriarcas brancos maus e gananciosos — estão do lado dos homens brancos "bons" que o sistema destrói. Vingam o papai sem questionar de modo algum seu direito de permanecer em uma posição superior, mesmo na morte.

Enquanto a personagem de Roberts está inicialmente rodeada de amigos e parceiros brancos, o personagem de Washington é o solitário corpo masculino negro em um mundo todo branco. Ele anseia por ter sucesso naquele mundo, por ser o melhor em seu trabalho, por conquistar a excelência. Retratado como alguém que está sempre satisfazendo as necessidades de seu chefe branco, implorando por sua confiança, o personagem de Washington é a imagem perfeita do homem negro que faz hora extra para se encaixar no patriarcado masculino branco dominante. Claro, parte do que torna o personagem "aceitável" é o fato de que não ameaça alterar o sistema; ele trabalha duro para defender os valores da estrutura social existente. Uma insistência na ideia de que nenhum outro sistema poderia ser tão bom perpassa o filme. As razões do repórter para se dispor a arriscar a vida para salvar tanto a mulher branca quanto o sistema dominado por homens brancos nunca são explicitadas. A suposição implícita é a de que ele se envolve porque venera, admira e ama o poder patriarcal branco. Deseja ao mesmo tempo ocupar a posição de poder e possuir a deusa branca que serve de prêmio. Simbolicamente, o personagem de Washington é o homem negro "bom". Ele não apenas aceita o status de submissão como também testemunha a favor da superioridade do homem branco e se compraz com ela. Tendo em vista que nunca é retratado como membro de uma comunidade "negra", com família, amigos ou amantes, sua própria existência depende da aprovação branca. Essas imagens reproduzem a narrativa do colonialismo. O serviçal/escravo só tem olhos para o "mestre". Sem dúvida é por isso que o personagem de Washington não demonstra interesse romântico pela heroína branca. Ele está ali apenas para protegê-la. Para deixar claro que os dois não estão juntos, o filme termina com uma despedida afetuosa. Depois de ter seu valor reafirmado pelo personagem de Washington, vemos a deusa branca descansando triunfante em seu trono simbólico: uma cadeira de praia. Atente para o fato de que o jornalista de Denzel continua a trabalhar duro para proteger o status quo patriarcal. Mas ela é recompensada com lazer, com o domínio de um pequeno reino em algum lugar (talvez no Terceiro Mundo?), onde pode residir confortavelmente, com suas necessidades sendo atendidas por outros seres invisíveis. O personagem de Washington progride na carreira. E o Grande Pai, seu chefe, fica satisfeito. Aprovado pelo mundo patriarcal branco, ele está pronto para mais uma vez fazer hora extra a fim de conquistar o amor do papai.

    Infelizmente, esse tipo de representação da masculinidade negra surge mesmo quando o habitual enfoque patriarcal branco hollywoodiano é deslocado para retratar um homem branco gay que lida com a questão da aids no ambiente de trabalho. Até adoecer, o advogado corporativo que Tom Hanks interpreta em *Filadélfia* é em todos os aspectos um dos garotos patriarcais supremacistas brancos capitalistas que buscam ascender na hierarquia. A homossexualidade, o filme sugere, não é uma pedra no caminho para o sucesso; a aids é a barreira que o Grande Pai desse filme não permite cruzar. No filme, os homens patriarcais brancos poderosos não são apresentados como horrivelmente homofóbicos; o indivíduo que em certo grau assume esse papel é o advogado negro interpretado por Denzel Washington. Ainda assim, quando o homem branco doente e desempregado vai a seu escritório para pedir apoio, por alguma razão Washington é persuadido. Sua homofobia desaparece. Assim como *O Dossiê Pelicano* retratava o patriarca branco benevolente como "trágico", *Filadélfia* retrata o homem gay branco corporativo como vulnerável, torturado pelo sistema. Ele é construído de modo a parecer mais nobre, mais generoso que outros homens brancos. Progressista em termos sociais, ele tem um amante hispânico que parece viver apenas para ser uma espécie de *mammy*, cuidando do grande homem branco. Ambos os filmes representam homens negros e outros homens não brancos como aceitáveis, e até mesmo adoráveis, apenas quando estão dispostos a abandonar tudo na vida para cuidar do bem-estar de homens brancos "superiores". Nada no roteiro de *Filadélfia* sequer dá pistas dos motivos que levam o personagem de Denzel Washington a se despir de sua homofobia e ficar distante da mulher e da filha recém-nascida para fazer hora extra representando um advogado gay branco com aids. O que isso sugere é que homens brancos "bons" são intrinsecamente dignos, merecedores de cuidados e, claro, seus valores e suas ações são sempre superiores aos dos homens negros, mesmo quando estão doentes e à beira da morte.

Imagens que representam a masculinidade negra ancorada em uma ânsia não correspondida pelo amor dos homens brancos eram a marca registrada da série de TV *Tarzan*. Durante minha infância no Sul segregado, era comum entreouvir homens negros adultos expressando desprezo pelas narrativas de *Tarzan* e pelo amor e devoção que os homens negros "primitivos" dedicavam ao herói branco. A série recordava aos espectadores que mesmo em nações negras, em solo estrangeiro, o homem colonizador branco tinha habilidades e conhecimentos superiores que eram imediatamente reconhecidos e estimados pelos nativos, ansiosos por se submeter ao estrangeiro branco. Os nativos negros "maus" que se recusavam a venerar a masculinidade branca frequentemente ocupavam os papéis de rei e rainha. Claro, sua liderança era corrompida pela ganância e pela ânsia por poder, que exerciam com grande crueldade e terrorismo. Tarzan, o grande pai branco, usava sua onipotência para destronar esses soberanos "perversos" e proteger os nativos dóceis "bons".

Representações colonizam a mente e a imaginação. No ensaio "White Utopias and Nightmare Realities" [Utopias brancas e realidades aterrorizantes], Henry Giroux discute a distinção entre o velho racismo, que se apoiava na biologia e na ciência para reforçar o pensamento supremacista branco, e o novo racismo, que sugere que a diferença racial deve ser superada ao mesmo tempo que reafirma o poder e a dominação dos brancos. "Grupos dominantes agora se movem com muito cuidado em um terreno cultural no qual a branquitude não consegue mais permanecer invisível como construção racial, política e histórica", ele argumenta.

Os privilégios e as práticas de dominação que servem de base para a existência branca nos Estados Unidos não conseguem mais permanecer invisíveis por meio de apelos a uma norma universal ou de uma recusa a explorar o modo como a branquitude trabalha para construir formas "amigáveis" de colonialismo.

Representações que trazem homens negros como bem-sucedidos e, ao mesmo tempo, alegremente subordinados a mulheres brancas mais poderosas rompem com velhos estereótipos do "neguinho preguiçoso". O homem negro neocolonial é repaginado para produzir um novo estereótipo: ele trabalha duro para ser recompensado pelo grande pai branco dentro do sistema existente.

Outro bom exemplo dessa política de representação pode ser visto no filme *Sol Nascente* (1993), estrelado por Wesley Snipes e Sean Connery. O personagem de Snipes é o pupilo de um poderoso pai branco patriarcal; porém, ainda é um "pária" em seu próprio grupo de iguais negros. Em seu papel secundário, o homem negro subordinado não só cumpre com alegria as ordens do mestre, sempre ansioso por agradar, como também se apaixona pela mulher asiática que o papai descartou. Socializados pelas imagens de uma pedagogia da supremacia branca, jovens brancos que veem tais imagens "inocentes" de homens negros que avidamente confirmam a supremacia dos homens brancos passam a esperar esse comportamento na vida real. Homens negros que não se encaixam nos papéis sugeridos por esses filmes são considerados perigosos, maus, fora de controle — e, mais importante, antibrancos. A mensagem que os homens negros recebem é que, para ter sucesso, devem ser modestos e se deixar consumir por uma política da inveja e da ânsia pelo poder do homem branco. Em geral, homens negros são representados em propagandas e filmes em papéis solitários, como se a conexão e a identificação com outras pessoas negras inexistissem. Essas imagens transmitem a alienação racial necessária para que sejam aceitos pelos brancos. Embora alguns trabalhos, como *Máquina Mortífera* (1987) e *Grand Canyon: Ansiedade de uma Geração* (1991), retratem o herói negro secundário como parte de uma família e de uma comunidade, todas as pessoas negras seguem seu exemplo patriarcal e depositam sua reverência aos pés do trono da branquitude. Filmes mais recentes, como *Seven — Os Sete Crimes Capitais* (1995) e *Um Sonho de Liberdade* (1994), que representam solitários personagens negros como a personificação da sabedoria e da integridade moral, ainda assim os subordinam a estrelas brancas.

Quando imagens de laços homossociais entre homens brancos e negros convergem com imagens de competição pela preferência do papai entre homens negros e mulheres brancas, permanece intacta uma estrutura de representação que reforça valores patriarcais supremacistas brancos. Duas imagens diferentes em edições recentes das revistas *Vogue* e *Us* compartilham dessa convenção de competitividade encenada entre uma mulher branca e um homem negro. Em uma matéria da *Us* sobre Drew Barrymore (maio de 1994), ela aparece nua da cintura para cima em uma fotografia de corpo inteiro, vestindo apenas a parte de baixo do biquíni escuro e um cinto de boxe, cobrindo os seios com luvas de boxe. Atrás está um boxeador de pele escura, a quem ela supostamente desalojou, tomando seu lugar e sua posição no ringue. O olhar dela está fixo no horizonte, com um ar que a *Us* afirma transmitir "atitude, desaprovação, frieza". Ambas as figuras olham ao longe, mirando outra pessoa. Tradicionalmente, o boxe era um esporte no qual noções de superioridade racial eram encenadas na esfera física para observar se homens brancos seriam fisicamente superiores. Apesar de criado para reafirmar a habilidade dos brancos, o boxe se tornou uma arena onde homens negros triunfavam sobre o patriarcado branco, utilizando os mesmos padrões criados pelo sistema para medir a superioridade.

Por coincidência, a edição de junho de 1994 da revista *Vogue* trazia uma propaganda com uma modelo branca, loira e alta dando um soco em um jovem boxeador negro. O texto que acompanhava o anúncio oferecia este enredo: "Em busca do nocaute, vestindo roupas de ginástica poderosamente sensuais". Como a foto de Drew Barrymore, a propaganda sugere que homens negros devem competir com mulheres brancas pelo poder e pelo prazer patriarcais brancos. E ambas sugerem que a mulher branca leva vantagem sobre o homem negro porque pode ser sexualmente sedutora, pode vencer na arena heteropatriarcal usando o "poder da buceta". Essas imagens, e outras semelhantes, sugerem que mulheres brancas e homens negros não deveriam se preocupar com hierarquias racistas e machistas que os colocam uns contra os outros; deveriam, sim, apreciar o jogo, as recompensas. Ambos continuam a ser "objetos" em relação à subjetividade masculina branca. Compartilham a política da inveja e da ânsia pelo poder masculino branco. Representados como defensores do atual patriarcado supremacista branco capitalista, parecem contentes e satisfeitos.

Na maioria dos filmes, o protagonista negro é claramente retratado como heterossexual. No entanto, muitas propagandas que apresentam homens negros (em especial aquelas que os mostram como o homem negro solitário em um grupo de homens brancos que compartilham laços homossociais) deixam a questão das práticas e preferências sexuais em aberto. Produtores culturais negros gays, tanto no cinema quanto na fotografia, têm sido o grupo mais disposto a discutir a política da inveja e da ânsia que caracteriza algumas reações de homens negros à masculinidade branca dentro de um contexto cultural de patriarcado supremacista branco capitalista. O cineasta Marlon Riggs explorou essa questão no documentário *Tongues Untied* [Línguas desatadas] (1989), e Isaac Julien fez o mesmo no curta *This Is Not an Aids Advertisement, This Is About Desire* [Isso não é uma propaganda sobre aids, é sobre desejo] (1988). Seguindo por esse caminho, o curta *Heaven, Earth and Hell* [Paraíso, Terra e Inferno] (1993), de Thomas Harris, é um questionamento honesto sobre como o cruzamento de fronteiras sexuais inter-raciais é pautado tanto pelo sentimento de inferioridade racial dos homens negros quanto pela ânsia por aprovação e amor por parte dos homens brancos. Na série *Confessions of a Snow Queen* [Confissões de uma rainha da neve], o fotógrafo Lyle Ashton Harris oferece mais um olhar crítico sobre essa ânsia por encorajamento e aprovação de homens brancos, que emerge como expressão das políticas da supremacia branca, e sobre como essas políticas atuam na vida dos negros.

Ao mesmo tempo que esses homens gays negros procuram interrogar, enfrentar e subverter representações convencionais na mídia de massa dominante, a masculinidade negra continua a ser representada como uma ânsia não correspondida por um amor masculino branco. Como há pouca discussão pública sobre o modo como representações populares atuais da masculinidade negra servem para reforçar e sustentar estruturas existentes de dominação, essas imagens continuam a ser reproduzidas indefinidamente. Contrariadas por construções dominantes do estereótipo racista/machista do homem negro como vândalo primitivo e animalesco, essas imagens trabalham juntas para censurar e suprimir qualquer representação complexa da masculinidade negra. Até que comecemos a nomear o que vemos, mesmo que não seja um quadro bonito, e a dar seguimento a essa articulação com estratégias e práticas para desafiar e alterar essa imagem, permaneceremos presos em um enredo no qual fazemos de tudo para agradar o papai.

11.
reflexões sobre classe: um exame atento de *The Attendant*

Ao contrário de muitos cineastas negros, Isaac Julien muitas vezes se adianta em situar teoricamente seu trabalho. Em geral o faz em resposta a críticas a algum filme específico. E teoriza para explicar, responder, justificar e interrogar. Seus comentários no breve vídeo *Confessions of a Snow Queen: Notes on the Making of* The Attendant [Confissões de uma rainha da neve: notas sobre os bastidores de *The Attendant*] recorrem à novíssima teoria *queer*[21] diaspórica para falar tanto sobre as representações da sexualidade no filme quanto sobre a forma como a iconografia sadomasoquista é retratada. Apesar de ler criticamente o trabalho em relação às políticas de sexo e raça, ele deixa de lado a questão da classe.

Sem querer de modo algum diminuir a importância da fusão experimental de vários discursos de pós-colonialidade, raça e sexualidade nesse filme (como não há diálogos falados,

---

[21] Em tradução literal, *queer* significa "estranho" e era inicialmente utilizado como termo pejorativo para se referir a homossexuais; mais tarde, a comunidade LGBTQI+ se apropriou da palavra e atribuiu significado positivo a ela, que então tomou o sentido de fluidez de gênero ou comportamento híbrido. Os estudos de gênero no Brasil mantiveram o uso do termo original em inglês, no mesmo sentido em que hoje é utilizado no contexto anglófono. [N.T.]

somos compelidos a ler os corpos), as relações de classe têm igual importância em *The Attendant* [O vigia] (1993). O marcador de posicionalidade de classe, porém, permanece invisível, passa despercebido, eclipsado por nosso fascínio com o sexo e a raça. Na introdução a *Sadomasochism in Everyday Life* [Sadomasoquismo na vida cotidiana], Lynn Chancer recorda aos leitores a interação entre classe e raça: "A divisão de classes entre proletariado e burguesia que é central para a conceituação de Marx sobre o capitalismo é, ao mesmo tempo, uma relação interpessoal impregnada de experiências extremas de dominação e subordinação". O sadomasoquismo sexual em *The Attendant* é apenas uma das narrativas de poder e impotência retratadas nesse trabalho. Presente, mas não tão explicitamente articulado, está também um drama de classe.

O museu em *The Attendant* não é apenas "construído como o bastião histórico" para salvaguardar artefatos coloniais; ele também encarna a expressão contemporânea do neocolonialismo. Devido à existência do imperialismo tanto no passado quanto no presente, há no interior dessa cidadela da cultura branca uma presença negra. Os corpos vivos do guarda negro uniformizado — o vigia — e da restauradora negra são marcadores de uma transformação cultural, representam o espaço do hibridismo cultural no qual a civilização ocidental "branca", definida pela alta cultura, esforça-se para afirmar e reafirmar sua dominância em face daqueles cuja mera existência é a prova do descentramento do império. Como trabalhadores dessa esfera cultural, com as tarefas de guardar e proteger, as funções tanto do vigia quanto da restauradora exemplificam o modo como algumas hierarquias de raça e do império apenas se reinventam no presente de formas diferentes (corpos negros, não mais escravizados, agora são serviçais remunerados). A nova posição deles no coração da alta cultura e da arte supremacista branca criadora de mitos é, ao mesmo tempo, um lugar de subordinação e de resistência. É apenas quando adentram o centro que podem sobreviver ao cruzamento de fronteiras possibilitado pelo imperialismo.

A relação deles com a civilização ocidental branca é questionada pela forma como seus corpos são posicionados para proteger e guardar aquela estrutura. Como trabalhadores/serviçais negros, sua posição difere daquela das pessoas não brancas reais, Stuart Hall e Hanif Kureishi,[22] cujas participações especiais recordam aos espectadores que a posição de classe não é determinada unicamente pela raça. Embora Hall e Kureishi não sejam brancos, eles se misturam como iguais, como sujeitos no mesmo mundo. Assim como todos os outros visitantes, não se relacionam com aqueles trabalhadores. Estão lá como participantes das relações de espectatorialidade ditadas pela estética da alta cultura. Na verdade, a presença deles (independentemente de o público saber ou não quem esses atores são na vida real) abala o posicionamento binário que coloca o não branco em papéis subordinados e a pessoa branca no papel dominante.

A classe serve de mediação para a raça. Existem os indivíduos com tempo livre para observar, caminhar, deixar o olhar vagar por onde queiram. E existem aqueles cujo posicionamento é estático, que não trocam olhares diretamente, que precisam permanecer imóveis ou desempenhar seus papéis como robôs, como se não fossem inteiramente humanos corporifi-

---

[22] Stuart Hall, crítico e teórico cultural nascido na Jamaica em 1932; Hanif Kureishi, dramaturgo britânico de ascendencia paquistanesa, nascido em 1954. [N.E.]

cados. Quando há um olhar fixo e direto no filme, é o pacto silencioso entre o vigia e a restauradora. Juntas, as posições de classe e de raça os unem. A restauradora parece respeitar e apreciar a homossexualidade do vigia. Ela parece compreender que o espaço dos desejos transgressivos é um lugar onde relações históricas de poder e impotência se tornam menos fixas e imutáveis. O desejo abala as hierarquias convencionais. A restauradora compreende que, não importa a forma tomada pelo prazer sexual entre o vigia negro e o objeto de desejo branco idealizado — o visitante que fica —, no espaço desse prazer há sempre a possibilidade de subversão. Enquanto escuta com o ouvido colado à parede, sorrindo, ela enxerga que no espaço privado do desejo todas as configurações neocoloniais de mestre e escravizado podem ser abaladas. Simbolicamente, o prazer sadomasoquista se transforma no contexto para a reciprocidade, no qual as posições dos sujeitos são fluidas. É possível brincar de ser objeto, escravo, aquele que apanha, e é possível brincar de ser sujeito, mestre, aquele que bate. O prazer é um espaço de possibilidades utópicas. No ambiente real de trabalho onde o vigia e a restauradora precisam desempenhar suas tarefas, o decoro de classe, a hierarquia racial e o heterossexismo triunfam. Nos bastidores, no espaço utópico, tudo é possível.

A qualidade *queer* não assumida do vigia não simboliza apenas os valores repressivos do heterossexismo. Embora eu compartilhe com Julien a crença de que, "onde há um armário, sempre haverá amargura e abjeção, devido aos desejos reprimidos por valores familiares negros conservadores, que devem produzir silêncio a todo custo", *The Attendant* faz mais que revelar essa dor. Também nos mostra que a necessidade de permanecer no armário carrega consigo o chamado à inventividade, à criatividade para construir um espaço em que o desejo possa se expressar. O fato de o trabalhador negro trepar ruidosamente no espaço imaculado do museu, onde o silêncio é a norma, amplifica o som do desejo satisfeito. Esse som atravessa os ambientes. Desfaz o silêncio.

Apesar de Isaac Julien nos informar, nos comentários sobre os bastidores de seu vídeo/filme, que enxerga o vigia como marido da restauradora, as imagens que vemos na tela não transmitem essa relação. Com muita frequência, o olhar do heterossexismo impõe a leitura de que qualquer laço entre um homem e uma mulher carrega o signo de "casamento" simbólico. Para os espectadores que não possuem o mesmo conhecimento do cineasta, o guarda e a restauradora não são marido e mulher, mas dois trabalhadores ligados tanto pelas tarefas quanto pelo gozo de prazeres secretos. A restauradora não participa de relações sexuais no filme. Ainda assim, o beijo que troca com o vigia solidifica o pacto entre eles, o contrato. O beijo não é um gesto sacramental afirmativo da vontade do guarda em não se assumir, pois a câmera já o tirou do armário. Sabemos do que ele gosta em termos de sexo. E ela sabe. O beijo é uma afirmação desse conhecimento — do prazer compartilhado da transgressão.

O desejo da restauradora não pode ser nomeado porque, no mundo de laços homossociais e homossexuais que está no centro do vídeo/filme, o corpo feminino não tem nenhuma presença sexual relevante. No contexto de *The Attendant* e no mundo patriarcal real, não há espaço para o desejo da mulher. Em última análise, esse mundo silencia o prazer feminino. A restauradora não pode ser mais que voyeur na cultura do desejo. Seu sexo não tem lar nem morada. A civilização patriarcal ocidental não oferece a ela contato humano, apenas artefatos materiais. Seus desejos precisam ser deslocados. As carícias do corpo são direcionadas a objetos, aos bustos de reis brancos mortos que ela espana e limpa. A feminilidade é enquadrada aqui apenas por meio da ânsia não correspondida pelo falo ausente. Como mulher na cultura patriarcal, seu desejo pode ser apenas, e sempre, voyeurístico.

O poder que ela possui e que nos permite encará-la, nas palavras de Julien, como "um tipo de figura dominatrix", não é definido pela heterossexualidade convencional. Reside naquele espaço de reconhecimento no qual ela e o vigia compreendem e apreciam a perversão. O poder de observar não é o poder de foder. O prazer do olhar não é igual ao de possuir. Embora o vigia negro e o visitante branco possam "fazer loucuras", quando não estão participando do ato sexual não há entre eles nenhum ponto de contato relevante. Em determinada cena, permanecem lado a lado, incapazes, em termos psicanalíticos, de oferecer ao outro um reconhecimento que ampara. Seus laços não são laços de amor.

Tal reconhecimento somente pode emergir no espaço em que se é conhecido. É a restauradora quem conhece o vigia, e não o amante branco. Ela o conhece a partir de perspectivas múltiplas de raça, classe, gênero e nacionalidade. Apesar de não terem uma ligação sexual, estão unidos. Na visão de Julien, essa ligação tem como base o investimento compartilhado no heterossexismo, mas o vídeo/filme sugere que outros laços os unem.

Uma interpretação que enfatiza o heterossexismo como ponto de ligação entre o vigia e a restauradora funciona melhor se ignorarmos a classe. Quando a classe é colocada em evidência, essa união pode ser enxergada de outro modo. Pode ser vista como um gesto de solidariedade política. Ambos estão lutando contra a natureza repressiva do trabalho. O fato de a restauradora conspirar com o vigia, subvertendo o local de trabalho e abrindo espaço para que o desejo dele se expresse — em um espaço privado, não em um armário —, significa que, como parceiros na conspiração, são capazes de alterar a posição em que foram postos. Ali, reinventam-se para que suas identidades não sejam fixas ou estáticas, independentemente de como os visitantes possam enxergá-los. Sua subordinação como trabalhadores não deve nunca definir quem são. É esse o contexto da compreensão compartilhada. O desejo transgressor oferece um espaço para essa reinvenção.

Outro local a ser ocupado e reinventado é o da música ocidental clássica. A ópera é uma arena da cultura ocidental na qual corpos negros têm pouca ou nenhuma presença. No cenário operático de *The Attendant*, a negritude reina suprema. O guarda e a restauradora ocupam esse território, controlando tanto o espaço teatral quanto a atuação. Nesse ambiente de encenação ritual, eles são transformados. A restauradora emerge glamorosa e misteriosa como membro da plateia. O vigia é uma diva passional que canta uma ária soturna. Nesse espaço de encenação ritual, eles não reagem à dinâmica do encontro racial entre brancos e negros: em seu espaço operático, o vigia e a restauradora podem ocupar o centro do palco.

Embora a dramatização transponha a versão de Purcell para o lamento de Dido, abandonada por Enéas, e a invista de novo significado, Julien não encena um espetáculo de menestréis[23]

---

[23] Os espetáculos de menestréis (*minstrel shows*, ou *minstrelsy*, em inglês) eram um tipo de entretenimento popular nos Estados Unidos no século XIX. Neles, artistas brancos pintavam o rosto de preto (prática conhecida como *blackface*) e imitavam de modo caricatural e estereotipado a maneira de cantar e dançar dos negros escravizados. [N.T.]

às avessas. Em vez disso, o guarda e a restauradora tomam a narrativa ocidental branca e a reimaginam. O clamor por ser lembrado não é apenas um anseio daquele que foi descartado, do desvalido, por ser redescoberto; é uma declaração de merecimento. Quando o vigia oferece esse lamento comovente, não evoca apenas o poder da branquitude de usar e apagar pessoas não brancas: ele se refere a todas as instâncias nas quais os impotentes são esquecidos pelos poderosos. A força do lamento está na coragem do guarda em anunciar, nesse apelo soturno, que não vai se submeter ao apagamento, que nem mesmo a morte vai alterar a importância de sua presença.

Conexões forjadas no sofrimento e na dor não podem ser facilmente esquecidas. Pois não são apenas os laços formados por uma história compartilhada de dominação cultural que devem ser lembrados, mas também os laços criados pela realização do desejo, pelo êxtase compartilhado. Como escrevem Ted Polhemus e Housk Randall no livro *Rituals of Love* [Rituais do amor]:

> As sensações físicas e incorpóreas ampliadas do ritual de sexo radical permitem a transposição de si, ou consciência de si, para além das referências cotidianas normais [...] a rendição é um dos elementos mais importantes e necessários [...], uma rendição do medo, da inibição e do ego em busca de um estado interno mais profundo e desconhecido. Uma revelação extática: espiritual, para usar outro nome.

É apenas depois de se render às paixões, de transgredir fronteiras, que o vigia recupera a voz. Embora marcado pelo eurocentrismo (as referências de tragédia aqui são gregas), existe uma universalidade na forma de seu lamento — um pesar que transcende tempo e espaço. É o lamento coletivo dos abandonados, daqueles que o destino torna invisíveis. "Lembre-se de mim. Quando for enterrado, serei enterrado na terra."

Apenas a restauradora está ali para ouvir o lamento do guarda e lhe oferecer reconhecimento. Quando ela aplaude, a batida retumbante de suas mãos "golpeia" como um chicote e nos recorda de que é nesse espaço de encenação, onde não há outras testemunhas, que ela reivindica poder. Masculino e feminino são invertidos. Simbolicamente, o vigia interpreta Dido, a mulher, e a restauradora é a testemunha de seu anseio.

Na solidão, eles têm a oportunidade de criar uma estética da existência que levará à realização de seus anseios coletivos. Em *Invented Moralities* [Moralidades inventadas], Jeffrey Weeks sugere que a eficácia de histórias sexuais "depende da habilidade para narrá-las e de um público para ouvi-las". Ele nos recorda, em especial, de que "a tarefa não é proibi-las ou criminalizá-las, mas interpretá-las e explorar modos para que falem juntas, em um diálogo civilizado sobre o corpo e suas sexualidades". Há múltiplas narrativas em *The Attendant*; enxergá-las pela lente de um essencialismo *queer* acaba por apagar todos aqueles pontos em que as histórias convergem. Sexualidade, sim; desejo gay masculino, sim; mas atravessados por classe e raça.

Os pontos de convergência são aqueles que o público tem dificuldade para enxergar. Estamos todos tão acostumados a observar apenas do ponto de vista do sexo ou da raça ou da classe que as sobreposições, as fusões, os locais onde nada é tão claro quanto parece são frequentemente ignorados. Apesar da esfera inter-racial do desejo sexual — o cupido flutuante que dispara uma flecha sem distinguir entre negro e branco ou qualquer outra posição de sujeito —, *The Attendant* demanda que enxerguemos os modos como laços são forjados a partir de posições diversas de sujeito. A inabilidade em adotar um ângulo amplo, em deixar nosso olhar vagar para além do escopo limitado de uma visão eurocêntrica, é a limitação que faz com que os espectadores sejam incapazes de perceber o quadro completo quando assistem a *The Attendant*. As imagens na parede do museu, tanto presentes quanto passadas, celebram um narcisismo que apenas nos leva a pontos cegos. Se os "visitantes" permanecem presos na versão da história que essas imagens contam, o narcisismo se torna o traço definidor da cultura sadomasoquista, e todos os que cedem a seus encantos serão perpetuamente cegados.

No fim, *The Attendant* oferece uma saída. É o olhar aberto, direto e convidativo do Adônis negro que se move em nossa direção, parecendo caminhar para fora da câmera e nos provocando com a vitória conquistada pela conscientização. A erotização do poder não é o mesmo que a erotização da dominação. Quando o visitante chega, seu desejo não é de conquista, mas de satisfação. Ao contrário do trabalhador a quem seduz e satisfaz, o visitante branco anônimo existe sem muitos marcadores de "identidade". O couro é o símbolo que devemos ler para acompanhar sua sedução. O enredo a partir do qual visitante e vigia interagem não se enquadra no binarismo ativo e passivo. Os dois homens se deliciam em alternar posições, em ocupar múltiplos lugares. Ao usar o prazer para brincar com o poder, despem-se das hierarquias racializadas que moldam interações entre brancos e negros no espaço não utópico.

É a restauradora, em seu espetacular roteiro sadomasoquista, quem procura experimentar o sublime apenas por meio da submissão. Ela quer ser levada a um plano mais elevado, mais puro, de existência. É por isso que se "excita" mais inteiramente na ópera. Ela busca o extrassexual. É sua estranha e misteriosa passividade ao longo de *The Attendant* que a torna tão fascinante. Ela é totalmente desprovida de história, completamente abjeta e, ainda assim, irradia força. Ao interpretar o modo como "o submisso erótico possui a capacidade de definir o poder como um disparate", Polhemus e Randall nos impelem a

> considerar a conduta indiferente, imóvel do Passivo — consentindo calmamente, não importa o que o Ativo exija, mas recusando-se firmemente a reagir de forma visível ou a se deixar perturbar por essas exigências. No fim, essa passividade e essa complacência ilimitadas zombam da autoridade, em vez de celebrá-la, pois negam sua razão de ser.

Uma insinuação dessa zombaria está lá, no aplauso da restauradora. A espectadora solitária, o único ouvido disponível, se recusa a se perder no lamento, mesmo reconhecendo que ele tem seu lugar. Afinal de contas, ela não abandonou o vigia.

Seu trabalho invisível começa de fato depois da saída de todos os visitantes. Ela entende o sentido da encenação, o modo como desejos não convencionais permitem transgressões e transformações. Afinal, a restauradora e o vigia abandonaram o trabalho para ir ao teatro — à ópera. Ali, naquele espaço de encenação, eles podem brincar. A restauradora não abandonará o vigia. O prazer com o trabalho e o trabalho do prazer não seriam os mesmos sem a presença dele.

12.
de volta à vanguarda: uma visão progressista

Podemos avaliar se houve ou não progresso nas representações holísticas de raça, sexo e classe no cinema ao direcionar um olhar crítico para o modo como as mulheres negras são representadas, tanto em filmes comerciais quanto independentes. Raramente vejo representações convincentes de mulheres negras. Embora existam filmes que representam a feminilidade negra de maneiras que aprecio e respeito, que constroem imagens "positivas", em um nível mais profundo essas imagens não transmitem a complexidade da experiência das mulheres negras que um dia espero ver nas telas de cinema dos Estados Unidos. Me incomoda o fato de, por muito tempo, não ter conseguido encontrar as palavras necessárias para articular o que seriam essas imagens, a maneira como desejo que as mulheres negras sejam retratadas. Me incomoda o fato de, ao conversar com outras mulheres negras, elas partilharem dos mesmos anseios melancólicos e da mesma dificuldade de nomear o que desejam ver.

Não tenho dúvidas de que quero ver imagens mais diversas e analíticas. Gostei da representação da personagem negra em *A Rosa Púrpura do Cairo* (1985), de Woody Allen. No filme dentro do filme, ela interpreta o papel tradicional da empregada *mammy* gorda, uma personagem arquetípica comum nos dramas hollywoodianos anteriores a 1960. Eu me deliciei com o momento em que caminha para fora da tela para expressar insatisfação com o trabalho, com a patroa branca dominadora e com seu papel no filme de modo geral. Foi um breve e prazeroso momento de resistência cinematográfica. Os poucos segundos em que "ergueu a voz" contra a tela exigiram que o público lhe desse uma boa olhada — que parasse de invisibilizar sua imagem com o olhar sempre fixo na estrela branca. O momento de subversão de Allen (incomum em seus filmes, que se limitam a nos oferecer versões espirituosas de velhos estereótipos racistas e machistas quando representam mulheres negras) me pareceu um experimento.

Há tão poucas imagens de negritude que procuram de algum modo ser subversivas que, quando vejo algo assim, imagino os infinitos caminhos possíveis para romper com as representações convencionais de pessoas negras por meio da experimentação. Fiquei igualmente tocada com o momento de *Trem Mistério* (1989), de Jim Jarmusch, em que o jovem casal japonês chega à estação de trem de Memphis e encontra o que parece ser um morador de rua negro, um andarilho, mas que se dirige a eles em japonês. A interação dura apenas um instante, mas desconstrói e expressa muitas coisas. Ela nos lembra de que as aparências enganam. Isso me fez pensar nos homens negros como viajantes, naqueles que lutam em exércitos ao redor do mundo. Esse momento fílmico desafia nossas percepções de negritude por meio de um processo de desfamiliarização — o ato de pegar uma imagem familiar e retratá-la de uma maneira que nos leve a olhar para ela de outra forma. Muito antes que Tarantino começasse a brincar com imagens "estilosas" de negritude, Jarmusch havia mostrado em *Daunbailó* (1986) e outros trabalhos que um cara branco poderia criar, em suas obras, visões progressistas de raça e representação. E há também aquele momento mágico de *O Matador de Ovelhas* (1978), de Charles Burnett, em que o casal negro heterossexual dança na sala de estar — sem falas, apenas as sombras peculiares que seus corpos projetam na parede.

Não foi o cinema convencional que despertou minha paixão pelo cinema. Eu tinha obsessão por filmes "estrangeiros" e era atraída visualmente por trabalhos estadunidenses experimentais de vanguarda. Desenvolvi bem cedo uma paixão pela obra de Stan Brakhage que mantenho até hoje. Ao descobrir o trabalho de cineastas mulheres por meio da investigação de práticas artísticas feministas, fiquei e continuo fascinada com o trabalho de diretoras como Yvonne Rainer, Beth B., Leslie Thornton, Kathleen Collins, Julie Dash e, claro, com a produção de teóricas e cineastas como Trinh T. Minh-ha, amiga e companheira de longa data. Minh-ha tem chamado atenção principalmente para representações de negritude. Em várias ocasiões ela foi criticada por esse foco, teve suas escolhas questionadas. Tivemos longas conversas sobre como espectadores e críticos brancos normalmente agem como se seu horizonte fosse formado por uma ampla variedade de imagens, mas, no momento em que um artista não branco decide assumir sua própria visão, eles contestam o direito a esse movimento. No caso de Minh-ha, ela também foi muito questionada por pessoas negras que não se sentiram "confortáveis" com seu trabalho, com as imagens da África que viram em *Reassemblage* [Remontagem] (1983) ou em *Naked Spaces* [Espaços descobertos] (1985). Em geral, esses indivíduos abordam o trabalho dela a partir da perspectiva de um essencialismo racial. Críticas similares em relação à construção da África, por exemplo, raramente são direcionadas a cineastas negros. As imagens que vi como consumidora de filmes estrangeiros e de obras estadunidenses experimentais moldaram minhas expectativas visuais. Quando tentava encaixar essas expectativas em representações de negritude, ficava intensamente decepcionada. Eu buscava uma complexidade que nunca estava lá. Como o pensamento feminista pautava minhas relações de olhar, ficava tão insatisfeita com o que via nos filmes negros quanto com o trabalho de brancos.

Na realidade, as práticas cinematográficas patriarcais (o modo como as narrativas são construídas e as imagens filmadas) moldam tanto do que é identificado como cinema negro que este não se torna um espaço no qual a negritude é representada de maneira libertadora, em que podemos ver imagens descolonizadas. Esse é um dos dilemas que enfrentamos quando nosso entendimento da experiência negra é constituído somente por um foco na raça, quando ignoramos as formas como a identidade racial é mediada por sexo e classe. Tem sido conveniente para os cineastas negros contemporâneos nos Estados Unidos ignorar o modo como suas relações são forjadas por uma pedagogia cinematográfica em termos tanto de seu treinamento técnico quanto do que estão acostumados a ver. Por ironia, há muito mais imagens visionárias e transgressoras de feminilidade negra no trabalho de um cineasta como Oscar Micheaux do que nos filmes da maioria dos diretores negros, precisamente porque Micheaux não enxergava através da lente de anseios e expectativas brancos. Quando cineastas negros contemporâneos, em especial homens, oferecem ao público a mesma estética supremacista branca que vemos no cinema branco dominante (tornando suas personagens de pele clara mais femininas, mais desejáveis; regozijando-se com corpos magros; retratando a sexualidade das mulheres negras como promíscua), eles não estão produzindo intervenções críticas. E pouquíssimos críticos, homens ou mulheres, quiseram questionar abertamente por que alguns filmes considerados pioneiros para o cinema negro estadunidense (*Sweet Sweetback's Baadassss Song* [A doce canção do Sweetback durão] [1971], *Bush Mama* [Mamãe Bush] [1975], *Dando um Rolê* [1977]), todos feitos por homens negros durante o despertar do movimento feminista contemporâneo, simplesmente impuseram uma abordagem patriarcal pornográfica sobre representações da sexualidade negra — da sexualidade das mulheres negras, em especial. Um longa que não foi tão comentado e retrata raça, sexo e classe de modo progressista é *O Matador de Ovelhas*, de Charles Burnett. Enquanto absolutamente todas as pessoas negras já ouviram falar de *Sweet Sweetback*, independentemente de terem nascido quando o filme foi lançado, poucos espectadores negros conhecem a produção de Burnett. Existe uma continuidade da imaginação patriarcal que influenciou esses trabalhos anteriores e ainda influencia os filmes feitos por cineastas negros, sejam eles independentes ou comerciais. Essa fidelidade ao patriarcado fez com que cineastas negros nada inventivos em suas construções de gênero fossem bem-sucedidos em Hollywood.

Apesar de as filmagens e a produção de *Sankofa* (1993), de Haile Gerima, terem sido apresentadas como um ato de resistência, um desafio às práticas estéticas supremacistas brancas de Hollywood, todas as representações de feminilidade negra no filme são bastante consistentes com as das narrativas hollywoodianas. Em várias falas, Gerima anunciou que o propósito desse filme "era perturbar Hollywood, [...] perturbar aquela visão de cinema". No entanto, isso aconteceu apenas no modo como o longa desafiou os espectadores a enxergar a escravidão do ponto de vista da dor e da angústia do escravizado. De modo geral, a narrativa fílmica valoriza hierarquias — do masculino sobre o feminino, em especial, do homem mais poderoso sobre o homem menos poderoso — e posiciona mulheres negras como figuras maternas positivas ou vítimas sexuais redimidas apenas quando buscam a cura com homens negros sábios. As duas mulheres negras que são as "estrelas" do filme aparecem em papéis tão condizentes com as narrativas hollywoodianas que nos deixam perplexos. A personagem da mãe Nunu é apenas uma versão contemporânea da Annie de *Imitação da Vida* (1959) — a única diferença é que aqui ela se sacrifica e se martiriza em benefício do filho birracial. A outra mulher, Shola, é uma modelo afro-americana que no presente se torna voluntariamente um objeto sexual do "sinhô" e, durante a escravidão, é vítima de um estupro brutal (que surpresa!). Se as representações de mulheres negras no cinema comercial dominante eram de "*mammy* ou biscate", as imagens em *Sankofa* se encaixam nesse mesmo contínuo, apenas com um resultado diferente. Esse retrato da mulher negra sexualmente ativa como traidora da negritude é comum nos trabalhos de bem-sucedidos cineastas comerciais negros contemporâneos. Ao que parece, tanto espectadores brancos quanto negros se sentem mais confortáveis assistindo a mulheres negras quando somos postas em nosso lugar por caracterizações machistas e racistas.

Em uma entrevista publicada no boletim informativo *Gaither Reporter*, o cineasta Haile Gerima afirma: "Não pensei em masculino e feminino. Pensei na escravidão e nas pessoas negras — africanos. Então, não estava muito interessado em gênero, mulheres e homens. [...] Para mim, todos eles devem aparecer como seres humanos em luta para mudar uma circunstância brutal". Esse comentário me parece completamente hipócrita, pois certas representações de resistência de homens negros em *Sankofa* de fato rompem com as normas dominantes. É óbvio que o cineasta pensou em gênero, mas não na necessidade de oferecer aos espectadores imagens progressistas e não machistas da feminilidade negra. Apesar da caracterização positiva da África como uma pátria simbólica comum para as pessoas negras, *Sankofa* é conservador na narrativa, na construção da negritude e, de modo geral, na técnica. Celebrado por espectadores negros de todas as classes, o filme reinstitucionaliza, até certo ponto, uma estética negra ultrapassada que enxerga o cinema negro fundamentalmente como ferramenta na luta pela libertação. Gerima comenta:

> Para mim, filmes não são brinquedos. Filmes são usados em prol da transformação social. Filmes não devem duplicar nossa realidade. Filmes são usados para interpretar nossa realidade, para fazer algo em relação à nossa condição, para ativar as pessoas, até para fazer com que elas se levantem contra um sistema racista e o obriguem a mudar.

Poucos cineastas negros discordariam da ideia de que o cinema pode promover libertação, mas esse não deve ser o seu único propósito. Tal concepção do meio ignora o lugar do prazer na relação com o visual e a necessidade de representações diversas da nossa experiência de mundo, uma experiência definida pela negritude, ainda que a transcenda.

Enfocar apenas raça e representação tende a distorcer a perspectiva do artista negro. Na realidade, se mais cineastas negros homens olhassem para as maneiras como raça, sexo e classe convergem, então sua articulação da experiência negra poderia nos oferecer interpretações audaciosas e complexas — incluindo aí representações de masculinidade negra. Até que artistas negros desafiem e transformem o pensamento machista, suas obras nunca terão o poder de engajar por completo mulheres e homens negros no trabalho de libertação. O cinema patriarcal, seja ele negro ou branco, é fundamentalmente distorcido e pode nos oferecer apenas imagens incompletas de homens e mulheres. Se todos os cineastas negros machistas (e suas correspondentes mulheres) abandonassem a pedagogia cinematográfica patriarcal, começaríamos a ver uma revolução visual, porque as imagens que emergiriam dessa nova consciência seriam necessariamente diferentes.

Criar representações de negritude diferentes e inovadoras, contudo, não deveria ser encarado como responsabilidade apenas dos artistas negros. Evidentemente, qualquer artista cujas políticas sejam opostas ao imperialismo, ao colonialismo, ao neocolonialismo, à supremacia branca e ao racismo cotidiano que abunda em nossa vida deveria se empenhar em criar imagens que não perpetuem e amparem a dominação e a exploração. O fato de haver artistas não negros progressistas que produzem filmes, sobretudo trabalhos experimentais, e se desafiam em relação a essa questão é crucial para a formação de um clima cultural em que imagens diferentes possam ser introduzidas. Obras de vanguarda/experimentais são centrais para a criação de visões alternativas. Ainda assim, quando cineastas negros abraçam a esfera do experimental, em geral são vistos como elitistas, como se estivessem dando as costas para a luta pela criação de visões libertadoras.

Em todas as áreas da produção cultural, artistas negros encontram obstáculos quando procuramos produzir trabalhos que não são facilmente acessíveis, que não apresentam uma trama ou uma narrativa linear. Minha perspectiva sobre esse assunto é influenciada pelos dilemas que enfrentei como escritora de ficção tentando conquistar aceitação para minha própria obra experimental, que não é escrita em uma linguagem tão clara e simples quanto a maior parte dos meus trabalhos críticos. Essa escrita ficcional é em geral poética, abstrata, não linear. De modo similar, não importa quantos ensaios eu escreva sem utilizar uma linguagem abstrata ou fortemente acadêmica, aqueles poucos que decido escrever em linguagem acadêmica tendem a ser duramente criticados por não serem claros o suficiente. Como artista negra que trabalha com palavras e produz arte visual de vez em quando, estou profundamente consciente do modo como nosso anseio por experimentar, por criar a partir de uma multiplicidade de pontos de vista, encontra resistência por parte daqueles cujo interesse por esse trabalho é fundamentalmente comercial, por parte do público e da crítica. Quer se trate da produção de livros ou da realização de filmes, todos querem mais daquilo que vende. Obras experimentais são sempre arriscadas, anda mais em uma área como o cinema, em que os custos de produção são tão altos. Em uma entrevista à revista *Border/Lines*, o cineasta John Akomfrah compartilhou sua visão de que "o cinema negro pessoal e reflexivo foi eclipsado, de certo modo, por um cinema muito mais agressivo e comercializado".

Em geral, a relativa escassez de trabalhos experimentais para o cinema realizados por artistas negros nos Estados Unidos é explicada com base em restrições econômicas. A cineasta Julie Dash, cujos filmes misturam o experimental e o convencional, afirma que a "indústria [comercial] nos diz que não há espaço para a vanguarda". Ecoando outros cineastas negros com quem falei, ela reitera que a maioria das pessoas enxerga a escolha pela vanguarda como algo que "garante que você vai ser um artista pobre pelo resto da vida". Embora seja óbvio que limitações econômicas influenciam as escolhas artísticas feitas por cineastas negros, isso não impede um questionamento dos muitos outros fatores que inibem e/ou proíbem a expressão criativa de artistas negros.

Apesar da diferença entre escrever livros e produzir filmes, o fato de que o incrível sucesso de escritores negros contemporâneos não criou um clima em que mais livros experimentais de artistas negros possam ser publicados sugere que ainda existe má vontade, por parte dos produtores e espectadores, em se envolver com trabalhos de artistas negros que desafiem representações convencionais, seja em estilo, seja em conteúdo, independentemente dos custos de produção. Livros são relativamente baratos de produzir, e mesmo assim as editoras ainda agem como se não houvesse público para obras não convencionais. O fato de que publicar esse tipo de trabalho não é nada arriscado não abre o espaço cultural para uma divulgação massiva de certos tipos de livros, ainda que escritos experimentais de autores brancos colecionem elogios. Na verdade, quando um escritor negro alcança um sucesso amplo com um trabalho convencional, isso não abre espaço para que uma variedade de pontos de vista e estilos de escrita emerja. O que geralmente acontece é que escritores são individualmente encorajados a reproduzir o que já se provou ser bom de venda. Quase ninguém fala sobre a relevância de obras que não tenham sido compostas com o mercado em mente. Os poucos escritores negros experimentais que conheço têm empregos que permitem sua autopublicação ou então procuram alternativas para publicar; nunca esperam ganhar dinheiro com esses trabalhos. Apesar do sucesso dos meus ensaios críticos, as casas editoriais ainda relutam em se comprometer com escritos não convencionais.

Uma cultura que não está pronta para ver escritores negros experimentando com a palavra escrita estará ainda mais fechada para a ideia de se envolver com imagens experimentais. Não importa o que um cineasta sonhe realizar em sua imaginação, é preciso que haja uma base de realidade em que esses sonhos possam se concretizar. É difícil para cineastas negros deixar a imaginação solta quando se deparam com uma cultura ainda tão fechada. Muitos cineastas sentem que ainda estão tentando convencer a cultura dominante de que são capazes de fazer filmes convencionais. Realizar filmes experimentais tem pouco apelo. É por isso que o cineasta e diretor de fotografia Arthur Jafa levanta a questão do "sacrifício" em relação à visão artística. Se não há um corpo crescente de artistas negros comprometidos com explorações experimentais, então jamais veremos na tela imagens de negritude verdadeiramente revolucionárias ou, ao menos, radicais.

Em grande parte, a formação de um cinema negro crítico foi minada pela obsessão cultural pelo sucesso comercial, que determina a direção do trabalho artístico, especialmente o trabalho de artistas negros. O sucesso de Spike Lee no cinema convencional significa que muitos jovens cineastas negros não veem razão alguma para se engajar no cinema independente. Eles querem encontrar a rota mais fácil até o dinheiro e a fama. Muitas pessoas acreditaram que Julie Dash chegaria lá depois do sucesso de *Filhas do Pó* (1991), mas é claro que ela ainda enfrenta dificuldades para conseguir apoio para outros projetos não convencionais. A crença de que o sucesso na esfera dominante possibilita o surgimento de outras formas e o encorajamento do não convencional é totalmente falsa. Em todas as áreas da produção cultural nesta sociedade, os artistas negros que alcançam o sucesso convencional atuam para censurar e policiar as práticas de produção artística nas quais não têm interesse. Até que artistas e críticos negros encontrem formas de apoiar e encorajar a criação contínua de filmes negros experimentais, não veremos emergir imagens visionárias que nos permitam alcançar outro patamar.

Espectadores negros erraram ao acreditar que a pressão por mais imagens "positivas" necessariamente levaria a representações diversas de negritude. Entretanto, a própria insistência por imagens positivas automaticamente age para restringir e limitar o que pode ser criado. O trabalho de artistas negros em todas as arenas de produção cultural nos Estados Unidos é submetido a um policiamento pesado por parte dos consumidores, que fiscalizam se aquela produção é ou não autêntica, positiva, e assim por diante. Todos esses esforços para impor uma visão sobre o artista são limitantes. Isso fica ainda mais evidente no contexto do cinema.

As plateias que assistiram a *Filhas do Pó* (que funde o convencional e o não convencional) em uma primeira exibição testemunharam resistência por parte do público. Em grande medida, o filme teve que ser esteticamente posicionado para que só então muitos espectadores conseguissem vê-lo e apreciá-lo em seus próprios termos. Quando os espectadores chegaram esperando um cinema convencional e não encontraram, muitos ficaram decepcionados e irritados. A exigência de consumidores negros para que artistas negros satisfaçam seu desejo visual convencional coloca um fardo enorme e injusto sobre nós. Mais uma vez, isso vale ainda mais para cineastas.

Uma dimensão vital do cinema negro crítico vai se perder se cineastas negros abandonarem a paixão pelo cinema independente para buscar sucesso comercial. Enquanto não houver muitos cineastas negros dispostos a trabalhar como artistas sem recursos para produzir uma variedade de representações que emerjam de imaginações libertas, nunca testemunharemos de fato uma transformação cultural das representações de negritude. A esfera dominante nunca vai criar imagens que perpetuamente intervenham e subvertam os estereótipos. Embora existam pequenas intervenções aqui e ali (e, sem dúvida, Spike Lee criou alguns desses momentos cinematográficos), elas são raras, em geral ocorrem em uma única cena e, portanto, não são capazes de mudar o impacto visual de um filme inteiro.

Uma dificuldade enfrentada por artistas negros quando tentam criar filmes não convencionais é que os marcadores do cinema de vanguarda mais comumente aceitos podem ser restritivos demais para um trabalho que se empenha em mobilizar políticas de representação. Trinh T. Minh-ha descobriu que os critérios convencionais usados para determinar se uma obra é de vanguarda em geral não se prestam às estratégias que ela adota. Para ela, um filme pode se destacar "porque expõe suas políticas de representação em vez de buscar transcender a representação em favor de uma presença e uma espontaneidade visionárias, que em geral constituem os critérios principais para aquilo que a vanguarda considera Arte". De fato, é igualmente possível que uma visão estreita das práticas de vanguarda leve cineastas negros a concluir que devem se conformar com estilos de trabalho que invalidam um engajamento crítico com representações de negritude. Se assim for, então outra dimensão do trabalho que deve ser feito envolve expandir essa visão. Espectadores foram rigidamente socializados para ver o cinema de maneira fixa e estreita, sobretudo quando se trata de olhar para representações de negritude. Repetidas vezes, o desejo persistente por parte de espectadores negros de todas as classes de ver na tela imagens "realistas" e/ou familiares age para cercear o escopo imaginativo de artistas que não desejam ignorar esses espectadores ou fazer filmes que nunca os atraiam. Como consequência, cineastas negros que estão individualmente produzindo trabalhos experimentais precisam se aliar aos críticos para ensinar uma nova estética aos espectadores, para compartilhar novos modos de olhar.

Ao mesmo tempo, ainda que seja crucial para cineastas negros considerar questões relativas à responsabilidade e às políticas de representação, é igualmente crucial que artistas mantenham a integridade de sua visão. A existência de artistas negros, em todas as áreas de produção cultural, que criem trabalhos nem sempre acessíveis deveria ser vista não apenas como normal, mas também como essencial para a afirmação de uma subjetividade negra liberta. Muito tempo atrás eu me comprometi com uma escrita que alcançasse um público amplo, mesmo que continuasse a produzir ativamente trabalhos com um apelo mais restrito. É comum que artistas negros sejam encorajados a acreditar que o valor do que criam é determinado pela aceitação do público. Para expandir o escopo das possibilidades criativas, precisamos saber que há espaço para todos os tipos de produção cultural, que a diversidade artística é essencial, que alguns trabalhos excepcionais terão apelo de massa e outros, não. Enquanto espectadores negros e artistas negros endossarem passivamente a oposição binária entre o que vende muito e o que não vende, a natureza da produção artística vai sofrer. Artistas de todas as esferas culturais deveriam poder produzir trabalhos experimentais ao lado de trabalhos convencionais, se assim decidirem, ou poder se dedicar a um ou a outro.

De modo geral, a produção artística negra será severamente prejudicada se os valores do mercado determinarem o que criamos. Há cineastas negros que têm acesso a recursos que permitiriam financiar obras curtas experimentais. Aqueles dispostos a se arriscar, contudo, são poucos. Chamar atenção para os artistas cujos trabalhos são completamente autodeterminados é uma forma de mostrar que é possível escolher estratégias alternativas para a realização artística e levar uma vida satisfatória, mesmo que não se nade em dinheiro. Camille Billops sem dúvida criou o próprio espaço para trabalhar. As recompensas são diferentes das que receberia se tivesse escolhido se dedicar a ser bem-sucedida comercialmente, mas ainda assim há recompensas. Arthur Jafa vem levantando recursos para rodar um filme independente experimental enquanto faz outros trabalhos para ganhar dinheiro. Há um número crescente de cineastas negros traçando diferentes jornadas. Contudo, apenas uns poucos estão seriamente comprometidos com filmes independentes.

Se desejamos transformar a cultura para que a grande mídia convencional não seja a única força a ensinar às pessoas do que gostar e como ver, então precisamos abraçar a vanguarda e o experimental. É aqui que encontraremos possibilidades radicais.

Podemos desconstruir as imagens do cinema patriarcal supremacista branco capitalista dominante por dias a fio, mas isso não nos levará a uma revolução cultural. Há muito tempo pessoas negras e todos os demais nesta cultura vêm sendo ensinados a ver a vanguarda como um lugar exclusivamente marginal, onde reside a arte que apenas poucos compreendem. Chegou a hora de repensar nossas crenças. Quando abraçarmos a vanguarda como matriz necessária de possibilidades críticas, reconhecendo que é um contexto para a revolução cultural, novas e excitantes representações de negritude vão emergir.

Imagine um filme que ouse mostrar as formas nuas da mulher negra em uma narrativa pró-sexualidade que não parta do estupro como metáfora central da nossa existência e fronteira do nosso panorama sexual. Ou um filme que trabalhe com imagens de mulheres negras idosas. E que tal uma conceituação visual radical de relacionamentos heterossexuais negros? Sonho em ver um documentário sobre uma escritora e o cineasta que ela amou que use fotografias, a narração de cartas de amor. Uma história não convencional — uma narrativa fragmentada, talvez uma trilha sonora com música celta ou Coltrane ou cantos sufistas. Quando estivermos dispostos a ousar, a arriscar, a afrouxar as amarras do visual, deixando que nossa imaginação se mova em todas as direções, tudo será possível. Não haverá nada que não possa ser visto.

13.
mistura de culturas: entrevista com Wayne Wang

O conceito budista de *maitri* é traduzido por muitos professores no Ocidente como uma espécie de bondade amorosa. Em *The Wisdom of No Escape* [A sabedoria de não fugir], Pema Chödrön compartilha a ideia de que estamos aqui para nos estudar, para viver em um espírito de vigília. Para isso, devemos ser curiosos e questionadores, vivazes e abertos, e é esse caminho que vai nos levar à "fruição de um bom humor *maitri*". Essas palavras ressoam na minha mente enquanto penso nos aspectos únicos e mágicos do trabalho de Wayne Wang. Todos os filmes de seu início de carreira — *Chan Sumiu* (1982), *Dim Sum: A Little Bit of Heart* [Dim sum: um pedacinho do coração] (1985) — e os trabalhos hollywoodianos mais recentes — *O Clube da Felicidade e da Sorte* (1993), *Cortina de Fumaça* (1995), *Sem Fôlego* (1995) — revelam uma paixão por detalhes ordinários, pela cotidianidade da vida. O trabalho de Wang não é de um realismo documental; ao contrário, ele capta o espírito meditativo da quietude e da reflexão que frequentemente está presente em nossa vida, mas que passa despercebido. Ele trata do fascínio por pequenos detalhes, tarefas ordinárias que sugerem uma metafísica mais ampla. É fácil entender por que ficaria intrigado com a narrativa de *Cortina de Fumaça*.

Trabalhando em um espaço fechado, sem direcionar muita atenção a um contexto ambiental mais amplo, *Cortina de Fumaça* nos lembra do modo como nossa vida é moldada e delimitada por paisagens sobre as quais temos pouquíssimo controle. Wang justapõe esses ambientes e a paisagem interna — aquele lugar do eu onde podemos imaginar e, assim, nos inventar e reinventar. Esse espírito de ternura está presente de forma espetacular em *Sem Fôlego* e é personificado pelos personagens de Jimmy Rose (Jared Harris), uma mistura de talento tardio, gênio inocente e "retardado" adorável; de Rapper (Malik Yoba), que é uma combinação de golpista, malandro e filósofo; da passional Violet (Mel Gorham), que anseia por poesia e deseja se realizar no amor, mas não consegue; e de Dot (Roseanne Barr, em uma interpretação bastante potente e comovente). Em *Sem Fôlego*, Wang explora de um jeito maravilhoso as complexas camadas interiores da psique.

Essa sensação de complexidade mágica e da possibilidade de acasos felizes, da beleza no ordinário, é exatamente o que falta a *Cortina de Fumaça*. Quando li o roteiro do filme pela primeira vez, achei uma narrativa muito comovente. A maneira como a história pontua que não podemos "julgar" realmente outras pessoas porque não sabemos o suficiente sobre os caminhos que percorreram é uma intervenção poderosa em uma cultura na qual aprendemos a julgar pelas aparências. A decisão de Wang de dar diversidade e identificação racial aos personagens, mesmo que isso não estivesse presente na história original, é ainda mais cativante. O mal não pode ser simplesmente designado como característica de um grupo, e aquilo que parece ser um ato ilegal pode ter um resultado positivo. Mas, quando vi *Cortina de Fumaça*, fiquei aturdida com a forma como os estereótipos convencionais de raça e sexo são empregados: os mocinhos são brancos e os bandidos são negros, as mulheres promíscuas são da classe trabalhadora ou não brancas, e assim por diante... Um roteiro habilidosamente desconstrutivo que desafiava o processo por meio do qual concebemos julgamentos superficiais chegou à tela como um drama que não somente não mostra de fato a interioridade dos personagens, como também mina aquela mensagem radical.

Ao mesmo tempo intrigada e enfurecida com *Cortina de Fumaça*, eu desejava muito poder conversar com Wayne Wang sobre seu processo criativo. Quando vi *Sem Fôlego*, que explora os mesmos temas e o ambiente de *Cortina de Fumaça* e consegue alcançar um patamar de encantamento artístico, fiquei ansiosa por falar com ele sobre a colaboração entre personagens e celebridades que levou à realização desses filmes (os dois trabalhos contam com um grande elenco de estrelas).

Ambos os filmes jogam luz sobre o processo de criação artística em colaboração, no qual uma variedade de preocupações comerciais e visões artísticas converge e colide. *Cortina de Fumaça* demorou quatro anos para ficar pronto, enquanto *Sem Fôlego* foi feito em poucos meses. O resultado final nos lembra de que o ato de criar uma obra é sempre tanto uma manifestação da visão artística individual quanto da vida própria que a obra adquire durante o processo. Fazer arte ou fazer um filme ainda é um ato de criação que nos recorda do poder do mistério, porque, em última instância, o resultado é imprevisível.

BELL HOOKS No começo, você fazia trabalhos ecléticos, como *Chan Sumiu*, e mais tarde passou a transitar entre diferentes etnicidades e culturas. Você pode falar um pouco sobre o que motivou esse movimento?

WAYNE WANG Acho que tem a ver com o fato de eu ter crescido em Hong Kong, de ser chinês e viver em uma colônia britânica, de assistir a filmes de Rock Hudson e Doris Day, de ouvir The Eagles... (*risos*) De certo modo, sempre estive à margem, porque meus pais eram muito chineses. Ao mesmo tempo, sempre quiseram que eu fosse mais americano, mais "ocidental", sabe? Fui exposto a filmes, TV, música de toda parte — sempre sonhava que estava dirigindo pela Califórnia com os Eagles... ou surfando com Jan e Dean. (*risos*) Então, desde que me conheço por gente, sempre fui meio esquizofrênico e dividido.

BH Eu sonhava que estava em Nova York e era amiga de Jack Kerouac, mas nunca realizei esse sonho. Acho fascinante que você tenha conseguido seguir o seu.

WW Quando terminei o ensino médio, meus pais disseram: "Você tem que ir aos Estados Unidos para fazer faculdade". Eu sabia que aquela era, em primeiro lugar, minha chance de fugir e, em segundo, de realizar aquele sonho. Desde o início, era literalmente um sonho e uma fantasia, e surgiu a oportunidade de transformá-lo em realidade. Então peguei um navio e lembro que a viagem foi muito longa e tediosa. Por fim chegamos à ponte Golden Gate (isso foi em 1967). Eu tinha um pequeno rádio transistorizado e comecei a sintonizar as estações — eram tipo vinte ou trinta estações de rock. Eu estava no paraíso. Em Hong Kong havia apenas uma estação de rádio em inglês, então, ter vinte estações todas tocando rock... O sonho estava se realizando.

BH Como a cultura afro-americana se encaixa nisso? Já estava no seu radar nessa época?

ww Ainda não. Quando cheguei, não tive nenhum contato com a cultura ou a comunidade negra. Eu conhecia um monte de estereótipos sobre os negros, porque meu único contato tinha sido por meio de filmes, e a maioria das representações de pessoas negras em filmes é muito distorcida. Eu frequentei um *junior college*[24] em Los Altos, e os alunos eram praticamente todos brancos. Tive pouco contato lá, a não ser na disciplina de inglês que fiz no segundo ano, em que o professor usou como texto principal a *Autobiografia de Malcolm X*. Quase bombei naquela matéria, porque não tinha ideia do que Malcolm X estava falando. As coisas provavelmente só começaram a mudar quando ingressei no California College of Arts and Crafts e comecei a conhecer muito mais estudantes negros. À medida que contavam sobre a vida deles, fui entendendo quem era Malcolm X e o que era a comunidade afro-estadunidense.

BH É interessante, porque muitas das coisas que escrevo falam sobre o tipo de disposição mental necessária para representar culturas das quais não fazemos parte. Me parece que você pensa muito mais na questão da apropriação do que outros cineastas que transitam entre filmes independentes excelentes e filmes hollywoodianos bem-sucedidos.

ww A questão da apropriação é bem complicada. Pessoalmente, digamos que eu não sou possessivo. Quero dizer, não concor-

---

24 *Junior college* é um tipo de instituição de ensino comum nos Estados Unidos, que oferece a egressos do ensino médio cursos com duração de dois anos e foco na profissionalização ou na preparação para cursos de graduação mais especializados. Em especial no aspecto profissionalizante, assemelha-se a uma escola técnica no Brasil. [N.T.]

do com quem diz que alguém só pode fazer filmes sobre negros se for negro, só pode fazer filmes sobre chineses se for chinês. O critério para mim é que a pessoa tenha a mente aberta e faça a lição de casa em relação àquela cultura ou o que quer que tente retratar. E contanto que também haja canais e oportunidades para que as culturas minoritárias se representem. Isso é muito importante. Porque, do contrário, não é possível ter uma representação verdadeira, por assim dizer. Por exemplo, contanto que sino-americanos possam e tenham os recursos para fazer filmes sobre sino-americanos, então acho que tudo bem um diretor estadunidense branco rodar um filme sobre a comunidade sino-americana, porque é outra perspectiva, um olhar de fora.

BH A cineasta Trinh T. Minh-ha fez isso. Um de seus primeiros filmes tratava da cultura africana, e ela foi muito questionada por afro-americanos sobre sua posição. Era comum que houvesse ressentimento por trás desses questionamentos sobre qual era o lugar dela nesse processo. Para mim, isso representa um fracasso em entender a subjetividade e o que é liberdade, e em compreender que parte da nossa liberdade está em ter a capacidade de imaginar junto com outras culturas. Mas o dilema parece ser, como você mencionou, toda a questão de quando as representações reproduzem estereótipos. E, na verdade, tive uma impressão muito diferente sobre essa questão em seus dois filmes recentes, *Cortina de Fumaça* e *Sem Fôlego*. *Cortina de Fumaça* parece correr muito mais o risco de trabalhar dentro dos limites de representações hollywoodianas muito convencionais, tanto nas caracterizações de relações de gênero quanto nas caracterizações étnicas. Me refiro à personagem latina, Violet, e a Rashid, que, para mim, é um personagem bastante problemático.

ww Por que problemático?

bh Achei o roteiro de *Cortina de Fumaça* muito cativante — um roteiro incrível. Era o tipo de história que continha o potencial mágico de um filme sentimental em essência, cujo impulso é sentimental do começo ao fim. Mas isso não significa que não tenha potencial para causar impacto. A questão central ali era questionar os estereótipos, dizer que só podemos mesmo saber aquelas coisas que imaginamos sobre as origens de uma pessoa quando conhecemos de fato sua história. Na verdade, acho que esse é um dos poucos filmes em que a escolha do elenco enfraqueceu o que havia de mais subversivo no próprio roteiro.

ww Você está falando só de Rashid?

bh Não, achei os atores negros do filme fracos.

ww Inclusive Forest Whitaker?

bh Inclusive Forest Whitaker, de quem sou uma grande fã.

ww Fracos em que sentido?

bh No sentido de que parecem caricaturas, parecem estar fazendo uma paródia. Sabe, é difícil não comparar *Cortina de Fumaça* e *Sem Fôlego*, mas *Sem Fôlego* tinha uma qualidade de descontração, algo quase como "não precisamos pesar a mão, podemos apenas relaxar e, tipo, alguém está filmando agora enquanto estamos aqui vivendo o momento". Mas em *Cortina de Fumaça*... acho que é o que acontece quando se escalam pessoas incrivelmente famosas ao lado de pessoas que ainda não têm uma carreira. Percebi um exagero que beirava a caricatura e a paródia. Os personagens negros eram sem sal.

ww Quando estávamos fazendo os testes, vimos muitos bons jovens atores negros que tinham muito tempero. Eles tinham, digamos, tempero demais — eram cheios de charme e suingue e muito modernos. Eu odiei, porque é algo que se vê com muita frequência nos filmes de Hollywood. A ideia com Rashid era retratar um personagem que fosse da periferia, mas tivesse sido criado de um jeito diferente pela tia. Ele tinha uma forma muito inteligente de usar a linguagem e não precisava recorrer aos "e aí, cara", "foda-se, cara", "fodeu, mano". Isso era muito importante para mim e para o Paul Auster. Então escolhemos um ator que se encaixasse nessas características. Você pode achar sem graça, mas o personagem é assim e, nesse sentido, contraria o que acho que é o pior estereótipo sobre jovens negros hoje em dia.

BH Mas o resultado não foi um personagem verossímil. Faltava alguma coisa. Ele não tinha vivência de rua. E fiquei de fato profundamente fascinada com todo o contexto do filme, de subverter alguns estereótipos. Esse é o tipo de filme mais difícil de funcionar, porque não tem muita ação.

ww Não tem nenhuma ação! (*risos*)

BH Mas *Sem Fôlego* é um exemplo primoroso de como é possível se comover profundamente com coisas muito sutis. Como aquele momento em que Jimmy diz: "Você quer um abraço?".

É muito perfeito, e não há nada de falso ali, não parece forçado. Me pergunto se tem a ver com a diferença entre fazer um filme independente e tentar atrair um público maior e mais diverso. Como foi para você, como cineasta? Você fez um filme de muito sucesso em Hollywood, sente que tem alguma diferença?

ww Tem muita diferença. É muito, muito difícil fazer filmes independentes nos Estados Unidos hoje. Acredito que os filmes independentes de verdade são *completamente* financiados fora dos estúdios. É muito difícil levantar dinheiro para fazer filmes verdadeiramente independentes. As representações fílmicas devem ser experimentais e interessantes, em vez de apenas recriações da linguagem hollywoodiana. Então, a questão é: como se cria, ou se recria, um cinema independente? Para mim, nem sei mais o que são filmes independentes, se é que eles existem.

BH Você acha que seria difícil hoje fazer um filme como *Chan Sumiu*? Porque ele com certeza tem muitas dessas características subversivas que você acabou de descrever...

ww Acho que ainda conseguiria fazer — mas teria de ser em vídeo ou algo assim, porque, uma vez que você pega uma câmera de cinema, os sindicatos saltam no seu pescoço dizendo que as filmagens precisam ser sindicalizadas, e de repente vira um filme de cinco milhões de dólares. Então, para ser subversivo e trabalhar do modo como trabalhei em *Chan Sumiu*, a única opção provavelmente seria fazer no improviso. É a única maneira de fazer, e é algo que ainda me interessa. Mas, se vai ser distribuído ou não, é outra história — fiz um filme chamado *Life Is Cheap*

[A vida custa pouco] (1989), que distribuí por conta própria. Era um filme independente muito subversivo, muito interessante, mas fiquei fora do radar por três anos depois disso. (*risos*)

BH Uma das coisas maravilhosas da sua carreira é que um dos elementos mágicos em *Chan Sumiu* é a forma como você concebe o espaço e os detalhes. A tabacaria se transforma em um mundo à parte. Um tipo de atenção não só em relação ao espaço, mas em relação ao modo como os detalhes são focalizados dentro do espaço: a maneira como vemos o desenho em *Sem Fôlego* quando o personagem de Giancarlo Esposito está conversando com seu velho amigo de faculdade (o personagem de Michael J. Fox) e seus rabiscos nos mostram que ele não está anotando nada. Essa atenção aos detalhes afeta a maneira como respondemos à cena e não tem nada a ver com linguagem. Você pode falar um pouco sobre isso?

WW Muitas pessoas me perguntam por que tenho tanta obsessão pelo ambiente, por cômodos vazios, objetos inanimados. Quando era pequeno, eu passava muito tempo em casa sozinho. Não tinha muito com que brincar, não tinha muitos jogos, brinquedos, arminhas, o que fosse. Então passava muito tempo sentado em cômodos vazios, olhando para o espaço e botando a imaginação para funcionar. Eu ficava olhando para a sala de jantar onde comíamos e imaginando o jantar. Então, foram esses cômodos que me deram minha imaginação e minhas fantasias. Também depositava emoções reais e história neles.

BH Essa também é a experiência da posição pós-moderna, multicultural, que estávamos discutindo antes, e a experiência do imigrante. Acredito que os detalhes se tornam cruciais para a sobrevivência, porque o espaço toma sentidos diferentes para o imigrante.

ww E os detalhes sobre como organizam esse espaço são muito, muito importantes. Um amigo meu pesquisava sobre como os idosos em Chinatown organizavam os espaços para poder criar ambientes que estivessem de acordo com suas necessidades. E uma das coisas que faziam era colocar jornal nas paredes. Normalmente encostavam a cama na parede, a parte mais longa, e então colocavam jornal na parede, porque isso de algum modo diminuía a friagem — o *"yin chi"* — que vinha dali. Oito de dez quartos tinham jornal ao lado da cama — esses pequenos detalhes de como vivem e por que vivem desse modo são culturalmente muito importantes para mim. Outra coisa muito relevante para mim em relação a espaços é que a primeira vez que você vê determinado espaço, ele ainda não está carregado de significados. Você ainda não viu pessoas ali, nada aconteceu. A primeira vez que você vê um espaço é no estado mais puro possível. Mas, conforme você vê pessoas interagindo naquele espaço, ele ganha mais significado, e outro tipo de sentido emerge daquela imagem. Então, se voltarmos para a imagem da cena do cômodo vazio, aquela cena vai ter um significado diferente por causa do que você viu acontecer ali. Isso remonta à teoria da montagem e do significado da imagem. Usei muito isso em *Dim Sum*: a sala de jantar com toda a família, e então cada membro da família saindo até a sala ficar vazia novamente.

BH E vemos isso com o apartamento do personagem de William Hurt em *Cortina de Fumaça*. Em muitos filmes, vemos esses apartamentos fabulosos em Nova York; mesmo quando os personagens deveriam ser da classe trabalhadora, o espaço é incrível. Nenhum dos seus espaços é assim. E acho que para muitas pessoas o apartamento de William Hurt se tornou um lugar de ternura, porque tem uma qualidade que parece muito real para muitos de nós que somos escritores.

ww Boa parte do crédito é do William Hurt. Depois de construírem o espaço, Bill foi até lá vários dias e tentou trabalhar ali, sentar, mexer nas coisas, sabe, para parecer um espaço real onde alguém vive. Acho que é a única maneira de conseguir isso. Outro ponto de *Cortina de Fumaça* são as duas tomadas dos trens no Brooklyn: um que sai de Manhattan em direção ao Brooklyn no começo do filme, e a outra tomada daquele trem serpenteando pelo Brooklyn no final. São as únicas duas tomadas externas do filme. Normalmente, em um filme, você estabelece o cenário, filma o lado de fora da casa e então entra na casa. Em *Cortina de Fumaça*, conscientemente eliminei todas as tomadas externas — com exceção desses dois planos dos trens, que, de certo modo, ancoram o mundo externo onde os personagens existem.

BH Em *Sem Fôlego* o mundo externo está bem em evidência, não tanto no espaço visual, mas no modo como as pessoas falam sobre o espaço. Como naquele momento em que o idoso negro fala sobre Nova York de um modo quase mágico, surrealista, poético... É um momento muito, muito extraordinário. Sob alguns aspectos, *Sem Fôlego* é um filme que restaura um pouco da integridade da vida humana em cidades estadunidenses que estão definhando. Me pareceu particularmente comovente que se passe em Nova York neste momento histórico específico, em que a própria ideia de cidade está sob ataque — em que muitas pessoas não enxergam a cidade como um lugar de magia, ou um lugar de comunidade, apenas como um lugar de crimes e estereótipos. *Sem Fôlego* é muito contra-hegemônico no modo como diz que a cidade ainda tem integridade e força próprias.

ww Em especial no Brooklyn. Quando estávamos procurando locações para *Cortina de Fumaça*, senti que no Brooklyn havia um forte senso da cidade como comunidade. Quero dizer, Nova York também tem isso em outras áreas, mas o Brooklyn tem mais. É mais como um bairro.

BH Mas o que é interessante é que você não evoca a cultura convencional do Brooklyn, meio branca, que ocupou na imaginação pública o lugar da verdadeira cultura do Brooklyn. Ali se vê um sentimento consistente de paixão pelo espaço, pelo ambiente, pelo Brooklyn, que atravessa muitas etnias e muitos grupos imigrantes. E achei que isso também fazia parte da magia do filme. De onde veio a ideia para as partes documentais?

ww Quando estávamos explorando o Brooklyn para *Cortina de Fumaça*, vi muito desse espírito intercultural: os rostos, as pessoas, a mistura de culturas, o entrecruzamento de culturas, algumas vezes de maneira harmônica, outras nem tanto. Saímos com uma câmera Hi8 e registramos muitas coisas espontaneamente. E, quando começaram os ensaios de *Cortina de Fumaça*, os caras das apostas na tabacaria quiseram improvisar um pouco para poderem entender as relações entre eles na loja. E o que fizeram tinha muita energia, era muito real, engraçado, vinha de dentro. Então eu virei para o Paul e disse: "Tem algo muito vigoroso aqui — vamos tentar capturar isso". Então, essa foi a verdadeira origem de *Sem Fôlego*. Os atores e o lugar nos inspiraram: vamos fazer um filme em três dias, sem preocupação com a história, sem preocupação com o resultado. Vamos simplesmente fazer. Talvez essa seja uma forma melhor de rodar um filme! (*risos*)

BH O que faz de *Sem Fôlego* um filme tão próprio do momento, do nosso momento histórico presente, é o fato de levantar essas questões de etnicidade e raça: quem é quem?; o que significa ser negro?; o que significa ter uma identidade nacional? Para mim, essas são questões políticas atuais muito profundas e agudas. De uma forma muito cuidadosa, o filme contesta todos os tipos de construções puras de identidade, lembra ao espectador que há muita mistura, e que é da mistura e da partilha que a magia surge. Uma coisa interessante e engraçada de *Sem Fôlego* é que, apesar de incorporar ícones — Lou Reed, Jim Jarmusch, Roseanne, Madonna —, ele os incorpora de um jeito que desconstrói suas representações mais notórias. Eles não parecem celebridades interpretando personagens. Na verdade, parecem personagens muito verossímeis, Roseanne como Dot certamente parece. Fiquei triste por ela. Queria entrar na cena e dizer: "Eu te levo até Las Vegas!". (*risos*) Havia uma dor terrível ali, pelo casamento, pelo desejo...

WW Exatamente antes de filmar, ela estava se divorciando de Tom Arnold e tinha muitos sentimentos conflituosos em relação ao casamento e aos homens. Assim, criamos a personagem a partir de algo muito imediato em seus sentimentos. E ela mostrou isso, acho, um lado seu muito real naquela época.

BH Isso vale para todo o filme. O personagem de Jimmy, por exemplo... Em *Cortina de Fumaça* ele não tem muita voz, é mais como um personagem arquetípico a quem as pessoas respondem porque ele supostamente é engraçado. Mas em *Sem Fôlego* vemos um lado incrivelmente terno do personagem. Ele não é apenas cômico, mesmo que todos os personagens se movam, acho, como todos fazemos na vida real, entre momentos de seriedade e momentos cômicos.

WW Tem muito a ver com o fato de não termos tentado criar personagens para Lou Reed e para Jim Jarmusch; eles basicamente interpretaram a si mesmos. Uma das coisas que mais me preocupavam em *Cortina de Fumaça* era termos um filme sobre pessoas muito pé no chão interpretadas por grandes estrelas. Mas minha tarefa era fazer com que se despissem o máximo possível dessa persona. Às vezes isso é muito difícil.

BH Harvey Keitel ainda é Harvey Keitel em *Sem Fôlego*, e assim ele se mistura melhor com os outros personagens do filme. Não sei se a narrativa de *Cortina de Fumaça* é, como você apontou, muito mais complexa que *Sem Fôlego* porque é mais diretamente ligada ao texto escrito...

WW Sim, é um texto escrito — é mais uma peça de teatro do que qualquer outra coisa, e toda a primeira metade foi filmada com um proscênio ao redor. Só tiramos mais tarde porque eu queria usar essa artificialidade como dispositivo para enquadrar o filme.

BH Me fez lembrar de *Tio Vanya em Nova York* (1994), no sentido de ter toda essa materialidade no entorno. Isso cria uma tensão entre a parte do cérebro que está tentando processar a narrativa e a parte que está tentando processar as imagens. Em *Sem Fôlego*, há alguns momentos perfeitos em que os personagens praticamente não se mexem — é algo muito pouco característico de filmes estadunidenses, no que diz respeito a usar as pausas de maneira muito habilidosa. Há momentos de silêncio em que podemos de fato refletir sobre o que está acontecendo. A maioria dos filmes nos empurra para a frente e não dá esse espaço. Isso foi algo acidental?

WW Em *Cortina de Fumaça* ou *Sem Fôlego*?

BH *Sem Fôlego*. Tem aquele momento com o personagem de Harvey Keitel, Auggie, quando o marido de Dot aparece pela primeira vez para dizer: "Estou pensando em vender a loja". Tem uma pausa, como na vida real, quando ouvimos algo e tentamos absorver. Em geral, poucos filmes nos oferecem algo assim.

WW Provavelmente foi um pouco instintivo e um pouco acidental.

BH Mas *Chan Sumiu* tem muitos desses momentos de perfeita imobilidade. Em *Cortina de Fumaça*, a dinâmica estava muito mais na narrativa entre Auggie e o personagem de William Hurt. Era mais aquela qualidade da paixão. Nas narrativas entre Auggie e a tia Ethel, vemos mais desses momentos de pausa e imobilidade. Agora, achei curioso que no conto de Paul Auster o garoto que rouba não tem uma identificação racial.

ww Ele não tem uma identificação racial — nem a avó.

bh Você pode falar sobre isso?

ww Acho que foi uma suposição, mas, na primeira vez que li, imaginei uma pessoa negra. E então voltei as páginas e procurei algo que indicasse ser uma pessoa negra, mas não havia nada. Então liguei para o Paul e perguntei: "Essa pessoa é negra?". E ele respondeu: "Bom, não está determinado, mas poderia ser negra". Acho que a fonte de inspiração foi a experiência dele como recenseador ou algo assim: quando percorreu os conjuntos habitacionais para fazer o censo, uma senhora achou que ele era outra pessoa, e Paul embarcou na história. Gosto dessa ideia. Me interesso por lidar com uma cultura que é diferente da minha e também não é representada com frequência na tela. Então, no filme, quando Auggie conta essa história, ele também não especifica se o personagem é negro. E, no final, quando vemos a história, é na realidade por meio da interpretação de Paul. E é por conta do que passou com Rashid que ele decide dar ao garoto um rosto negro na história de Natal.

bh Fiquei muito tocada com a metáfora central da fumaça, do tabaco. Cresci em um mundo ligado ao tabaco. Minhas primeiras memórias de infância com a minha família no Kentucky estão ligadas ao trabalho tanto nas plantações quanto no chão batido dos locais onde o tabaco é curado. E nunca pensei no tabaco como algo mau ou associado a cigarros. Sei que algumas pessoas levantaram questionamentos sobre esse ponto, o que parece ser um bom exemplo da loucura do politicamente correto. Poderíamos dizer que a fumaça traz todo tipo de dano; ao mesmo tempo, poderíamos falar sobre as tradições relacionadas ao fumo e ao tabaco, especialmente em culturas indígenas ao redor do mundo, nas quais é uma forma de comunhão e faz parte de uma experiência emocional e espiritual.

ww Na cultura de onde eu venho, pelo menos em Hong Kong, as pessoas ainda fumam muito. É acima de tudo uma forma de comunhão entre elas — compartilhar um cigarro depois de uma refeição é um ritual. Além disso, quando as pessoas se conhecem, depois de trocarem seus cartões, oferecem um cigarro, como gesto de amizade. Apesar de estarem hoje muito mais conscientes sobre o fato de que causa câncer, encaram como mais um fator de risco, como dirigir em uma pista expressa ou algo do tipo. Aqui nos Estados Unidos há toda uma questão do politicamente correto, de fumar ou não fumar, é muito estúpido. Teve até quem escrevesse aos jornais perguntando: "Quanto dinheiro a indústria do tabaco deu para financiar esse filme?".

bh Acho que o fato de as pessoas não serem capazes de se identificar com a ideia da fumaça como metáfora diz muito sobre o fracasso da nossa imaginação cultural. Quando Paul fala sobre fumaça, ele diz: "É algo que nunca se fixa, muda de forma o tempo todo", do mesmo modo que os personagens mudam conforme suas trajetórias se cruzam. O que diz sobre a nossa imaginação, como cultura, o fato de conseguirmos ver as coisas em apenas um nível, de que as coisas devem existir em um único plano? Parece ser um bom indicativo de que não temos a capacidade de imaginar uma experiência pela qual talvez nunca passemos. Nossa capacidade de compreender o sentido da fumaça na vida das pessoas e o sentido de compartilhar o tabaco não precisa incluir a crença de que o tabaco é uma coisa incrível.

ww Bem, também em *Cortina de Fumaça*, depois que Auggie conta a história a Paul, os dois pegam seus cigarros — isso acontece depois de terem comido, de terem compartilhado a história. É um momento ritual que compartilham, e para mim simboliza a amizade que têm um pelo outro. Não é um momento prolongado, é como a fumaça — é o ritual que é realmente duradouro.

bh *O Clube da Felicidade e da Sorte* era realmente um filme feminino, e muitas pessoas o interpretaram como um filme que retrata uma realidade bastante generificada, a realidade da relação entre irmãs e mulheres. Você pode falar um pouco sobre essa tentativa de imaginar personagens mulheres?

ww Bom, tento não pensar nisso. Eu não fiz *O Clube da Felicidade e da Sorte* pensando: "Esse é um filme sobre mães e filhas". É a mesma coisa que eu disse sobre apropriação antes: procurei olhar para o mundo das mães e filhas a partir da minha perspectiva. Sempre tive consciência de que, por ser homem, teria de fazer minha lição de casa e ser realmente aberto e sensível a várias questões relacionadas ao tema. Quando consultei meu fitoterapeuta chinês alguns anos atrás, ele disse que eu tinha um corpo feminino — que todos os sintomas das minhas doenças eram muito *yin*, que talvez em outra vida eu tenha sido mulher. Sinto que existe um *yin* e um *yang* em todas as pessoas, e que às vezes talvez o *yin* seja mais forte em algumas. Nesse sentido, talvez seja por isso que trabalho bem com mulheres.

BH Muitas pessoas criticaram *Cortina de Fumaça* por ser um filme de amizades masculinas. Nele, temos construções muito mais convencionais de mulheres como objetos sexuais, tanto com a personagem da ex-namorada de Auggie, Ruby, quanto com a personagem de Violet. Em *Sem Fôlego*, quando Violet fica irritada com Auggie por ter cancelado o encontro, aquela é uma rara cena passional de uma mulher não branca, coisa que vemos pouco no cinema estadunidense. Tem aquele maravilhoso monólogo dela em frente ao espelho. É simplesmente uma cena incrível, de um lado a energia feminina serve de contrapeso, e do outro vemos que essa é uma mulher forte, não uma vítima, que está fazendo suas escolhas. Isso não aparece na forma como ela é caracterizada em *Cortina de Fumaça*.

WW Concordo. Porque em *Cortina de Fumaça* ela aparece em apenas uma cena e praticamente não tinha o que fazer. Foi difícil dar a ela algum tipo de nuance. É uma pena.

BH O que acho que você está apontando, então, é um dos perigos — quer estejamos falando de gênero, raça ou etnicidade — de não ter espaço para desenvolver alguns personagens. Corre-se o risco de reproduzir uma imagem plana ou estereotipada.

WW Concordo.

BH Porque a imagem dela é magnífica em *Sem Fôlego*.

WW Eu lembro de dizer a Paul Auster: "Você percebeu que essa personagem Violet é perigosa? Porque ela aparece só nessa cena e meio que representa alguns estereótipos daquela cultura".

Mas, no fim, me pareceu que ela continha tanta energia e tanta loucura que, mesmo beirando de leve o estereótipo, achei que valia a pena arriscar.

BH Uma personagem como Ruby, que considero uma das mais excepcionais de *Cortina de Fumaça*, apresenta uma gama de emoções. E, mesmo que ela tenha apenas uma participação breve no filme, chama a atenção; vemos todo aquele relacionamento de infância, a perda do pai — e todas essas coisas comprimidas em um segmento bastante curto. Achei um momento de monólogo muito perfeito.

WW Sinto que a personagem dela é tão complexa que estamos sempre questionando a realidade da sua vida. Nunca temos certeza se o que ela está dizendo é verdade ou não.

BH Como passamos muito do nosso tempo falando sobre cruzar fronteiras, acho que deveríamos falar sobre o elemento da colaboração. Ambos os filmes são, ao contrário dos seus trabalhos anteriores, não apenas o produto da sua visão individual, mas o produto de um trabalho conjunto: seu, de Paul Auster e da colaboração coletiva mais ampla com os atores. Você pode falar sobre essa experiência de um trabalho colaborativo — até que ponto isso interfere na visão artística ou acaba por iluminar sua visão de formas específicas?

WW Com certeza ilumina minha visão. Eu não sou um *auteur* no sentido de ter uma visão artística específica e de dizer: é exatamente assim que as coisas devem ser. Se eu quisesse fazer isso, voltaria a pintar. Assim poderia me fechar em um quarto sozinho. Minha única relação seria com a minha tela, e eu poderia manipular qualquer coisa que desejasse e fazer exatamente o que quisesse. Cinema é um negócio colaborativo. É por isso que, de certo modo, *Sem Fôlego* é tão interessante para mim, porque não existe uma autoria, por assim dizer. Como diretor, sinto que sou um facilitador, mais do que qualquer outra coisa. Um guarda de trânsito. Tenho muita experiência, o que me ajuda a organizar e visualizar o que acho que deveria ser o produto final, mas não tento transformá-lo em fruto exclusivo da minha visão. Talvez essa seja minha força como diretor. Não sou um grande diretor de teatro que pode dizer: "Quero que você leia essa fala dessa maneira, porque esse é o subtexto do sentido que ela carrega, e é aqui que você deve dar meio passo para a frente" etc. Não faço esse tipo de coisa. Apenas ajudo as pessoas a focar e facilito a criação de um ambiente de trabalho excelente para que possam fazer seu melhor trabalho.

BH É muito difícil formular algumas questões sem comparar os dois filmes, mas *Sem Fôlego* me lembrou de uma música de R&B, "Second Chance on Love", que na verdade é sobre voltar a procurar a pessoa que você amou, com quem perdeu contato, mas você a procura de novo... Os dois filmes, em grande medida, são casos de amor. De certo modo, é o mesmo amor. Há muitos temas e questões semelhantes. Mas o segundo filme os aborda de maneiras diferentes, a partir da experiência do primeiro, que é absorvida e convergente aqui.

WW E é por isso que acho que, de certo modo, deveriam ser vistos como um único filme. Apesar de todos os pontos fortes e das fraquezas, devem permanecer juntos. Eles representam dois processos diferentes de trabalho, de criação artística. Representam de fato duas visões sobre o Brooklyn. Representam duas formas diferentes de contar histórias sobre identidade ou sobre identidades interculturais. Por que não se pode fazer um filme desse modo duas vezes? Essa é a pergunta que sempre me faço. Por que sempre tem que ser um roteiro finalizado? Você ensaia, filma e então tenta moldar da melhor maneira possível. Por que não se pode fazer um tipo de filme ligeiramente diferente, mas talvez ainda sobre o mesmo assunto, com os mesmos cenários e as mesmas pessoas e os mesmos tudo, mas então se torna algo completamente diferente e, ainda assim, semelhante? É quase como quando eu pintava. Tive uma fase em que as minhas pinturas eram muito realistas, quase fotográficas, e ao mesmo tempo eu pintava o mesmo tema ou emoção usando um expressionismo abstrato. *Cortina de Fumaça* é a pintura realista, e *Sem Fôlego* é, para mim, uma pintura expressionista abstrata.

14.
confissão —
a família em quadro: entrevista com a artista e cineasta Camille Billops

BELL HOOKS Camille Billops, quando o documentário passou a ter importância para você e por quê?

CAMILLE BILLOPS Passou a ter importância, ao menos de maneira subconsciente, enquanto eu observava meus pais fazerem filmes caseiros do fim dos anos 1940 até os anos 1970. Quando comecei a fazer documentários, era nesse mesmo contexto. Naquela época, eu não imaginava que aqueles projetos se tornariam algo maior que os filmes caseiros que meus pais tinham produzido.

BH Você tem sido mais transgressora do que qualquer outro cineasta negro heterossexual de que eu me lembre em relação ao uso de material autobiográfico no seu trabalho. *Suzanne, Suzanne* (1982) ainda é um dos documentários mais potentes sobre a vida doméstica, sobre a vida da classe média negra. Você pode falar sobre o que permitiu a você se abrir tão radicalmente?

CB Provavelmente é exibicionismo da minha parte. Não sei se é algo tão consciente, mas algumas pessoas dizem que temos uma tendência a lavar a roupa suja nos filmes. Nossos filmes mostram a verdade nua e crua, não o que as pessoas gostariam de ver. Talvez seja da minha personalidade essa tendência a querer fazer isso, porque acho que a artista visual que habita em mim quer dizer o mesmo tipo de coisa. Então, não sei se foi algo consciente; acho que é só minha própria essência.

BH Como você convenceu seus familiares a fazer *Suzanne, Suzanne*? A abrir a história de uma filha que estava lidando com o vício em heroína, que passava por uma reabilitação, a abrir a história de violência doméstica, de violência física entre pai e filha, como você os convenceu?

CB Eles acham que sou a cineasta particular deles. Vêm até mim e dizem: "Bem, eu não tenho um filme". São pessoas que trabalham na General Motors e querem que eu consiga dinheiro para elas. E assinam autorizações. Quando rodei *Suzanne, Suzanne*, fiz minha mãe assinar uma autorização. Não se pode investir tanto dinheiro e aí alguém dizer: "Não, você não pode usar minha imagem".

BH Já falamos antes sobre como vários familiares não estavam preparados para o que significaria ter a vida documentada na tela.

CB Era minha irmã em *Suzanne*, a Billie. Eles gostaram da ideia de estar diante de uma câmera, mas não sabiam qual seria o resultado. Tem momentos em que Suzanne fala sobre quando viveu na rua de maneira franca. Mas ela não queria que o filho soubesse. Eu disse a ela: "Primeiro, não vamos entrevistar você de roupão. Você precisa se vestir e sua casa tem que estar arrumada", porque, quando filmamos as pessoas, o uso do figurino e do cenário pode ser uma forma de exploração.

BH Imagens de pessoas negras têm sido exploradas dessa forma em fotografias e filmes.

CB Sim, quando se encena o lado miserável.

BH Parte do que você mostra no filme são pessoas negras vivendo em uma situação de conforto material, vidas cercadas, na superfície, por um verniz de glamour hollywoodiano. Você mostra isso naquela cena incrível na qual Billie se veste. Há um forte senso de feminilidade e glamour.

CB E ela está vestindo Suzanne, passando maquiagem nela. Tinha também os desfiles de moda. Esse era o sonho da minha mãe. Quando se deixa a Carolina do Sul para trás, então deve-se deixar para trás o cabelo ruim. Usar cachos. Estar limpa. Vestir roupas boas. Viemos de uma tradição em que as mulheres se libertaram trabalhando como costureiras. Os pais eram cozinheiros nas estradas de ferro, então, de certo modo, talvez esse tenha sido o contexto para quererem se tornar burgueses. Conhecíamos o sonho; ele apenas não estava ao alcance. Então fomos para o Norte para realizá-lo. Tudo isso é mostrado em *Suzanne, Suzanne*.

BH *Suzanne, Suzanne* mostra o que acontece quando o sonho do casamento e dos privilégios se transforma em pesadelo.

CB Mesmo quando parece estar tudo bem, não está. Brownie não está bem, tem algo de errado com ele. Não quero demonizá-lo. Adoraria ir atrás de seus parentes que ainda estão vivos para descobrir o que aconteceu. Como ele acabou se tornando tão violento, tão ferido pela cor e pela classe? O pai dele parecia um velho branco e se casou com uma mulher de pele escura. Parece que isso era um problema para a família dele na Flórida. Quando alguém se casa com uma pessoa mais escura, é igual a quando os brancos falam sobre "crioulos", você *maculou* a família. Não sei como ele se feriu, só sei que estava ferido.

BH O que o filme faz, por meio da narrativa de Suzanne, é nos mostrar um lampejo desse homem negro incrivelmente afável e interessante. Mas a narrativa dela também nos mostra o terrorista, uma pessoa cruel que chegava em casa enfurecida e fazia todo mundo sofrer.

CB E podia acontecer a qualquer momento. Ela dizia que sentia medo só de ouvir o barulho da porta do carro. Eu contei para você que tivemos que remontar o filme, porque inicialmente o tínhamos montado de um jeito muito severo com Brownie, e as crianças ficaram incomodadas. Remontamos para que ele parecesse um pouco mais gentil, um pouco menos violento. O filme perigava ser tomado pela personalidade de Brownie. Estávamos tentando fazer um filme sobre Suzanne, e de repente estava se tornando um filme sobre Brownie.

BH Isso é muito interessante, porque uma das minhas queixas sobre o filme *O Amor e a Fúria* (1994) era que, ao focar demais a violência masculina, se tornava menos um filme sobre as mulheres. Ficávamos intrigados com aqueles homens, seus corpos, a beleza de seus músculos, o que os movia, em vez de com o caos em que essa violência jogava todo mundo. Parte do brilhantismo de *Suzanne, Suzanne* é que se passa em um momento anterior à normalização do discurso público sobre famílias disfuncionais. Você foi visionária em representar o modo como uma família pode se desenvolver quando as pessoas não se comunicam umas com as outras.

CB Tem razão. Nessas famílias de classe média baixa, ninguém fazia terapia. Ninguém estava tão consciente; eles apenas davam de ombros e diziam: "Fazer o quê?". Foi com essa atitude que eu estava lidando quando fiquei grávida de Christa. Naquele ponto da minha vida, eu já havia convivido com bastante gente que acreditava que não precisávamos dizer "fazer o quê?" como as mulheres que aparecem em *Suzanne, Suzanne*. Elas não abandonavam o homem nem se separavam; elas aguentavam. Elas revidavam. Batalhavam até o fim. Quando fiquei grávida de Christa, não queria batalhar até o fim. Não queria ser mãe. Não queria ser aquilo; então reverti a situação. Esse foi o problema que tive com "a família". Eu deveria aguentar. Billie aguentou, e eu disse: "Não, não quero fazer isso. Quero voltar a estudar". Mas Billie se casou aos dezessete anos. Seguiu os passos da mamãe. É costureira. É a primogênita, adorada, maravilhosa...

BH Glamorosa.

CB Sim. Todos a amam; ela é extraordinária. Eu costumava ouvir: "A Billie é tão linda, e Bootsie, você é simpática. Também é bonitinha". Sempre me rebelei contra isso. Quando ela começou a ter filhos, acho que eu dizia que ela estava "parindo como uma coelha". Naquele momento eu tinha entrado para a Igreja católica e me sentia uma madame andando pela casa. Eu não admirava a maternidade. Não queria ir por aquele caminho, mesmo aos dez anos. Billie tinha uma "família", e era preciso aguentar tudo pela família.

BH Tem um momento no filme em que Suzanne questiona Billie e quer saber por que ela não saiu de casa. Em parte, é por isso que *Suzanne, Suzanne* é um filme incrivelmente feminista. Billie tem que responder, e tem que responder a partir da verdade de sua vida. A repetição desse velho legado é rompida naquele momento em que a mãe não consegue manter a falsa aparência de uma existência de conto de fadas diante da dor da filha.

CB Sim. Ela também tem dificuldades para justificar por que não cuidou da filha. Espera-se que as mães protejam. Então, o que ela faz é dizer: "Eu também não estava protegida". Assistimos a isso sabendo do histórico de competição entre Suzanne e Billie. Suzanne sentia que estava sempre competindo com a mãe no campo da beleza e do glamour. Quando isso acontece, há uma sensação de que Billie a ofuscou mais uma vez.

BH Você já falou sobre como essa cena específica não estava no roteiro, que foi um momento espontâneo, um momento de teatro experimental, quando Suzanne a confronta.

CB Não estava no roteiro, foi totalmente espontâneo — foi uma exposição completa. Aconteceu a mesma coisa comigo em *Finding Christa* [Encontrando Christa] (1991), mas eu disse: "Não, não, não. Não vamos fazer isso. Já senti culpa suficiente por dar Christa para adoção, não vamos passar por esse momento como em *Suzanne, Suzanne*". Há cenas de *Finding Christa* que beiram isso, porque Christa quer fazer a mesma coisa — me expor —, por causa da raiva por ter sido abandonada. Ela sente contra mim a mesma raiva que Suzanne sente, por causa da adoção. Pessoas que foram adotadas têm o que chamam de "a grande ferida". Terem sido abandonadas parece irracional, "injusto". Esse é meu *Suzanne, Suzanne*, com a diferença de que digo que não vamos tomar esse caminho da exposição total.

BH Quando você estava rodando *Suzanne, Suzanne*, tinha noção de estar fazendo um "filme feminista"?

CB Não. Como eu saberia? Não se falava de violência doméstica do modo como se fala hoje.

BH Eu estive em festivais de cinema em que a sala toda chorou assistindo a *Suzanne, Suzanne*, porque é um filme que oferece um modo muito visceral de compreender o efeito da violência sobre a própria identidade. O fato de você ligar o vício em drogas de Suzanne aos abusos físicos que ela sofreu na infância foi algo bastante profético para aquele momento.

CB O vício em álcool também causa estragos. Os dois garotos não criam uma relação. Eu costumava ir à casa de Suzanne, e eles nunca sentavam à mesa para jantar. Ela tinha um parceiro que também havia sido viciado e era muito gentil, mas não existia uma família. Eles sentavam e comiam a comida direto da geladeira.

BH Essas são histórias da vida familiar negra, especialmente em relação à vida familiar representada em *Suzanne, Suzanne*, na qual as pessoas não são pobres. Não é sobre pessoas que não têm acesso a certo modo de vida, mas ainda assim guardam mágoas. Você expõe essas feridas.

CB Sim, são pessoas magoadas, e isso nos leva de volta ao que eu disse antes sobre meu trabalho nas artes visuais e no cinema. A vida delas se transforma na minha matéria-prima para criar histórias que foram consideradas lavagem de roupa suja. Eles são personagens voluntários. Tenho pequenas fitas de cada um. Todos os nossos planos estão nessas fitas. Quando encontramos Christa, eu apareço falando para o Michael: "Ei, Michael, encontramos Christa". Ele imediatamente responde: "Ei, Bootsie, nós vamos até lá para vê-la". Meu material é tudo aquilo. Agora, com esse último filme, estou trazendo tudo isso de volta.

BH Então o que você fez foi uma trilogia familiar.

CB É tudo familiar, com exceção de *KKK Boutique* [Butique da Ku Klux Klan] (1994).

BH É algo incrivelmente transgressor. Quantas pessoas negras nos Estados Unidos falam coisas reveladoras sobre a vida pessoal hoje em dia? No entanto, é exatamente isso que você faz em *Finding Christa* e *Suzanne, Suzanne*. Essa é a matéria-prima das nossas vidas. Causa um forte impacto. O que permitiu a você romper essas barreiras?

CB Foi a necessidade de garantir que elas fossem lembradas.

BH Claro. *Finding Christa* lida com questões de memória e reconciliação.

CB Isso mesmo. O filme nos recorda de que aquelas vidas estiveram aqui. Eu sempre digo às pessoas que, se elas não estão em um pedaço de papel, então não existem. Não sabemos onde estão as pessoas que construíram as pirâmides. Não existem monumentos em homenagem a elas. Elas apenas morreram no acostamento. Eu sempre digo que a coisa mais revolucionária que se pode fazer é escrever um livro sobre a sua vida. Não deixe ninguém dizer que é vaidade. Você simplesmente faz isso, essa coisa magnífica, e a coloca no melhor papel que puder encontrar. Coloque todos os seus amigos ali, todo mundo que você amou, e escreva muitos desses livros, para que um dia alguém o encontre e saiba que vocês estiveram todos juntos aqui. É por isso que reúno documentos sobre novos parentes. Temos muitas crianças de três e cinco anos nos dois lados da família — os de pele bem, bem escura, e os de pele bem, bem clara, e toda essa mistura. Por exemplo, acompanhei o pequeno Michael ao longo dos filmes e agora ele tem 23 ou 24 anos. Eles me conhecem por experiência própria e, por meio da mamãe e do sr. Dotson, como aquela mulher que faz filmes de arte.

BH Quais foram as circunstâncias, depois de *Suzanne, Suzanne*, que te levaram a fazer *Finding Christa*? Uma coisa é enfocar a vida de outras pessoas, mas em *Finding Christa* você volta as atenções para si mesma. Alguns críticos, como Vincent Canby, usaram palavras como "frieza" para expressar o que o filme provocou neles. O que é isso que eles experimentaram?

CB É frio. Eu pareço fria, muito fria. Eu perguntei às pessoas se é porque não choro, e disseram: "Sim, você não demonstra nenhum remorso".

BH Acho que é isso que faz dele um filme feminista incrivelmente radical, porque você desafia todo o conjunto de crenças sobre a maternidade, sobre como uma mulher deveria se sentir em relação a abandonar uma criança. Ela deveria sentir remorso, e assim seríamos capazes de compreender. Mas, na realidade, você deixa claro que ainda sente que era a melhor decisão a tomar naquelas circunstâncias.

CB Você tem razão. Foi a melhor escolha para nós duas, porque o que parece estar bem, como vemos em *Suzanne, Suzanne*, são apenas aparências. Eu não achava na época que ser mãe solo era um papel magnífico. Era preciso mentir e jogar. Era preciso fazer todo tipo de coisa para proteger meu caráter moral. Então senti que era melhor colocá-la para adoção. Eu não era uma boa mãe. Christa não morava comigo. Minha irmã cuidava dela, e ela vinha ficar comigo nos fins de semana. Vemos ela em *Suzanne, Suzanne*. O bebezinho do começo, que Billie carrega para cima e para baixo, aquela é Christa. Todo o material de arquivo vem dos filmes caseiros da minha mãe e do meu padrasto, o sr. Dotson, e está tudo nos nossos filmes. No chá de bebê em *Finding Christa*, era minha mãe filmando.

BH É fantástico esse legado de ser obrigada a confrontar a imagem.

CB É mesmo. Adicionaram história aos nossos filmes, as filmagens deles. Agora todos os filmes deles estão comigo. Minha mãe morreu, e meu padrasto, que tem 85 anos, me deu todos os filmes. Em *KKK Boutique*, minha prima Carol, que interpreta o papel de "eu sou o sonho americano", aparece no zoológico aos três anos nas filmagens de mamãe. São coisas que eles podem usar, se precisarem. Já dissemos que, quando morrermos, meu marido, Jim Hatch, e eu, onde quer que a coleção esteja, deixaremos estipulado que todos os filmes devem estar à disposição de qualquer um que seja encarado como parente, porque é a história deles. Se tivéssemos esse material desde a época em que a bisavó da minha mãe estava viva, o que eu teria? Seria incrível.

BH Acho que é incrível essa consciência da necessidade de documentar a vida dos negros sem se deixar refrear por um senso de decoro. Você falou sobre como "não queremos mostrar a roupa suja", mas há muito na nossa vida que precisamos ver para que não se repita.

CB Mas, veja, quando se é negro, não queremos mostrar a roupa suja porque é difícil demais ser negro e também ter problemas. Owen Dodson fala sobre a dificuldade dupla de ser um homem negro e gay durante o Renascimento do Harlem e por que, por causa disso, não se tocava nesse assunto. Era difícil demais. No fim das contas, essas mentiras nos machucam.

BH Me parece que uma das representações mais mágicas de feminilidade negra está em *Finding Christa*, a representação da mulher negra que adotou Christa.

CB Margaret. Sim.

BH Raramente vemos em qualquer tipo de filme, seja de cineastas negros ou não, mulheres negras corpulentas e de pele escura retratadas como gentis, amorosas e acolhedoras de forma que fuja do estereótipo tradicional da *mammy*. Vemos Margaret como uma pessoa existencialmente autorreflexiva que sem dúvida é bastante filosófica no modo como pensa a relação com você, a relação com Christa e seu próprio passado. Foi uma coisa incrível que você fez como cineasta: ser capaz de extrair esses elementos de Margaret, que adota Christa, alguém com quem você tem uma conexão pessoal com forte carga emotiva, mas também alguém que você está filmando como cineasta.

CB Eu a encarei como o pequeno barco que me ajudou a velejar em uma noite perigosa. Eu queria ficar livre da maternidade. Margaret sonha com a criança que vai substituir aquela da qual ela teve que desistir, a criança que estava tentando adotar com o marido. Mas, enquanto fazíamos o filme, ficou claro que ela seria vista como a mãe "natural", a boa mãe que ama crianças.

BH E você como a mãe "desnaturada", porque abandonou sua filha.

CB Eu tomei uma decisão consciente de mostrar Margaret como ela era. Foi meu presente para ela. Ainda assim, sou censurada por pessoas que assistem ao filme, que veem Christa e Margaret como santas e acham que eu sou uma completa megera. Eu digo: "Não sou uma megera, e elas não são santas. *Eu* montei o filme". As pessoas acreditam nos filmes. É assustador quando dizem "essa é a verdade", quando temos muitas verdades que ficam pelo chão, verdades guardadas nas prateleiras, e mentiras nos filmes. Filmes são construídos. Documentam a realidade; o que não é o mesmo que revelar a verdade.

BH Os espectadores projetam isso, porque, por um lado, vemos Margaret como a figura da madona, narrando a adoção dessa criança de pele clara, mas por outro vemos os próprios filhos dela claramente sofrerem com a falta de atenção. Ela parece adorar Christa, mas essa adoração não se estende aos outros filhos. Se o público a idealiza como santa, não está avaliando o filme em seus próprios termos. O filme não a retrata como santa.

CB Eles a veem dessa forma porque me consideram muito má — um monstro, na verdade. São em especial os homens que me veem como uma pessoa claramente má. Muitas pessoas achavam que eu podia ter me redimido se ao menos me arrependesse.

BH Mas você não se arrepende. Você se recusa a se julgar, e é essa ausência de autojulgamento que torna seu comprometimento com a busca de seus objetivos como artista tão ameaçador. Esse filme desafiou a noção de que é possível ser *tudo*, e é isso que faz com que subverta o feminismo. O feminismo contemporâneo, de certo modo, mentiu para as mulheres, para todas as mulheres, de todas as raças e classes. Disse: "Você pode ter tudo". O que você trouxe de volta para a conversa com esse comentário é o fato de que não é possível ser uma mulher comprometida com seu próprio desenvolvimento artístico e ter *tudo*.

CB Não.

BH Especialmente quando se é pobre.

CB Sim, e não é todo mundo que quer ser mãe. Eu não queria ser mãe. Sei que é algo inacreditável para algumas pessoas. Talvez eu quisesse no começo, quando engravidei daquele homem negro lindo e romântico, que era tenente da Força Aérea na Califórnia.

BH Quantos anos você tinha?

CB Eu tinha 23. Fiquei grávida por acidente. Eu o amava porque ele era ótimo. Era tudo que eu desejava. Íamos nos casar. Mandei fazer quinhentos convites de casamento. Tínhamos tudo isso, e um dia liguei para a base e ele tinha ido embora — foi dispensado. Foi embora. Sumiu. Eu o encontrei em Baltimore e soltei os cachorros, e acabou ali. Então liguei para o meu amigo Meboy, que era colega do meu cunhado no Exército e me conhecia desde que eu tinha dez anos. Eu disse: "Ah, Meboy, ele me deixou". Ele respondeu: "Foda-se ele. Você vai dar conta". Depois disso, entrei em um ônibus e saí para comprar uma aliança de casamento para mim. Teve outra vez em que eu estava em Hollywood, parada em um ponto de ônibus, grávida de nove meses, e uma mulher branca que acredito que era um oráculo veio até mim, disse "Você vai ter sorte" e foi embora. E dei sorte. Muita sorte. Eu dei conta; consegui. Hoje vejo que não deveria ter ficado com ele. Nada daquilo deveria acontecer, e sou eternamente grata. Não sou uma vítima. Não acho que ele tenha feito falta. Aquilo simplesmente não tinha que acontecer.

BH Essa sensação de certeza que você tem em relação às decisões que tomou, como artista, é algo muito desafiador no filme. Eis uma mulher, uma mulher negra, que diz: "Estou disposta a sacrificar muito para buscar a minha autorrealização e a minha arte".

CB Sim, é verdade.

BH Os homens fazem isso o tempo todo e são valorizados por isso.

CB Com certeza. Eles não se lamentam. Não choram. Não se arrependem.

BH E não olham para trás; desaparecem.

CB Sim, e não é um problema. E, quando alguém tenta criticar essa falta de responsabilidade, todo mundo diz: "Não seja tão dura com o cara!".

BH Em ambos os filmes, *Suzanne, Suzanne* e *Finding Christa*, você convoca mulheres a não sermos tão duras conosco. Se estivermos sempre com medo dos julgamentos, não conseguiremos nunca correr os riscos que nos possibilitam total autorrealização. Eis você, Camille Billops, uma mulher negra com mais de sessenta anos, jovial, que continua a criar, satisfeita com a artista que se tornou. Satisfeita com seu trabalho. Assim como o legado dos vídeos caseiros da sua mãe, você está criando um contínuo de trabalhos que podem ser passados de geração em geração. Você criou um espaço cultural alternativo (os arquivos Hatch-Billops) que compartilha com todas as pessoas. Sua visão, seu trabalho, é uma intervenção crítica necessária. Como artista, você fez escolhas duras e difíceis. Você se sacrificou. E você é a testemunha que nos diz que valeu a pena. A vida que você criou como artista preenche, satisfaz, encoraja.

15.
uma fonte de inspiração: entrevista com Charles Burnett

BELL HOOKS Charles, você vem mantendo um compromisso muito consistente de criar dramas sérios, representações sérias de personagens negros em seus filmes; já falamos sobre isso.

CHARLES BURNETT Comecei a fazer filmes querendo contar a história de todas as pessoas que eu conhecia e com quem trabalhava, os problemas que enfrentavam e como lidavam com eles. Queria retratar isso na tela, assim como os temas sobre os quais estudantes estavam fazendo filmes. Não é que eu resolvi intencionalmente criar um cinema alternativo. Apenas estava tentando contar uma história decente com pessoas reais. Acho que, se as pessoas são personagens inteligentes, então a história será mais interessante.

BH Você acabou de se expressar com a modéstia no modo de falar de si que caracteriza sua energia pessoal. Sem dúvida, seu temperamento artístico tende para a seriedade, mesmo assim você tem fascínio pela complexidade da vida cotidiana — não pelo que é bobo ou estúpido.

CB As coisas sérias me interessam. E as bobagens também. Eu me importo com isso porque estou retratando a comunidade negra, e há uma mistura dessas duas coisas em qualquer comunidade.

BH Achei fascinantes as cenas de *O Matador de Ovelhas* (1978) como aquela na mesa, em que o cara diz que o calor do café é como um momento de sexo, e o outro cara faz uma piada sobre malária. Essa é uma mistura de seriedade e humor que intensifica o drama metafísico mais profundo. É metafísico porque observamos os personagens desenvolverem seu senso de existência no mundo. É por isso que seu trabalho é único. Sempre me encantou, porque você se interessa por um entendimento ontológico das questões: como as pessoas passam a se enxergar no mundo, como constroem um eu, uma visão de mundo, uma forma de lidar com a vida, e essa é uma proposta fundamentalmente séria que sempre está presente em todos os seus filmes — o que não quer dizer que você não se utilize do humor.

CB Sim, os subentendidos; eu poderia concordar com o que você disse, mas acho que a maioria dos roteiros faz isso, até mesmo as comédias; não importa o que seja, também faça algum comentário sobre a vida.

BH Comentar sobre a vida é diferente de explicar a existência. É por isso que *O Matador de Ovelhas* ainda é um filme incrível. Há anos me diziam para ver esse filme. Eu tenho estado tão deprimida com os cineastas negros e seus trabalhos que pensei: "É, estão dizendo que eu deveria ver esse filme, mas, quando assistir, vou ficar de coração partido se a magia não estiver lá".

Então vi o filme e achei espetacular — a sua capacidade, como cineasta, de nos oferecer imagens que retratam o complexo universo emocional de uma classe de pessoas, a classe trabalhadora negra e os pobres. Aqueles de nós que viemos desse contexto ou temos esse tipo de vida somos levados a acreditar que não possuímos essa camada mais profunda de existência. A verdade é que as pessoas da classe trabalhadora negra são representadas de uma forma convencional que diz: "Este é um retrato fiel". A magia do seu talento está na criação de imagens que levam os espectadores a enxergar essas camadas mais profundas. Você pode compartilhar o que estava passando na sua cabeça durante o processo de criação de *O Matador de Ovelhas*?

CB Foi uma época muito difícil para mim. Eu estava reagindo à vida ao meu redor. Havia um bar que eu costumava frequentar em Watts, um comércio de rua. Era frequentado principalmente por homens mais velhos. Eu estudava na UCLA [Universidade da Califórnia em Los Angeles] na época, e um evento estava acontecendo. Era uma semana ou algo do tipo para celebrar a visita de Paul Robeson. Acabei comentando com os caras sobre esse assunto, sabe como sempre surgem aqueles papos sobre política quando você vai ao barbeiro ou algo assim? Aqueles caras vão lá e comentam sobre todos os aspectos da vida. Toda vez que eu ouvia alguma discussão rolando, dava minha contribuição. Tentei fazer propaganda desse evento com o Paul Robeson, e de repente tudo parou. Todos os elementos do radicalismo pareciam estar ali, reunidos naquela pessoa, e todos concordamos que algumas mudanças estavam começando a acontecer. Mas então alguém começou a falar sobre ideias conservadoras, e muitos negros ali não estavam a fim de só celebrar. Havia uma contradição entre o que acontecia naquele bar e na UCLA, e eu queria mostrar aquilo. E queria mostrar sem impor o modo de vida de Charles Burnett.

BH Você sem dúvida tem uma visão estética característica, Charles. E está dizendo que está mais interessado em mostrar a diversidade na vida negra do que em adotar um ponto de vista, construir uma história em torno dele e chegar a uma conclusão. Seus trabalhos mostram todos esses pontos de vista diferentes. Essa é a dificuldade que alguns espectadores tiveram com *O Matador de Ovelhas* e *Não Durma Nervoso* (1990), porque não têm certeza de com quem devem se identificar dentro da história. Seus filmes não dão ordens ao espectador, e isso os perturba.

CB As pessoas acharam que, porque o filme não conclui tudo de maneira feliz, ele é deprimente. Ao passo que, sobre o primeiro filme, eu me questionava: por que não era significativo que essa pessoa tivesse lutado e sobrevivido? A única coisa que se pode pedir a alguém é que permaneça vivo, que continue seguindo em frente. É difícil, mas, contanto que você não perca seus valores de vista, é tudo que se pode pedir a alguém. E era isso que *O Matador de Ovelhas* mostrava, os valores dele. Não era esperado que ele ganhasse nada. Na maioria das histórias, as pessoas estão atrás de algum objeto, ou de uma relação, ou de algo que pode ser resolvido de um modo convencional, esperado.

BH Um bom exemplo disso é um filme recente chamado *Ganhando Espaço* (1992), a história de uma garota que quer estudar medicina, mas é pobre, e todo mundo na escola diz "você não vai conseguir", mas seguimos essa história até a conclusão:

ela não vai estudar medicina no final. E ninguém espera que vá, porque, em nossa sociedade, não esperamos que uma jovem mãe solo negra consiga realizar seus sonhos. Então as pessoas ficaram felizes com o final; era previsível. Mesmo que vissem como "triste", era uma história familiar. Muitos espectadores ficaram perturbados com o final de *Não Durma Nervoso*. Não pareceu previsível à luz do que tinha acontecido antes.

CB Por que não pode ser encarado como uma vitória quando as pessoas sobrevivem a eventos potencialmente trágicos? É como sobreviver a uma tempestade.

BH Eu assisti a *O Matador de Ovelhas* com uma jovem estudante de cinema, uma mulher negra que ficava dizendo: "É agora que devo cobrir os olhos?". Ela tinha certeza de que algo terrivelmente violento, realmente tenebroso, ia acontecer. Ela é muito jovem e já foi influenciada por uma cultura cinematográfica em que a maioria dos filmes contemporâneos, em especial aqueles feitos por cineastas negros, retratam uma violência horrível. *O Matador de Ovelhas* é tão poderoso porque o momento mais trágico do filme — aquela cena em que o motor cai da caminhonete — é totalmente ordinário; um erro banal. É igual à vida cotidiana, quando você resolve fazer alguma coisa, uma tarefa básica, mas que é muito importante para você; você põe tanta energia naquilo, põe seu coração e seu dinheiro, e dá errado. É muito simbólico que esse momento específico se destaque. Ele evoca uma sensação muito profunda de fracasso — de não ser capaz de tirar a sorte grande. É fascinante que a jovem estudante de cinema tivesse a impressão de que o horror se inscreve na vida dos negros apenas por meio da morte trágica e violenta, quando na verdade, em geral, se inscreve de uma forma mundana. É a exploração cinemática sensível dessa qualidade trágica da vida cotidiana que torna seu trabalho problemático para Hollywood.

Você dá um salto grande, como cineasta contra-hegemônico, entre *O Matador de Ovelhas* e *Não Durma Nervoso*. Você tenta pegar esse drama sério que colocou no filme independente *O Matador de Ovelhas* e trazê-lo para Hollywood em *Não Durma Nervoso*. Funcionou?

CB É problemático quando se fala em "Hollywood"; todo mundo entra em pânico. Mas, quando eu estava tentando conseguir recursos de fontes alternativas para meus filmes, era muito mais difícil. Às vezes, é possível ter uma resposta muito melhor em Hollywood como cineasta independente. Eu não acreditava, mas acontece que isso é verdade em certo sentido. Hollywood faz muitos filmes, e de vez em quando aparecem umas coisas esquisitas, então, de certo modo, há mais possibilidades. Quando fiz *O Matador de Ovelhas* e *Não Durma Nervoso*, recebi muitas críticas porque nenhum deles era um filme comum. Fiz uma turnê e estava em Milwaukee, ou algum lugar assim, em um Centro Martin Luther King. Estavam exibindo *O Matador de Ovelhas*. Não tinha muita gente, mas havia um garoto do lado de fora com seu aparelho de som, e um filme de Freddie Kruger estava em cartaz, e o garoto disse: "Isso sim é filme!". É assim que muitas pessoas encaram o cinema. E havia um documentário em cartaz, mas era considerado muito árido. Durante a discussão, começamos um embate sobre como a nossa realidade é refletida nos filmes, sobre o nível do entretenimento e coisas assim. Mas, no momento em que tentamos argumentar sobre ser relevante sem ter nenhum foco em entreter, começou um debate acalorado sobre o papel do cineasta; se deveríamos ser totalmente indulgentes e dizer o que queríamos dizer ainda que não conseguíssemos comunicar a mensagem, ou se deveríamos encontrar maneiras de nos comunicar em uma linguagem que as pessoas possam compreender.

BH Foco demais na acessibilidade limita a criatividade. Eu posso assistir a *O Matador de Ovelhas* com a minha família, com todo tipo de pessoas negras, pessoas negras pobres e da classe trabalhadora, e elas se identificariam com aquilo que estivessem vendo. Acho que se trata de uma questão diferente. Não é que não seja acessível para elas; é que não é entretenimento. *O Matador de Ovelhas* não é divertido. O *páthos* do filme é profundamente perturbador. É muito existencial. É quase como uma meditação criticamente existencial e reflexiva sobre o *páthos* da vida da classe trabalhadora negra em determinado momento histórico. Agora, a questão é se espectadores negros de qualquer classe, além de outros espectadores, conseguem encarar esse *páthos*. Acho que as pessoas se identificam, porque não é que o filme seja pessimista, mas joga luz e chama a atenção para certa qualidade de angústia que muitos de nós experimentamos na vida cotidiana — e essa angústia é insuportável. Não costumamos vê-la no cinema. Seu filme coloca em primeiro plano aspectos das dores dos negros que as pessoas não querem ver. Os espectadores — de qualquer raça — não estão preparados para confrontar isso.

CB É uma questão de classe também. Quando o filme foi exibido na Howard University, as pessoas não curtiram, porque querem se enxergar na tela. Então, querem que você faça um filme sobre a classe média negra, como se esses filmes já não existissem. Eu não tinha tanta consciência disso tudo quando estava filmando *O Matador de Ovelhas*. Com o passar do tempo, isso se transformou em algo que sempre me inquieta quando estou trabalhando.

BH Quantos filmes você fez entre *O Matador de Ovelhas* e *Não Durma Nervoso*?

CB Fiz *O Casamento do Meu Irmão* (1983) e trabalhei em mais um filme.

BH Sem dúvida, o público é um problema para cineastas independentes que fazem dramas sérios. Ainda há tão poucos filmes feitos por cineastas negros que as expectativas que as pessoas têm em relação a eles são sempre muito maiores do que aquilo que qualquer filme pode entregar. E, se você resolve chamar a atenção para a angústia existencial das pessoas negras, como você faz nos seus trabalhos, corre o risco de que as pessoas não consigam se identificar. Apesar de o público ter ficado profundamente comovido com *Filhas do Pó* (1991), de Julie Dash, eu estive em uma das primeiras exibições e os espectadores negros não responderam de forma positiva ao filme, pois não sabiam o que fazer com uma história que não tinha os ingredientes de sempre, uma conclusão tradicional, uma trama hollywoodiana convencional.

CB As expectativas do público são relevantes. Se um público é receptivo a um filme, acho que gera mais interesse.

BH É mais difícil fazer um filme que expresse sua visão particular se você sente que não existe um público preparado para assistir a esse filme. Por exemplo, existe uma diferença entre a recepção de um longa como *O Par Perfeito* (1994) e de outros filmes independentes contemporâneos, porque um público de consumidores gays e heterossexuais aguardava ansiosamente por esse filme. É um trabalho de cineastas lésbicas brancas muito jovens que todo mundo compara a *Ela Quer Tudo* (1986), quando é muito mais parecido com o ponto em que Spike estava em *Joe's Bed-Stuy Barbershop* [A barbearia de Joe no Bed-Stuy] (1983). Mas havia um público para *O Par Perfeito*. Em *O Matador de Ovelhas* e outros filmes seus, a câmera com frequência se demora em momentos específicos. Há longas pausas — aquela cena maravilhosa, por exemplo, quando Stan e a esposa dançam em *O Matador de Ovelhas*; a cena do carro em *Não Durma Nervoso*. Ainda assim, quando a sua câmera se demora, os espectadores acham que o filme não tem um ritmo veloz o suficiente. Agora, *O Par Perfeito* pode ter momentos desse tipo, mas tem um público que está predisposto a responder à qualidade artística daquele filme. Cineastas independentes negros que queiram produzir trabalhos inovadores e experimentais precisam de um público que vá assistir ao seu trabalho — um público que não esteja preocupado apenas com o contexto.

CB A luta para conseguir apoio é contínua para os cineastas independentes.

BH Quando cineastas como Spike Lee e John Singleton começaram a ganhar visibilidade, eu ficava esperando pelo momento em que diriam: "Na verdade, o cinema negro não começa conosco; temos Charles Burnett, Kathleen Collins"; mas eles nunca fizeram isso. Era bom para eles que agissem como se seus produtos fossem algo inédito. E, se juntarmos todas as primeiras matérias sobre esses dois cineastas em revistas, muitas delas se estruturavam em torno de coisas como "Spike Lee abriu caminho para Julie Dash". É assustador que essa compreensão a-histórica do trabalho de cineastas negros seja tão difundida, porque perdemos de vista o processo que leva de um filme a outro. E, assim, não temos um reconhecimento público da variedade e da diversidade do cinema negro. Em geral, são os trabalhos experimentais que são esquecidos. Quando Spike Lee ou John Singleton são o ponto de partida, então os espectadores não conseguem olhar para seus filmes como se fizessem referência às obras de outros cineastas negros. Há cenas em *Os Donos da Rua* (1991), em *Crooklyn — Uma Família de Pernas pro Ar*, em *Straight Out of Brooklyn* [Direto do Brooklyn] (1991) que são totalmente inspiradas em *O Matador de Ovelhas*, pelo modo como são filmadas e até pelo cenário. Mas, se as pessoas não tiverem visto *O Matador de Ovelhas*, se não conhecerem o trabalho de Charles Burnett, se não tiverem estudado sobre isso na escola de cinema, não vão conseguir reconhecer a continuidade da produção de cineastas negros. Deveriam estar aprendendo sobre a tradição do cinema estadunidense, do cinema estadunidense contemporâneo e do cinema negro nas faculdades, mas esse conhecimento não está presente lá. É por isso que precisamos focar os espectadores — em como construir um público ao longo do tempo. Está muito claro para mim que se construiu um público para *Filhas do Pó*. A partir do momento em que ficou claro que não era possível assisti-lo com um olhar convencional, as pessoas começaram a mudar seus paradigmas e ir ao cinema sabendo de antemão que não veriam algo ao qual estavam acostumadas. Então, de certo modo, estavam mais bem preparadas que aqueles primeiros espectadores que foram esperando ação à velha moda hollywoodiana e não encontraram. Haile Gerima diz que imagens contra-hegemônicas nunca terão o apoio de Hollywood, mas não acho que seja sempre o caso, porque *Não Durma Nervoso* tinha imagens assim.

CB Acho que é muito difícil; acho que vai ser difícil em qualquer lugar, a não ser que você faça filmes de entretenimento. Não importa se for Hollywood ou outra coisa. Haile sofreu muito para conseguir fazer seu filme. Ele tentou vários canais de financiamento e não conseguiu. E um dos problemas foi a ausência de uma categoria convencional para classificar o filme de maneira que os financiadores pudessem se identificar.

BH E, quando comparamos as dificuldades de cineastas negros que querem desafiar categorias aos recursos de alguém como Clint Eastwood, que pode afirmar sua intenção de fazer muitos tipos diferentes de filme durante a vida, sabemos que é muito difícil para qualquer cineasta negro produzir filmes diversos em termos de estilo e conteúdo. Artistas negros, independentemente do meio, são levados a acreditar que, se temos uma marca registrada ou uma voz, ela deve ser repetida. O público teve problemas com *Crooklyn* porque achou que fosse uma comédia. Tinha momentos engraçados, mas não era uma comédia. No entanto, os espectadores esperam que um filme de Spike Lee seja sempre cômico. Nos Estados Unidos, artistas negros precisam resistir constantemente aos limites que a cultura tenta lhes impor. É uma batalha contínua para afirmar uma visão estética que muda, que não é sempre a mesma. Seu filme mais recente, *Conspiração Policial* (1994), sem dúvida se distancia da visão estética presente em seus trabalhos anteriores. Para mim, essa mudança é perturbadora, porque parece que você andou para trás em vez de para a frente.

CB Quando comecei a fazer *Conspiração Policial*, era uma ideia diferente do que o que acabou na tela. Sentia que era uma história importante sobre um homem que acreditara estar "do lado certo" da lei e queria se redimir. O filme levanta a questão de como é possível se envolver com algo da forma mais inocente possível, achando que se está fazendo a coisa certa, e então descobrir que cometeu um erro terrível. Mas inicialmente você tinha um sonho de como a vida deveria ser. Gosto de fazer filmes sobre aspectos diferentes das experiências das pessoas; filmes que exploram o que acontece quando você não tem uma visão, um plano ou um modo libertador de ver o mundo. Você é apenas carregado e empurrado de um lado para o outro, e é uma situação tragicômica. Eis uma história sobre um homem negro que trabalha dentro do sistema como policial, que tem um trabalho decente, que está apenas tentando ter sucesso em um mundo onde coisas dramáticas se sucedem noite após noite; e é horrendo, estão matando criancinhas, e o policial entende as circunstâncias, mas está meio que de mãos atadas. Seu trabalho é proteger e aplicar a lei, mesmo que ele saiba que a lei não foi feita para ajudar as pessoas que estão na rua. De que lado ele está? É complicado. Queria mostrar um pouco disso em *Conspiração Policial*.

BH Charles, posso reconhecer o *páthos* do que você está dizendo quando descreve a ideia por trás de *Conspiração Policial*, mas o filme não transmite isso. Um dos problemas que tenho com

Conspiração Policial é que não consegui me identificar com o personagem de J. J. O ator não nos atrai o suficiente para o mundo dele a ponto de sermos seduzidos por seu desejo de assimilação e de se conformar ao sistema. Ele repete o tempo todo que sempre quis ser policial e que esse era seu sonho, mas havia algo que não soava convincente o bastante, então eu não estava nem aí se ele ia conseguir realizar esse sonho ou não. Como crítica de cinema, acho que o ator específico escolhido enfraquece o filme, porque muito do *páthos* gira em torno das dificuldades que ele enfrenta, e ele não nos mostra isso de forma mais profunda. O que eu achei é que obviamente era um filme muito bom em termos técnicos, mas faltava *páthos*; faltava a seriedade dos seus trabalhos anteriores. Fiquei decepcionada ao assistir a esse filme e senti que faltava o estilo único de Charles Burnett. Você concorda ou sente que é possível reconhecer aquele sabor característico de Charles Burnett?

CB Trabalhar em grupo para fazer esse filme foi difícil. Nem todas as escolhas foram minhas — sobretudo em termos de escolha de elenco.

BH Mas não é esse o problema quando um cineasta visionário e talentoso como você tenta trabalhar em Hollywood e o filme que acaba fazendo não necessariamente será produto só da sua visão, mas também de uma colaboração que se dá em todos os níveis, tanto artísticos quanto administrativos? Você sente que há espaço suficiente para concretizar sua visão?

CB É por isso que lutamos o tempo todo. E é uma vitória. Em parte, fiquei satisfeito com o filme. Em grande medida, há várias coisas que eu colocaria de volta e faria diferente, mas, considerando as circunstâncias — o modo como Hollywood funciona —, sempre hesito muito em falar sobre o trabalho dos meus colegas, porque conheço as guerras e batalhas que tiveram de enfrentar. E, mesmo que o diretor seja em última instância o responsável, não se pode realmente avaliar o que aconteceu, a não ser que se esteja presente no *set* para observar. Acontece de tudo em um *set*; não é só em Hollywood. Já tive muitos problemas trabalhando em outros contextos.

BH Sempre que um artista negro ou uma artista negra que descolonizou sua visão cria um trabalho artístico em uma cultura supremacista branca, seja um livro ou um filme, é uma luta para vender esse trabalho quando há editores, equipe de relações públicas etc. envolvidos. Fica mais difícil conseguir projetar o que você acredita ser sua visão como pessoa negra progressista e descolonizada quando se está também criando uma mercadoria que será vendida para o público estadunidense branco dominante, além de um público mais amplo.

CB O mesmo problema acontece com o público negro.

BH Foi por isso que usei o termo "descolonizado", porque quando se tenta trabalhar com outras pessoas negras que estão simplesmente atoladas em um pensamento racista estereotipado...

CB É de fato uma questão de integridade pessoal. Cada cineasta escreve seu roteiro próprio. Se der seu roteiro a outra pessoa, ela vai reescrever a partir de suas próprias referências. Na verdade, você está sozinho. Sabe que tem todas essas pessoas que vão te apoiar de muitas formas e tal, mas é você quem vai dar forma ao trabalho. Então, é preciso caráter e força interior para manter a convicção de que algo vai funcionar. O ideal é não ser irracional, porque um filme é uma coisa como conceito, como roteiro é outra coisa, e é outra completamente diferente quando é produzido e filmado. Então, você sabe que está em um estágio diferente. As outras pessoas olham para aquilo e não conseguem de fato enxergar nada até que esteja pronto. Como cineasta, você tem que pesar tudo isso e então ver o que acontece. De novo, não importa onde esteja, ninguém consegue realmente compreender suas ideias a não ser você mesmo. É sua responsabilidade comunicá-las. E, quando você tem uma experiência única, é muito difícil conseguir financiamento, porque é mais difícil compartilhar suas ideias com outras pessoas. É muito provável que não entendam, porque na verdade não estão nem falando a mesma língua.

BH Ainda assim, como artistas negros, exigem de nós não só que criemos, mas que também tenhamos uma persona vendável, e com frequência aqueles de nós que são mais sérios ficam de fora. Todos os produtores culturais negros hoje em dia quase sempre são convocados a transformar nossas personas em parte da mercadoria, da mistura. Quer dizer, Spike Lee não chegou aonde chegou só por causa dos filmes. Chegou aonde chegou porque é muito bom em se vender junto com seus filmes. Quando conheço um cineasta como você — uma pessoa muito calada e séria, que pensa antes de falar, não um cara espalhafatoso e superficial —, imagino que é um artista que projeta uma visão e um domínio estético reservados. Até que ponto isso se torna um obstáculo para o sucesso em uma cultura que exige de nós, que fazemos parte de grupos marginais, que sejamos iguais aos nossos produtos? Se o produto é glamoroso, então temos que ser glamorosos. Sinto que algumas pessoas ficam decepcionadas quando me conhecem, porque sou de fala mansa, mas meus livros têm uma qualidade verbal muito contundente. Daí é como se quisessem me descartar, como se pensassem "ela não consegue se impor", porque minha persona não se impõe do mesmo modo que meus livros. Você sente o mesmo como cineasta cujos hábitos de existência não poderiam ser vendidos com seu trabalho?

CB Você tem que ser capaz de agir como espião para sobreviver nessa indústria. Não é só questão de projetar uma aura de que você sabe como fazer um filme. Tem muito a ver com o desempenho de seu filme nas bilheterias da última vez. Para conseguir financiadores, você tem que, em certa medida, ter os mesmos interesses que eles, estar preparado para vestir a camisa. Dinheiro e ênfase no potencial de comercialização; é com isso que eles se identificam.

BH O que acontece com uma pessoa como você nesse cenário?

CB Cineastas como eu ficam pelo caminho, passam despercebidos — e, se isso não acontece, é uma árdua batalha.

BH Charles, você sobreviveu como cineasta. Fez trabalhos cativantes. Mas isso te satisfaz?

CB Bom, nem sempre. Satisfaz quando consigo fazer meus próprios filmes, e, até certo ponto, isso só é possível se eu mesmo levantar o dinheiro de uma maneira ou de outra. E quando fazemos nosso próprio filme, não importa o tamanho do fracasso ou do sucesso nas bilheterias, ficamos felizes. Mas isso é muito raro. Julie Dash conseguiu fazer isso e ter lucro. Fazer um filme e conseguir distribuí-lo é o ponto-chave. Tem todas essas pessoas dizendo como você deve vender seu trabalho. E você sabe que se trata daquela coisa da dupla consciência e tudo mais. Eu gostaria de fazer um filme sobre isso, sobre esse modo meio esquizofrênico como as pessoas negras vivem.

BH Se pudesse fazer filmes independentes sérios sobre os assuntos que você deseja, porque ia querer fazer um filme em Hollywood, onde há ainda mais restrições do que quando você está tentando fazer um filme pequeno com um orçamento pequeno?

CB O que é um filme pequeno de orçamento pequeno se ele não existir? Quero dizer, se você faz um filme que custa dez mil dólares, então é um hobby. Quando eu estava estudando, tudo bem, porque nunca tinha acreditado que fosse possível viver disso. Mas, quando você tem família, seguro, crianças em idade escolar, é um problema.

BH Não temos um público afro-americano grande o bastante que valorize filmes independentes. E, quando esse público de fato promove um filme independente, em geral será aquele que se aproxima das produções hollywoodianas — como *Sankofa* (1993), de Haile Gerima. É muito hollywoodiano. Em termos de conteúdo e de ângulo, pode ser diferente daquilo que Hollywood faz, mas o modo como a história se desenrola e o modo como enfatiza certos tipos de violência, em especial uma violência sexualizada, são muito hollywoodianos. Temos que distinguir entre um público branco racista que talvez não queira apoiar esse filme por causa do ângulo — porque não acredita que possa vender — e a crença de que ele rompe radicalmente com a norma em termos de estilo e conteúdo.

CB Bem, não, não é tão diferente em certa medida. Mas, dentro das limitações do filme, ele consegue fazer progresso — em especial no modo como foi financiado. O conteúdo tornou difícil a busca por financiamento. Haile disse que "isso, por si só, já era uma barreira".

BH Não é frustrante que, na cultura negra, pessoas negras abastadas não tenham criado uma fundação com recursos para financiar o trabalho de jovens cineastas muito talentosos em fazer filmes independentes (ou de qualquer outro tipo)?

CB Tenho um pequeno problema com essa ideia, até certo ponto, porque uma das coisas sobre produzir cinema é que vai sempre ter um problema de público, e financiar filmes custa muito caro. Não sei se poderíamos justificar gastar dinheiro para fazer filmes, por conta do efeito limitado no público. Existem tantas outras necessidades. Sempre há pessoas passando por sérias dificuldades. Sempre temos que justificar fazer um filme, em qualquer tempo. Esse é o dilema — quero dizer, é o dilema sobre o qual não falamos o bastante. Quanto custa lançar um livro? No caso de um filme, estamos falando de grana alta.

BH Sei que há uma diferença crucial entre o dinheiro necessário para produzir filmes e livros. É justamente porque filmes são tão caros que precisamos de novos canais e novas fontes de financiamento. Vamos falar a verdade: com o crescimento de editoras negras nos Estados Unidos, quando uma escritora como Jill Nelson não consegue vender *Volunteer Slavery* [Escravidão voluntária] para uma editora comercial branca, pode ir até uma editora negra e ser muito bem-sucedida. Quero apenas dizer que seria libertador para cineastas negros ter acesso a fontes de recursos que possibilitassem liberdade para criar o que quisessem, independentemente de atrair um grande público ou não. Nunca seremos totalmente livres como artistas para concretizar nossa visão se não tivermos um espaço amplo para explorar. Por que não podemos ter um filme de Charles Burnett que talvez todo mundo queira ver e também um filme de Charles Burnett que nem todo mundo seja capaz de assistir e se identificar, do mesmo modo que muita gente simplesmente não consegue ouvir o Coltrane dos primeiros tempos? Isso significa que não deveria existir?

WW Não, não significa, mas eu ainda acho que, quando olho para as fontes e para o público, me parece que o público tem que vir em primeiro lugar.

BH Ele não pode vir em primeiro lugar, Charles, porque públicos são criados.

WW São, mas acho que, para gerar a energia e o dinheiro para fazer um filme, é preciso uma percepção de que alguém lá fora está pronto para recebê-lo, compreendê-lo, respeitá-lo.

É comum que se faça um filme e ele simplesmente fique ali, ou então, quando é exibido, o público não saiba muito bem como recebê-lo, porque ele tem um conjunto diferente de sentidos.

BH Como alguém que escreve sobre filmes, preciso dizer que os críticos cumprem um papel na criação de públicos — na criação de uma estética visual. Há algum tempo decidi que não ia mais escrever outra resenha sobre um filme de Spike Lee. Não aguento mais Spike. Não aguento mais escrever sobre esse trabalho. Mas, quando vi *Crooklyn*, parecia que eu tinha lido tipo umas dez críticas escritas por pessoas brancas, sabe, que diziam que o filme não tinha trama — nem mencionavam a morte da mãe —, e pensei: "Que porra está acontecendo aqui?". Como críticos, poderiam dizer que não tinham gostado da trama, mas não que o filme não tinha trama. Pensei: "Bem, fiquei fascinada com a trama desse filme — o modo como Lee representa a morte — e vou escrever sobre isso". Mas, quando escrevo sobre esse filme de forma complexa, quando levo esse filme realmente a sério e dou o respeito que ele merece, escrevo dezesseis páginas sobre ele, gasto muitas horas nessa escrita e não vou receber nenhuma recompensa econômica que retribua a quantidade de horas que levei para produzir a crítica. Faço esse trabalho porque ele tem o poder de fazer com que as pessoas olhem para o filme de outra forma, olhem para ele e vejam coisas de valor acontecendo ali, mesmo enquanto leem minhas críticas — não escrevi uma resenha completamente positiva. Achei o filme problemático. Porém, há aspectos desse trabalho que são profundamente comoventes e podem passar despercebidos por causa da tendência a não "enxergar" as coisas complexas que realmente estão acontecendo. Onde, eu te pergunto, onde estavam todas as críticas incríveis sobre *O Matador de Ovelhas*? Se *O Matador de Ovelhas* fosse um filme sobre o qual estivessem falando em cada curso de cinema neste país, se os críticos estivessem escrevendo sobre ele, mais gente assistiria. De certo modo, o filme se tornaria referência. No futuro, críticos e cineastas negros precisam se envolver mais uns com os outros. Olha a escassez de trabalhos críticos sobre obras de cineastas afro-americanos. Se você dá aula de cinema, precisa ter como apoio todo um conjunto de trabalhos críticos muito sofisticados que ainda não existem. Acho que essas duas facetas precisam trabalhar juntas se quisermos criar espaços onde os cineastas negros possam fazer o que quiserem. Precisa existir um lugar onde esse trabalho receba um tratamento de alta qualidade. Precisa haver mais lugares onde um público possa se apropriar desse trabalho de maneira crítica. A resposta do público a *Filhas do Pó* nos mostrou que é possível criar um público, que é possível preparar um público viciado em ver certos tipos de filme simplesmente fazendo com que saibam que, ao entrar no cinema para ver esse filme, precisam deixar de lado seus modos tradicionais de olhar para enxergar diferente. E eles vão, e vão ter dificuldades, e vão tentar apreciar o que está acontecendo no filme. Esse público precisa ser criado no sentido de que espectadores precisam aprender a ver diferente — pois, se não aprenderem, somente uma pequena elite vai sempre entender e apreciar certos filmes.

CB Os cineastas já existem. Tem uma série de trabalhos que estão acumulando pó, que não foram exibidos, ou roteiros que não vão para a frente, porque a primeira coisa que qualquer pessoa que se interessa por financiar um filme quer saber é, especialmente em Hollywood: se eu colocar dinheiro nele, como vou recuperar?

BH Bem, foi exatamente por isso que levantei a questão de fontes alternativas — formas mais radicais de financiamento. Por que não seria razoável esperar que uma pessoa negra rica nesta sociedade, que pode injetar milhões em uma instituição (como sabemos que doadores negros injetaram milhões em Harvard), pudesse apoiar fundações, na nossa cultura, que permitissem a cineastas negros criar filmes sem ter que recuperar o dinheiro? Essa é a única maneira de um povo descolonizado ter um cinema libertador. Enquanto as pessoas precisarem provar que aquele filme vai vender, sempre teremos uma visão limitada, que parte de um mercado limitado.

CB Bom, vejamos, já existiu um cinema negro. Spencer Williams atuou nele e fez filmes relevantes. E havia um público para isso. Então, em algum momento, ele meio que desapareceu, e o gênero *blaxploitation* emergiu e criou todo um outro padrão. Naquela época, pessoas como Kathleen Collins, Jackie Shearer e várias outras estavam rodando filmes. Era uma cultura — cultura de cinema, cultura negra — em que filmes sérios e relevantes eram feitos. A questão do financiamento se tornou bastante complexa — a questão de se vale a pena fazer filmes negros ou qualquer filme é complicada. Por exemplo, se alguém dissesse que quer fazer um filme, e custasse um milhão e meio de dólares, e fosse só entretenimento, você financiaria?

BH Sim, uma coisa não exclui a outra. Precisamos de um modo de financiar esses filmes, mas estou mais interessada em trabalhos não convencionais. Se não pudermos criar modos não tradicionais de imaginar coisas fora das normas, sempre teremos um processo de produção cinematográfica limitado para as pessoas afro-americanas. Enquanto estivermos tentando trabalhar dentro das estruturas existentes, as representações da experiência negra no cinema nunca vão avançar muito além de onde estamos hoje.

CB Sim, mas o meu ponto é que, se houvesse mais filmes relevantes, eles atrairiam espectadores.

BH Se um cineasta negro quer criar um filme grande de entretenimento, ele tem muito mais chances de trabalhar esse filme dentro das estruturas que já existem. São precisamente cineastas incríveis como você, que querem produzir obras menos convencionais, que encontram dificuldade. Uma das trágicas ironias de qualquer esfera de produção crítica (não só do cinema) nos Estados Unidos é que, conforme pessoas negras ganham visibilidade, conforme produzimos mais de tudo, é cada vez maior a exigência de que tudo o que fizermos seja entretenimento. Por um lado, como indivíduos negros produzindo cultura na sociedade estadunidense, estamos ganhando uma grana, mais grana do que nunca. Mas, se procurarmos por produtos culturais que sejam profunda e existencialmente reflexivos, que tenham certo tipo de seriedade, que tenham, Deus nos livre, algum tipo de radicalismo político explícito, não vamos achar muita coisa. Não vemos muita mudança nesta sociedade quando procuramos por visões diversas e complexas da vida dos negros. Não vemos espaço para qualquer produto que não seja simplista. Por exemplo, ninguém deu muita bola para heterossexualidade negra no cinema, ponto-final. Até mesmo cineastas como Spike Lee, John Singleton e outras pessoas que tratam de amor e romance criam bobagens completas. Existe todo um nível de complexidade nas relações amorosas entre negros que simplesmente não vemos na tela. Uma das razões para não vermos essas imagens é que o grande público branco não está interessado na profundidade do que as pessoas negras fazem na vida íntima quando tentamos nos amar e cuidar uns dos outros.

CB Bom, acho que é mais do que isso. É que, por muito tempo, filmes negros ofereceram imagens que sugerem que pessoas negras estão lá, antes de tudo, para entreter. Acho que precisamos admitir que é assim que espectadores negros também se sentem.

BH Essas percepções sobre como filmes negros deveriam ser emergem em uma cultura de consumo criada pela supremacia branca. Quando falo que é difícil encontrar representações concretas de pessoas negras em filmes estadunidenses, feitos por cineastas negros ou de qualquer outro tipo, em que os personagens retratados sejam existencialmente autorreflexivos, quero dizer que vivemos em uma cultura em que a grande mídia, sobretudo o cinema, investe na noção, enraizada em crenças racistas, de que não existe complexidade emocional na vida dos negros — o que significa que podemos ver filmes sobre pessoas brancas por dias a fio em que elas são capazes de sentar e refletir e não fazer nada; podemos ver *Meu Jantar com André* (1981) e *Declarações de Spalding Gray* (1987). Pode não haver nenhuma "ação real", mas ainda não vivemos em uma cultura em que pessoas negras podem conseguir apoio para fazer esse tipo de filme ou um público que apoie o trabalho.

CB Eu sei. Esse é o problema, e muitos cineastas estão lutando para tentar mudar isso, e acho que a crítica sobre o que o público deseja deve entrar em cena para fazer com que os espectadores apoiem a produção de imagens diferentes. Você diz que apoia a ideia de que todo cineasta negro deve ter o direito de fazer qualquer tipo de filme que deseje fazer, o que está correto; mas, ao mesmo tempo, não damos apoio a essa turma que dá a cara a tapa, mesmo que tenhamos falhado, é como se...

BH Eu e você apoiamos.

CB O fato é que a maioria das pessoas não apoia.

BH Então a questão passa a ser: como podemos ampliar o círculo de pessoas que apoiam a percepção de que as pessoas negras jamais serão livres enquanto não tivermos formas culturais de expressão diversificadas, o que significa dizer que precisamos de todos os tipos de filme? Quero viver para ver o dia em que uma pessoa negra poderá fazer um filme que não tenha nenhum personagem negro, se ela não quiser nenhum personagem negro nele, e que isso possa ser considerado algo que parte da cultura de expressão negra — mas acho que não estamos nem perto disso.

CB Bom, o fato é que precisamos de espaços para discutir questões como "o que é o negro?". Precisamos falar mais sobre as questões que parece que estamos evitando.

BH Espero que *Conspiração Policial* não signifique que você abriu mão de uma visão estética mais contemplativa.

CB Não. Acho que uma das coisas que esse filme fez foi me permitir dar o próximo passo, comprar meu próprio equipamento e começar a fazer o que quero fazer. Não me arrependo. Os temas de *Conspiração Policial* são importantes. Ele faz um comentário sobre a sociedade e o racismo. Acho que é algo que fazemos para colocar para fora enquanto procuramos o próximo nível. Tem algo ali que eu tentei fazer, e aprendo muito quando trabalho dentro e fora do sistema. Trabalhando dentro do sistema, não conseguimos fazer nenhuma grande transformação, mas um dia vamos nos ver em uma situação em que podemos criar um sistema intermediário, comprar uma câmera e, com uma quantidade normal de dinheiro, fazer o filme que queremos fazer. Talvez acabe saindo só em vídeo, mas pelo menos você tem o filme, pode usar isso e ganhar dinheiro. Espero fazer isso um dia.

16.
contestações
críticas:
uma conversa
com A. J.
(Arthur Jafa)

BELL HOOKS Você pensa em termos de "filme negro" e "filme branco"?

ARTHUR JAFA Em parte. Estava agora mesmo pensando na questão da crítica. Sou, em primeiro lugar, um profissional. E sinto que a própria noção de crítica deveria, de certo modo, ser moldada pelo trabalho. Como consequência, o "vocabulário crítico branco" tem algumas limitações inerentes quando se trata de falar do cinema negro, especialmente em relação ao modo como o cinema negro tenta alcançar ou criar um filme negro autêntico, criar formas que expressem quem somos. Considerando o tipo de filme que a maioria dos cineastas negros está fazendo, não estamos nem perto de usar totalmente as várias perspectivas críticas que podem ser utilizadas para falar das obras, como a crítica feminista. Tenho uma percepção um pouco problemática sobre a relação entre a crítica e os trabalhos que vêm sendo produzidos. Como profissional, quero que os críticos sejam capazes de ler o quadro mais amplo e oferecer uma visão mais profunda sobre o que está acontecendo. Porque é como estar em uma guerra, entende o que quero dizer? Você está nas trincheiras e, em grande parte do tempo, não tem uma visão abrangente do que está tentando fazer. Críticos deveriam conseguir trazer essa perspectiva, conseguir relacionar certos aspectos formais e filosóficos àquilo que os cineastas, que estão lidando com a competição na prática, estão fazendo no mercado. Produzir filmes custa caro, e o que os cineastas fazem depende em grande medida disso. Em geral, textos críticos não refletem esse entendimento, e muitos deles simplesmente não são perspicazes.

BH Percepções críticas nascem de nossa "paixão", como críticos, pelo cinema. Uma das razões pelas quais uso com cautela termos como "filme negro" e "filme branco" é que a maioria dos poucos indivíduos que escrevem sobre filmes negros em geral acha que, se estão escrevendo sobre "filmes negros", não precisam ver filmes feitos por um grupo mais amplo de cineastas. Ou que não precisam se familiarizar com perspectivas críticas diversas, que emerjam de um mundo que vai além do cinema negro. Isso leva a uma segregação da chamada crítica de cinema negra, e muitas vezes significa que ninguém espera que textos sobre filmes "negros" sejam teoricamente complexos. Às vezes me sinto desencorajada, como mulher negra que escreve sobre cinema, mas às vezes me sinto impelida a escrever sobre uma obra quando leio o que a grande mídia tem a dizer sobre o assunto. Quando decidi escrever um texto sobre *Crooklyn — Uma Família de Pernas pro Ar* (1994), foi em parte uma resposta ao tratamento superficial que o filme recebeu na imprensa dominante. Muitos críticos brancos escreveram sobre o filme e disseram que não tinha trama. E fiquei tipo: "Uau, peraí. A trama era tão simples, como você pode dizer que não tinha trama? Tinha uma trama, que era: 'Aqui está uma família que tem um monte de problemas, e um deles é que a mãe fica doente e morre'". Isso é uma trama, sabe? Então, para mim, como crítica, tive que usar a teoria feminista para pensar e a psicanálise para questionar: "Caramba, como é possível que as pessoas brancas não enxerguem a morte de uma mãe negra como trama?", ou isso simplesmente significa que não interessa para elas? E, se elas se recusam a abordar o filme em seus próprios termos, então devemos esperar que críticos negros "conscientes" escrevam sobre essa obra. Note que enfatizo "conscientes" como forma de desafiar o essencialismo racial. Se um crítico negro não é capaz de ser mais consciente do que o crítico branco J. Hoberman, que escreveu no *Village Voice* que o filme não tinha um enredo, então não vamos ter uma compreensão maior do que está acontecendo nesse filme. Precisamos distinguir entre textos críticos sobre cinema que são simplesmente não esclarecidos e um pensamento crítico que seja visionário, que se arrisque. Sinto que nossa dificuldade está em produzir tanto cineastas negros que estejam dispostos a se arriscar, a chegar ao limite, quanto uma crítica que responda do mesmo modo.

AJ Eu li seu texto sobre *Crooklyn*, e você utilizou a psicanálise como perspectiva crítica para começar a falar sobre o filme. Achei ótimo. Não porque é "psicanálise", mas porque, subjacente ao uso dessa perspectiva crítica, estava o desejo de enxergar a complexidade da obra. Quando se trata de formas de expressão negras, existe um nível de complexidade que merece uma leitura apurada. Pode ser psicanálise, pode ser uma série de outras perspectivas críticas, o estruturalismo, o formalismo, várias delas. Por exemplo, se examinarmos a obra de um cineasta como Oscar Micheaux, que é o Louis Armstrong do cinema negro, o trabalho dele sofre de negligência crítica. É comum conversarmos com pessoas que acham que estão muito por dentro da questão da estética negra no cinema e não conhecem o trabalho de Oscar Micheaux. Quando estudei na Howard University, o trabalho dele foi apresentado, inicialmente, como tudo que se devia evitar. Entende o que quero dizer? E eu tinha a impressão de que, se o trabalho dele fazia algo não ortodoxo, quase nunca lhe concediam o benefício da dúvida, no sentido de que a falta de ortodoxia poderia ser uma escolha dele, uma escolha por razões de expressão.

BH Essa distinção é importante. Ainda é raro que críticos interessados em cinema negro considerem a influência de Oscar Micheaux. Quem se interessa apenas por pessoas negras que fazem filmes em Hollywood (e Hollywood não é o lugar onde o cinema é levado ao limite, para qualquer categoria de pessoa) não vai falar de cineastas negros que eram ou são de vanguarda, que estão testando os limites. Temos que falar sobre o que vai significar, para nós, começar a conceituar a importância crítica de cineastas negros que "chegaram lá", mas não em relação a Hollywood. Para muitos públicos, o cinema negro começa e termina com Spike Lee. Se fôssemos falar sobre o cinema negro em termos de excelência, Spike não estaria no topo da minha lista. O que quero dizer é que alguém como Charles Burnett, Julie Dash e vários outros poderia figurar nessa lista. Perdemos muito em complexidade em relação ao trabalho de cineastas negros quando é Hollywood que estabelece os parâmetros.

AJ Ah, sim. Porque o que é realmente essencial são os valores. Quando se trata de arte, o que importa é a interpretação e o que você valoriza *versus* o que você não valoriza. Em filmes negros, muitas vezes misturamos sucesso financeiro no mercado com valor artístico ou filosófico, porque não temos critérios sofisticados para dizer que talvez *Crooklyn* tenha sido um fiasco para Spike, mas poderia muito bem, ao mesmo tempo, ser seu filme mais significativo. Essas duas coisas não necessariamente caminham juntas. Ou para apontar um cineasta que só fez dois filmes na carreira e dizer: "Bom, foi um cineasta realmente importante, mas não alguém que fez vinte filmes". Entende o que quero dizer? Se não adotarmos critérios mais relevantes para medir o valor, então o sentido de nossos trabalhos sempre será definido por forças de mercado. Apesar de termos que levar as forças de mercado em consideração, se reduzirmos o sucesso relativo de um filme a quem ganhou mais dinheiro, então, de certo modo, quase sempre vai se resumir a quais filmes as pessoas — pessoas brancas (porque existem mais pessoas brancas que podem assistir a filmes negros) — veem. É como... Russell Simmons fez uma distinção muito interessante; ele estava dizendo que na Def Jam eles não produziam música negra para consumidores negros, mas música negra para consumidores de cultura negra. No caso do meu trabalho como cineasta, eu me esforço para construir um modelo complexo da cultura negra, que certamente leva em consideração forças de mercado, mas compreendo a necessidade de práticas criativas autônomas que não se pautem apenas pelo dinheiro.

BH Essa é uma distinção importante. A verdade sobre a supremacia branca é que, em grande parte, as pessoas brancas não se interessam por uma subjetividade negra radical, ou podemos dizer: "Pessoas brancas racistas não se interessam, mas nossa sociedade é formada em grande parte por pessoas brancas racistas". E podemos ir além: "Pessoas negras que internalizaram a estética supremacista branca não se interessam por representações negras descolonizadas". Apesar de todos os elogios que pessoas negras começavam a destinar a *Filhas do Pó* (1991), nós estávamos lá na noite de estreia, quando muitos espectadores negros diziam: "O que está acontecendo neste filme?". Sabe, pessoas negras que costumavam assistir a filmes estrangeiros brancos e sentir "ok, isso é diferente" foram assistir ao filme e ainda assim esperavam ver o mesmo tipo de coisa que veem em produções hollywoodianas. Quando não viram, a princípio ficaram decepcionadas.

AJ Com certeza. Isso diz muito sobre o modo como internalizamos nossas próprias opressões.

BH Internalizamos um certo modo de ver. A representação é o assunto "quente" do momento porque é uma das principais esferas de poder para qualquer sistema de dominação. Estamos sempre voltando para a questão da representação porque a identidade é sempre sobre representação. As pessoas esquecem que, quando queriam que mulheres brancas se juntassem à força de trabalho por causa da Segunda Guerra, o que fizeram? Começaram a passar muitos comerciais, muitos filmes, muitas coisas que atuavam para reconstruir a imagem da mulher dizendo: "Ei, você pode trabalhar na guerra e continuar feminina". Então, o que vemos é que a grande mídia, o cinema, a TV, todas essas coisas, são veículos poderosos de manutenção dos sistemas de dominação sob os quais vivemos — imperialismo, racismo, machismo etc. É comum que se negue isso e que a arte seja apresentada como politicamente neutra, como se não fosse moldada por uma realidade de dominação. E as pessoas não se envolveram com essa discussão de forma profunda o bastante. Permanecemos na superfície, discutindo se as imagens são negativas ou positivas em vez de levantar questionamentos mais complexos. Como: "Por que um filme como *Malcolm X* (1992) começa com Malcolm fodendo uma mulher branca qualquer?". Bom, eu associo isso totalmente à posição das mulheres brancas como consumidoras nesta sociedade e ao fato de que em qualquer tipo de atividade, seja comprar livros ou ir ao cinema, as mulheres brancas estão no topo da lista de públicos consumidores. Então você já fisga esse público de cara, porque elas estão se vendo ali. E estão se vendo logo no começo, como se fossem o ponto inicial da vida desse poderoso homem negro. Vejo isso como uma estratégia de marketing, e não como: "Ah, Spike é só estúpido mesmo e, tipo, quis começar o filme assim, ou ele é alienado, não é politizado". Penso que é um cineasta que está consciente dos consumidores e do que fisga as pessoas — sexo inter-racial. Quer dizer, olha toda essa confusão com O. J. [Simpson]. Esta cultura é claramente obcecada até o último fio de cabelo pela questão da sexualidade inter-racial. Então, ao começar *Malcolm X* dessa forma, já tem um "chega mais", podemos dizer, ou um público. Vamos imaginar que o filme começasse com um discurso militante. De que forma isso reestruturaria o filme?

AJ Certo. Essa é uma questão que foi levantada quando fizemos *Filhas do Pó* e é muito pertinente em relação ao que você está dizendo sobre *Malcolm X*. É toda aquela questão de "quem pode ocupar o centro dessas narrativas?". E é mais complicado que isso. O discurso não é só sobre de quem o filme trata, mas a quem é direcionado e a partir de qual perspectiva?

BH E muitos dos nossos críticos de cinema não levam essas questões em consideração.

AJ Com certeza, não levam nem um pouco. Uma das coisas mais radicais que um filme pode fazer é colocar em primeiro plano a subjetividade negra. Porque, essencialmente, pessoas negras sempre acabam como pano de fundo, quase nunca estamos na posição de sujeito. Lembro de dar uma palestra sobre *Filhas do Pó* na New School,[25] e uma mulher levantou e disse: "Quando assisto a esse filme, não vejo uma família negra, vejo aquela avó como a minha avó, como universal", esse tipo de coisa. E respondi: "Ótimo, fico feliz que você veja dessa forma, é um bom ponto de partida, mas por que seriam coisas excludentes a família ser negra e ser universal?". Tem muito a ver com o tipo de egocentrismo que a supremacia branca produz. Acaba se resumindo a: "Se tenho que ver um texto, mesmo que seja sobre pessoas negras, quero ver um texto sobre o que pessoas negras pensam sobre pessoas brancas". Não pode nunca ser *realmente* sobre pessoas negras. Tipo, no começo da carreira de Spike, uma das coisas que sempre perguntavam para ele era: "Quando vamos ver uns personagens brancos nos seus filmes?".

---

[25] A New School of Social Research é uma universidade situada em Nova York, conhecida por sua perspectiva de vanguarda. Em 2005, teve o nome alterado para New School University. [N.T.]

BH Como se a mera presença deles imediatamente significasse uma visão mais ampla.

AJ Exatamente, exatamente. Porque o pensamento supremacista branco dicotomiza o universo. Se você assiste a um filme como *Blade Runner — O Caçador de Androides* (1982), nenhum crítico ou espectador branco vai apontar: "Não há pessoas negras em *Blade Runner*", ou "Não há pessoas negras em *2001 — Uma Odisseia no Espaço* (1968)". A implicação disso, se levarmos essa lógica às últimas consequências, é que as pessoas negras não têm nenhuma relação com um conceito de futuro. Ou com Nova York, a Nova York de Woody Allen. Entende o que quero dizer?

BH Agora, por exemplo, há uma diretora branca fazendo um novo filme sobre entregadores em bicicleta, e não tem nenhuma pessoa negra no filme. E, quando perguntaram para ela "por que não tem pessoas negras?", a reação foi "ah, bom, sabe como é...". É, tipo, sério? Quando penso em entregadores em bicicleta e Nova York, penso em homens negros, mas ela nega essa realidade para não ter que expressar a crença de que seu público não se interessa por homens negros. Então ela pode colocar um homem branco de oitenta anos como entregador, mas só porque sente que esse é um enredo que interessa aos consumidores brancos. Quantos homens brancos de oitenta anos você já viu fazendo entregas? E me parece que este é o imenso fardo colocado sobre as costas de artistas negros em qualquer arena: "Como podemos produzir, como podemos levar nosso trabalho ao limite criativo se estamos sempre trabalhando dentro dos limites definidos pela supremacia branca?". E, enquanto todo mundo estiver criando como se apenas os desejos dos consumidores brancos importassem, então a supremacia branca vai continuar a moldar toda a produção cultural. A lógica da supremacia branca sugere que o público, em especial o público de massa, nunca vai se interessar por retratos de uma subjetividade negra radical. É por isso que muitos espectadores tiveram de ser educados para apreciar o que *Filhas do Pó* tinha a oferecer. Tiveram que ouvir: "Esse não é um filme de Hollywood, mas é um filme poderoso sobre nós, que vocês precisam ver". Os espectadores também sentiram que deveriam abordar *Sankofa* (1993), de Haile Gerima, de uma maneira diferente. Mesmo antes de qualquer pessoa assistir, foi posicionado como um filme que pessoas brancas não queriam ver. E, se os filmes precisam lutar para encontrar um público, o que dizer de textos críticos? Sinto que é simplesmente muito difícil, porque como é possível trabalhar desse modo? Como trabalhamos? Não acho que qualquer revista de cinema teria publicado meu texto sobre *Crooklyn*. A primeira coisa que quis fazer foi situar o filme em relação a Hollywood. Eu queria dizer que "a obra de Spike não é um contraponto a narrativas hollywoodianas. Na maior parte do tempo, a obra de Spike funciona dentro dos paradigmas que Hollywood estabelece", o que coloca a questão do essencialismo racial. Apenas ser negro não é suficiente. Existem imagens negras em trabalhos de cineastas brancos como Jim Jarmusch e John Sayles que são mais radicais do que as imagens negras na obra de Spike. Mas é em grande medida porque, quando utilizam um sujeito negro, não se espera que seja engraçado. Um dos maiores problemas que Spike Lee tem enfrentado como cineasta é a exigência, por parte de produtores e críticos brancos, de que tudo que ele faz tenha que girar em torno do humor.

AJ E a demanda por humor nem diz respeito propriamente só a Spike. Esse humor serve para deixá-los à vontade com a subjetividade negra. Veja o meu exemplo. Como homem negro, se vou a uma reunião social predominantemente branca e não falo nada, se simplesmente fico quieto, isso deixa todo mundo desconfortável. Não tem nada a ver com a minha aparência. As pessoas brancas ficam inquietas quando não estou o tempo todo externalizando minha subjetividade de uma forma com a qual se sintam confortáveis, e entreter e fazer as pessoas rirem é isso. É como dizer: "Fique tranquilo". Mas, quando ajo de modo reservado, sou suspeito. As pessoas concluem que estou com raiva.

BH Eu nem diria que se trata de achar que você está com raiva, mas de exigir que você não seja complexo ou misterioso. Não associamos negritude a mistério.

AJ Não associamos afro-americanos ao mistério porque a estrutura social sempre exigiu que deixássemos as pessoas brancas à vontade. E, se não deixamos as pessoas brancas à vontade, elas não sabem como lidar conosco. É como se o negro de pele escura silencioso fosse a coisa mais assustadora do mundo, porque ele pode ser aquele que está tramando a revolta dos escravizados, mesmo que isso esteja muito distante do que se passa na mente daquela pessoa.

BH Essa era uma das questões colocadas por *The Spook Who Sat by the Door* [O fantasma à espreita na porta] (1973). Esse modo de pensar é a razão para que obras como os filmes de Charles Burnett ou um trabalho como *Losing Ground* [Sem chão] (1982), de Kathleen Collins, não recebam a atenção crítica que merecem, nem mesmo em revistas de cinema. Muitas vezes, críticos de cinema brancos que escrevem sobre cinema negro não acham necessariamente que devem localizar um filme dentro do contexto de outros filmes. Podem falar sobre os longas individualmente, como se existissem em um vácuo. Quando olhamos para *Não Durma Nervoso* (1990), enxergamos elementos de sutileza e mistério, e é por isso que muitos espectadores tiveram dificuldades com o filme.

AJ Meus comentários sobre a exteriorização da subjetividade negra tinham o objetivo de enfatizar que é sempre uma questão de aplacar a ansiedade dos brancos em detrimento do que se passa na mente das pessoas negras. Em essência, eles policiam nosso corpo.

BH Mas não é uma ansiedade dos negros também? Você não acha que espectadores negros também desejam imagens "planas"?

AJ As razões dessa ansiedade negra eram diferentes quando *Super Fly* (1972) saiu. O filme causou furor entre certa porção da comunidade negra, e reclamaram de toda essa moda de colocar traficantes de drogas como heróis. Será que achávamos mesmo que de repente esse filme ia fazer com que pessoas negras saíssem usando enormes chapéus brancos com penas e, sabe, sapatos que não faziam nenhum sentido, que não tinham lógica? Eram de fato essas as razões da ansiedade dessa parte da comunidade negra? Na verdade, não acredito que esse tipo de imagem negativa possa converter jovens negros em traficantes de drogas. A ansiedade tinha a ver com o reconhecimento da impotência em controlar a percepção sobre a comunidade negra. Se você está em uma sociedade na qual faz parte de uma minoria e não tem controle sobre sua própria representação, e sabe também que é uma sociedade segregada na qual a maioria das pessoas brancas não tem relações íntimas com pessoas negras, não importa se vem de cineastas negros ou brancos, eles vão tomar o que veem como verdade. Tem uma parte da comunidade que se enche de ansiedade em relação a isso. Não querem simplesmente admitir que, em essência, em certa medida, os negros, a comunidade negra e as pessoas negras em geral sempre acabam atropelados por suposições das pessoas brancas sobre quem são as pessoas negras. É como se a falta de informação se tornasse o ponto de partida para a produção da representação negra. Essa interferência deixa as pessoas negras realmente arrasadas. Quando se trata de um filme como *Filhas do Pó* ou *Não Durma Nervoso*, um dos aspectos mais radicais desses trabalhos, e um dos mais difíceis de comentar, não é o que o filme faz, mas o que o filme se recusa a fazer.

BH Podemos pegar um filme como *Ela Quer Tudo* (1986) e pensar em como as pessoas falaram sobre ele. E esse filme *foi* comentado pelo cinema branco dominante. Ninguém fala sobre a personagem da violoncelista. Com que frequência vemos mulheres negras retratadas com um instrumento ocidental clássico, compenetradas em seu trabalho? Ainda assim, ninguém que escreveu sobre o filme mencionou a personagem. Então, o que isso significa em termos de crítica é que, mesmo quando aquela imagem incomum ou subversiva está lá, essas imagens são obliteradas e apagadas pelo ato crítico. Por exemplo, fui ver *O Par Perfeito* (1994) e fiquei puta que os críticos, críticos brancos, estivessem comparando a *Ela Quer Tudo*. *Ela Quer Tudo* é dez vezes mais sofisticado que *O Par Perfeito*. Mas, como os dois tratam de sexualidade e, de certo modo, são sobre uma sexualidade que não pode ser nomeada, as pessoas enxergam como se fossem a mesma coisa. Contudo, alguns aspectos de *Ela Quer Tudo* nem sequer foram notados por críticos brancos — o trabalho de câmera que é interessante, o uso de diferentes formatos, a estrutura de documentário. *O Par Perfeito* é essencialmente simplista, o trabalho de câmera é amador.

AJ Uma das razões específicas por que críticos brancos podem ter dificuldade em enxergar as diferenças entre um filme como *Ela Quer Tudo* e *O Par Perfeito* é que, basicamente, tudo que conseguem ver em *Ela Quer Tudo* são as coisas que associaram a estereótipos. Mas, como você disse, a mulher negra que toca violoncelo é praticamente invisível. Então, eles equipararam a invisibilidade, a incapacidade de enxergar toda essa variedade, essa diversidade de representações negras, com a falta de representações sofisticadas em *O Par Perfeito*; elas literalmente não estão lá.

BH Não, é em grande medida uma narrativa sobre sexualidade.

AJ Com certeza. Reggie Hudlin sempre dizia uma coisa que eu acho muito interessante. Ele sugeriu que uma das razões para o grande sucesso de *Ela Quer Tudo* era o fato de ter representações diversas de negritude. Considerava que esse era um paradigma para aquilo que um cinema negro sofisticado deveria fazer, que deveria ter uma variedade de representações. Em *Ela Quer Tudo*, temos o b-boy, temos um homem negro de classe média, temos um homem negro que ascendeu socialmente. Temos essa variedade de personagens. E então temos Nola Darling, temos a personagem lésbica — mesmo sendo uma caricatura, ela está lá. Temos a personagem de Joie, com o violoncelo.

BH Que é muito misteriosa.

AJ Incrivelmente misteriosa, não sabemos nada sobre ela. Sabemos que ela teve um namorado. Essa personagem sempre me hipnotizou muito mais do que qualquer outro do filme. Eu pensava: "Bem, por que não é sobre ela?". Sabe, por que o filme não é sobre ela? Mas isso então traz a questão: "Quem ia querer ver um filme sobre ela?".

BH Penso muito sobre a representação da sexualidade negra e da heterossexualidade negra no cinema e lembro da minha enorme decepção quando assisti a *Sem Medo no Coração* (1993). Pensei: "Estamos nos anos 1990, e é isso que vemos na tela". Em vez de uma história de amor entre um homem negro e uma mulher negra, é sobre a adolescência. É como se a heterossexualidade negra tivesse parado aos treze anos, ou algo assim, em termos de como é representada. Então pensei que, em parte — mais uma vez —, quando se tem um mercado de massa, é preciso oferecer uma representação da sexualidade negra que consiga atravessar as fronteiras. Mas o que acontece se, na realidade, no que se refere a códigos de intimidade, como pessoas negras, falamos de modo diferente, agimos de modo diferente dos códigos familiares que a cultura branca nos reserva? Eu sei, por exemplo, como sulista (e nós dois somos sulistas, você e eu), que, especialmente quando me sinto inclinada a algum tipo de atividade sexual, uso muito mais um dialeto popular, meu jeito de falar próprio do Sul, porque acho que essa é a linguagem da intimidade para mim. Mas, de novo, onde temos um cinema em que os personagens negros realmente conseguem ter essa amplitude de vozes? Uma das coisas que acho que vimos em *Paris Is Burning* [Paris está em chamas] (1990) é que, em muitas das ocasiões em que é mostrado algo específico de um código cultural que as pessoas brancas podem não entender, aquele momento crítico é enfraquecido por risadas inapropriadas ou por outro tipo de reação que é a forma de eles anunciarem, como resposta: "Na verdade não estamos entendendo o que está acontecendo, nos sentimos excluídos, então vamos responder a esse momento do filme com nossa reação ruidosa". Acho que isso acontece com frequência.

AJ Sim, acontece muito. Uma amiga minha, uma jovem muito, muito atraente de pele escura e um lindo sorriso, trabalhou comigo em *Filhas do Pó*. Lembro de vê-la no início de cada dia, e eu estava animado e dizia: "Ei, lá vai o sorriso que deu origem à síndrome do menestrel". E aconteceu algo muito estranho depois de uma ou duas semanas: ela parou de sorrir. Então perguntei: "Por que você parou de sorrir?". Ela respondeu: "Fiquei muito perturbada com o que você disse". E eu falei: "Era um elogio". O que eu queria dizer era, em essência, que pessoas negras (especialmente pessoas negras de pele escura e dentes muito brancos) conseguem mostrar um sorriso que poucas pessoas brancas conseguem, só pelo aspecto físico do contraste. E que, quando pessoas brancas são confrontadas com coisas que pessoas negras conseguem fazer e não é possível negá-las em qualquer nível, essas características são desvalorizadas por meio de uma patologização. Se não é possível impedir que existam, então podemos controlar a maneira como são percebidas.

BH Ou podemos, de certo modo, reestruturar aquela aparência para que se torne algo em relação ao qual você se sente mal em vez de se apropriar dela no sentido de que "isso é o que anuncia minha diferença em relação a você".

AJ Com certeza, e não é nem porque se trata de diferença. É isso que quero dizer quando falo em patologizar. Transformar alguma coisa que é inerente a quem você é em algo do qual você deveria se envergonhar.

BH Sempre cito Charles Burnett como exemplo de cineasta negro. Sei que você aprecia muito o trabalho dele e foi muito influenciado por ele. Ele nos oferece uma grande variedade de imagens em *O Matador de Ovelhas* e outros trabalhos.

AJ Uma vez fiz uma pesquisa em que pedi a cineastas independentes negros que listassem seus filmes preferidos. E sempre pedia que fizessem duas listas. Uma com os dez filmes preferidos de todos os tempos e outra com os dez filmes preferidos de cineastas negros.

BH Sim, lembro de quando a gente sentou para fazer isso.

AJ E pedi que as pessoas fizessem duas listas porque era sempre interessante ver se tinha alguma sobreposição; nos dez preferidos de todos os tempos, quantos dos filmes negros também estavam naquela lista? *O Matador de Ovelhas*, de Charles Burnett, era consenso entre os cineastas. Todo mundo concordava que era um trabalho significativo. Tenho minha própria explicação de por que é significativo. É um filme muito emocional. É um filme sublime. É um dos poucos que postulam a complexidade negra, ao mesmo tempo que mostra como as pessoas negras podem ficar presas dentro de uma estrutura. Muitos filmes não são capazes de negociar entre esses dois espaços. Ou as pessoas negras são jogadas de um lado para o outro por estruturas sociais em que são tipos ou apenas estatísticas, ou são apenas indivíduos que parecem completamente livres de estruturas sociais mais amplas. E *O Matador de Ovelhas* constrói um retrato incrível daquela família, uma família muito peculiar. E nunca perdemos o senso de peculiaridade em relação a quem são, de onde vêm, quais são as dinâmicas específicas entre eles, mas, ao mesmo tempo, tampouco perdemos o senso de que aquelas pessoas negras são representativas das pessoas negras em determinada circunstância. Outro aspecto interessante desse filme é a estrutura narrativa. Em geral dizem que é episódica. Quando dizemos que é episódica, o que isso significa? É como dizer que uma pessoa não é correta. Então o que ela é? Não dá para ser muitas outras coisas. Ninguém fala de uma "lógica oral" em *O Matador de Ovelhas* como modo de estruturar o filme narrativamente. Quando falo com minha mãe no telefone, gravo as conversas sempre que possível, porque é realmente fascinante observar como ela estrutura os eventos e as sequências, a lógica interna. Ela começa falando do aniversário de alguém, então passa para uma promoção, sabe, a promoção do supermercado, então vai falar da minha tia que acabou de morrer. E, se eu apenas transcrevesse de forma literal, seria tão vanguardista quanto qualquer coisa que James Joyce escreveu. É basicamente uma forma coloquial de estruturar os eventos. O filme de Charles transmite isso. Tem o senso e a sensibilidade da revista *Jet*.[26] Em *O Matador de Ovelhas*, a cena do clímax com o motor do carro captura aquela qualidade existencial da vida popular negra. Quando um dos caras diz — lembro da fala, ele diz algo como: "Num tem como a gente consertar...". É uma cena muito, muito triste. A música entra e faz com que a gente se sinta muito mal. Por um lado, dá vontade de rir deles, porque o que fizeram parece muito estúpido, mas dá para entender, sabe, todo aquele contexto que gera esse tipo específico de situação. É um momento profundamente tragicômico.

BH Essa cena é uma metáfora existencial para a experiência de exílio dos negros, que tem relação com se debater contra limitações bizarras que a cultura nos impõe. Trabalhamos duro, e então o destino, um imprevisto, uma falha de compreensão de alguém produz essa tragédia. É tanto uma tragédia sentida na esfera mundana quanto uma tragédia mais ampla e universal, de esperanças perdidas e sonhos roubados. Não sou muito fã de *Não Durma Nervoso*, mas em algumas sequências podemos ver o modo como Charles consegue pegar o espaço cotidiano e dar a ele uma qualidade presente nas tragédias gregas.

AJ Nos filmes de Charles, a complexidade das pessoas negras está subentendida, e ele parte daí. Ele não tenta explicar as pessoas negras. Está de fato interessado em observá-las. O que elas

---

[26] Revista de variedades dirigida ao público negro fundada nos Estados Unidos em 1951 que se notabilizou pela cobertura do movimento pelos direitos civis. [N.T.]

fazem? Por que fizeram isso? *Não Durma Nervoso* foi problemático para alguns públicos porque não explicava tudo. A contradição inerente a tentar fazer uma obra negra sofisticada, como artista negro em uma sociedade supremacista branca, é que essa sociedade está sempre questionando qualquer representação que não se encaixe no estereótipo.

BH Uma das cenas mais comoventes de *Uma Festa de Arromba* (1990) é quando o pai sobe as escadas e dá aquela surra; aquilo foi um uso incrível, surreal, do cotidiano. É uma cena bonita. Outras pessoas negras e eu nos identificamos com aquilo porque levávamos surras como aquela e reconhecemos que era um aspecto da vida dos negros que não tínhamos visto representado na tela. Olhei para aquilo como "caramba, esse filme, tipo, escancarou a brutalidade...". Porque, para mim, foi brutal. Mas, de novo, quando escrevem sobre o filme, ninguém jamais menciona essa parte final. O fato de que eles precisam sofrer por conta do prazer que experimentaram deveria alterar nossa compreensão do filme. Deveria fazer com que os críticos refletissem sobre prazer e punição no sentido foucaultiano. Deveria nos levar a pensar sobre sexualidade e intimidade de modo mais sofisticado. E críticos negros tampouco discutem isso, do mesmo modo que os críticos brancos.

AJ Existem pouquíssimas pessoas com sofisticação e confiança cultural suficientes para dizer: "Olha, se eu reconheço isso nesse filme como algo da minha vida de pessoa negra que foi reimaginado na tela, então basta". As pessoas que assistiram a *Crooklyn* e não gostaram reclamaram que a família estava sempre gritando, sabe, estava sempre brigando, e que isso era anormal. E não vejo minha situação familiar específica como anormal, mas era daquele jeito durante a minha infância na nossa casa.

BH Ah, sim, e ainda é assim quando volto para casa hoje em dia.

AJ Sim, você entende o que quero dizer, sobre brigar e tudo mais. E não quer dizer que não seja uma atmosfera de família disfuncional; mas aquela era toda a realidade de assistir a desenhos, brigar, empurrar pessoas da cama, discutir o tempo todo. Não sei quantas vezes ouvi meu pai dizer: "Caramba, molecada, se vocês batalhassem no mundo do jeito que brigam entre vocês, sabe, talvez chegassem a algum lugar". Entende o que quero dizer? O medo que um filme como *Crooklyn* gera emerge porque as pessoas o enxergam como um retrato intransigente e pouco lisonjeiro de famílias negras. Nesse sentido, as representações no filme são radicais.

BH Na minha crítica, falei sobre o poder dessas imagens contra-hegemônicas. Escrevi: "Não é uma noção de união como a das músicas de Spanky and Our Gang. É outro tipo de laço entre pessoas negras". Não é palhaçada. Não é a família negra de *sitcoms*. Essa é uma família negra na qual vemos texturas e camadas. Tem inteligência, tem humor e tem esse elemento trágico de disfuncionalidade que coincide com um mundo de cuidados e seriedade. Isso é particularmente fascinante em *Crooklyn*. Infelizmente, o filme não mantém essa energia. Em última instância, recai no estereótipo, na palhaçada que a cultura dominante necessita para se interessar. Claramente, se os melhores críticos brancos da cultura dominante não conseguem identificar a seriedade da perda de uma mãe negra, então como podemos esperar que o espectador médio que vê esse filme diga: "*Crooklyn* me fez de fato pensar na morte do meu pai/minha mãe"? Um entendimento que enxergue tanto a universalidade dessa estrutura quanto a especificidade. E isso não acontece.

AJ O racismo e a supremacia branca criam esse ponto cego. Se você pensar na Alemanha nazista, é bem simples. No momento em que resolveram que a comunidade judaica era um problema, a primeira coisa que fizeram foi tentar remodelar a comunidade judaica segundo a imagem necessária para justificar o genocídio. Se eu estivesse tentando tratar um ser humano como inseto, se quisesse esmagar essa pessoa como um inseto, a primeira coisa que teria de fazer seria reduzir a humanidade dessa pessoa. Se eu concedesse humanidade a ela e a tratasse como se não fosse humana, então criaria um conflito. Nesta sociedade, no cinema estadunidense, é importante que as imagens de pessoas negras continuem a ser unidimensionais.

BH É que as pessoas negras são socializadas para acreditar que essa subjetividade unidimensional é o que somos. Já falei sobre a cena de *Febre da Selva* (1991) em que Spike posiciona o homem negro em relação a seu trabalho como arquiteto e como alguém que transa com a mulher branca. Naquela cena em que ele está transando sobre a escrivaninha, é reproduzido um estereótipo do homem negro. Ele está mais interessado em trepar do que em fazer seu trabalho. Temos que questionar essa imagem de forma crítica. Por que Spike nos ofereceu esse tipo de imagem? Por que não é capaz de imaginar esse homem dizendo: "O trabalho tem tanta importância para mim que posso valorizá-lo ao mesmo tempo que anseio por uma buceta branca, se é isso que desejo, se é esse tipo de experiência que quero ter"?

AJ Quando vi o filme, lembro de ter sentido muito mais empatia pela mulher branca.

BH Ela era uma personagem muito mais complexa — a família dela também.

AJ Lembro de ver a atriz no *Tonight Show* dizendo: "Bom, Spike estava sempre dizendo que se tratava apenas de uma trepada, que era apenas esse desejo ardente". Mas ela continuava: "Não, eu me recuso a aceitar isso, porque minha experiência como ser humano me diz que é sempre mais complexo do que apenas sexo, mesmo que isso seja um componente relevante". Ou seja, ela recusou a caracterização simplista de Spike para a personagem, essa imposição. E eu o vi na TVB dizendo: "Não conseguimos nos entender basicamente porque ela tinha ideias diferentes sobre por que a personagem estava fazendo o que estava fazendo". No filme, vemos essa mulher trazer dimensões mais complexas para sua personagem. Acabei me identificando mais com ela do que com ele, especialmente por causa das origens dela e da dinâmica de classe no relacionamento.

BH Com certeza. Nós a vemos em meio à sua família. Vemos tanto através da lente de gênero quanto de classe. Como atriz, ela altera a dinâmica do roteiro. Aquela cena da família branca é complexa. O que eu mais lembro é do machismo nessa família branca da classe trabalhadora, na qual ela é tratada como um nada. E essas cenas são mais tocantes do que qualquer cena com a família negra.

AJ É porque nos perguntamos: "Quem está fazendo o maior sacrifício?". E sentimos de fato que é ela quem está se sacrificando mais. Ela vai ser renegada pela família. É secretária. Ele é arquiteto. Ele simplesmente muda de casa e abre outro escritório de arquitetura. Isso indica que tem bastante dinheiro. E, mesmo que eu acredite que um dos níveis mais banais em que um filme pode funcionar é em termos de "com quem você se identifica?", me surpreende que em filmes negros feitos em Hollywood, de modo geral, frequentemente há mais retratos complexos de pessoas brancas do que de pessoas negras.

BH É porque um cineasta negro tem que provar para os espectadores brancos, por meio da caracterização, que a humanidade deles foi reconhecida. Então o cineasta tem que estar atento. Nenhum padrão desse tipo é exigido em relação à imagem do pai em *Febre da Selva* ou do homem negro viciado em drogas. Essa é outra cena poderosa. Esse personagem é interpretado por Sam [Samuel L.] Jackson. Fico chocada que nos filmes de Spike, assim como em outros filmes negros, o cara que é um fracasso em geral é o pensador, a mente crítica. É o personagem de Sam Jackson que reflete de maneira profunda sobre classe, sobre as políticas do desejo inter-racial, que as destrincha em termos de uma crítica séria do prazer, do perigo, da lealdade, da solidariedade etc. Ainda assim, esses personagens são retratados apenas como fracassados. De novo, não importa se estamos falando de *Perigo para a Sociedade* (1993) ou de vários outros filmes negros: temos a sensação de que a pessoa negra que pensa terá um destino trágico.

AJ Ou já está literalmente morta. Literalmente. Ela fala do além, esse é o único lugar a partir de onde pode falar.

BH Essa é uma concepção muito trágica. O desafio tanto para os cineastas quanto para os críticos é construir imagens cinematográficas contra-hegemônicas. Mas como isso pode acontecer se já de saída estamos presos às amarras criadas pelo patriarcado supremacista branco?

AJ Com qualquer tipo de amarra, o primeiro desafio é desatá-la. Sempre é possível simplesmente tentar funcionar dentro das amarras. Temos que olhar para os componentes que fazem com que essa dinâmica de amarras tenha continuidade.

BH Certo. Porque Foucault diria que temos algum nível de liberdade dentro da estrutura de amarras e que nosso poder provém de conseguir isolar essa liberdade. Um modo de conseguir romper o controle é conseguir mais atenção, buscar ativamente um público maior.

AJ Quando se trata de filmes independentes que não têm "estrelas", então compete a nós, como cineastas, entender que temos a obrigação de promover o trabalho. Quando *Não Durma Nervoso* saiu, a primeira crítica que fiz foi sobre o fato de estar escrito "Danny Glover — *Não Durma Nervoso*". E eu não conseguia entender por que o nome de Charles, para o bem ou para o mal, não estava estampado em todos os cartazes, para que pelo menos as pessoas que vissem *Não Durma Nervoso* depois soubessem quem Charles Burnett era, para ele não ter que começar do zero no próximo projeto. Seria: "Ah, Charles Burnett. Ah, é o cara que fez...".

Essa é uma das coisas que Spike demonstrou de forma muito eficiente. Ele se construiu — Spike Lee, a entidade — como cineasta, antes de tudo, como forma de vender. Entende o que quero dizer? Ele é sua própria estratégia de marketing. Porque, com exceção de *Malcolm X*, ele nunca trabalhou muito com o que poderíamos chamar de atores que servem de chamariz para o público. Lembro quando começaram a falar de *Mais e Melhores Blues* (1990), debatia-se muito sobre quem estrelaria o filme. Em certo momento, diziam que seria Denzel e que Gregory Hines interpretaria Shadow (o antagonista). E em determinado momento acabou não dando certo, e lembro de dizer a alguém: "Bom, Spike não precisa de mais ninguém se ele tem Denzel como a 'estrela chamariz', porque ele também tem a si mesmo". O nome de Spike é suficiente para colocar no letreiro. Essas coisas precisam ser construídas de forma ativa, e temos de estar atentos a elas. Demorei um tempo para trabalhar toda a minha questão com o ego, para entender a necessidade de fazer com que meu nome fosse ouvido, reconhecido, para que as pessoas possam associá-lo, e de fato associem, a um conjunto de obras.

BH Por vivermos em uma sociedade que tenta apagar nossa subjetividade, precisamos desenvolver práticas concretas que digam: "Não vou permitir que você apague minha subjetividade". E nem falamos ainda de como cineastas brancos bebem no que veem no cinema negro para voltar aos seus filmes e criar cenas com personagens negros.

AJ E atores negros.

BH E, de certo modo, essa apropriação pode muitas vezes acontecer sem que ninguém reconheça que se inspirou em cineastas negros. Alguém pode escrever sobre John Sayles em *Vida de Cidade* (1991) e não mencionar que ele usa o mesmo tipo de ângulo ou enquadramento de câmera que funcionou tão bem em *Os Donos da Rua* (1991), ou em qualquer outro tipo de drama urbano, então existe sempre o risco de cairmos no esquecimento. Mesmo que *Filhas do Pó* seja popular, ainda há o risco de que daqui a cinco anos as pessoas não conheçam o nome de Julie Dash como cineasta. E as pessoas ainda podem falar de Spike como se ele tivesse surgido...

AJ ... do nada.

BH Sim, por mérito próprio. Sem a ajuda de qualquer outro cineasta negro. Com John Singleton logo atrás. Podemos falar mais sobre por que um filme como *Sem Medo no Coração* (1993) não funciona? O conceito desse filme era interessante. Muitos espectadores estavam totalmente a fim de ver uma história de amor negra. O que faz com que um filme como esse fracasse? Estamos sempre comparando o que pessoas negras conseguiram fazer em termos de música, de outras formas, sem dúvida em relação ao jazz — por que parece que estamos empacados no cinema? Não somos capazes de imaginar a heterossexualidade negra como transgressora, ou interessante, em qualquer filme que venha à mente? E isso inclui *Sankofa*. O romance mais interessante em *Filhas do Pó* é aquele entre Iona e St. Julien Last Child, o personagem indígena.

AJ Há algumas limitações estruturais óbvias. Como você disse antes, Hollywood não favorece nenhum tipo de inter-relação humana que tenha qualquer nível de sofisticação. Isso é apenas exacerbado nos casos em que sentem que não existe nem mesmo mercado para esse tipo de investigação. Agora, acho que as forças de mercado se tornam uma das coisas mais relevantes. O outro ponto é que, para ser bem franco, John Singleton é um homem muito, muito, muito jovem, que está tentando alcançar coisas para as quais ainda não tem a experiência de vida necessária.

BH Senti isso de maneira muito profunda.

AJ Isso ficou bastante óbvio. Quero dizer, ficou bastante óbvio que *Os Donos da Rua* partia de um lugar mais familiar.

BH Mas isso me faz pensar: "Por que então esse jovem não diz 'Acho que sou meio fraco nisso. Preciso contratar alguns consultores', ou 'Preciso contratar pessoas que possam ajudar porque já estão nessa indústria há mais tempo'?".

AJ É a imaturidade do cineasta. Não acho que seja por acaso, até certo ponto. *Os Donos da Rua* claramente parte de uma experiência vivida familiar, enquanto em *Sem Medo no Coração* sem dúvida sentimos que são conjecturas. Isso não ficava tão aparente em *Os Donos da Rua*. Não é por acaso. Existe uma relação entre Spike e John Singleton, assim como entre John Singleton e Jackie Robinson. Quando os times da liga principal de beisebol decidiram que iam integrar a liga principal inteiramente branca, eles não foram até a liga negra de beisebol e contrataram

Satchel Paige ou Josh Gibson, ou alguém assim que, naquele momento, já tinha provado ser um bom rebatedor e coisas do tipo, porque no verão o que acontecia era que Babe Ruth e todos os caras das ligas principais iam para Cuba para competir contra, por exemplo, Satchel Paige, porque queriam se testar contra aquele que acreditavam ser o melhor arremessador, certo? Não, quando eles estavam prontos para integrar os times da liga principal de beisebol, de quem foram atrás? Foram atrás de Jackie Robinson. Sabe? E não estou criticando as habilidades dele como atleta, porque obviamente ele era uma superestrela, e no fim foi uma ótima, ótima escolha, mas um dos motivos por que o escolheram não tinha nada ver com suas habilidades, que, em larga medida, ainda não haviam sido testadas. Tinha a ver com até que ponto conseguiriam controlar Jackie Robinson, que era um jovem com uma experiência muito limitada de mundo em termos gerais, entende o que quero dizer? Podiam pegá-lo e simplesmente moldar sua imagem da forma que quisessem, ou controlá-lo para que não tivesse tantas opções quanto Satchel Paige teria. Porque, uma vez que levassem Jackie Robinson para estrear na liga principal de beisebol, ele não ia querer jogar nas ligas negras de beisebol tão prontamente.

BH E foi por isso que escolheram Forest Whitaker para dirigir *Falando de Amor* (1995). A supremacia branca cria situações em que pessoas brancas veneram o trono da mediocridade negra. E isso significa que vão sempre procurar nutrir aquilo que ainda está em formação na cultura expressiva negra em vez daquilo que de fato demonstra uma qualidade visionária, esclarecida, o que for. Você não acha fascinante que — sei que já falamos sobre isso em diferentes momentos — a música seja um terreno em que as pessoas negras de fato vão até o limite, sempre vão até onde se pode ir e além? Por que isso não entra na cultura do cinema e no processo de fazer cinema?

AJ Para mim, a razão óbvia é, mais uma vez, a estrutura, mas também tem uma dimensão psicológica. O cinema é incrivelmente orientado para o capital, o que quer dizer que apenas para entrar em campo, até mesmo para entrar em campo e se sair mal, há uma diferença muito, muito significativa em relação a entrar no campo da música. Uma das coisas que podemos observar a respeito do hip-hop como forma musical dominante pós-soul inventada pelos afro-americanos é que o que tornou o hip-hop possível, o que tornou possível que ele nascesse, foi o advento de certos tipos de tecnologia que deixaram a produção mais fácil. O desenvolvimento do hip-hop coincide com a pura e simples destruição ou degradação da educação musical nas escolas públicas, de modo que tivemos toda uma geração de crianças que não aprenderam a tocar um instrumento na escola, enquanto o pessoal do jazz e músicos mais antigos aprenderam a tocar um instrumento em fanfarras e coisas do tipo. Não tínhamos mais isso. Então, a única forma que as pessoas tinham de se divertir era ouvir discos. Sabe, no verão. E eles pegaram a estrutura que foi criada para reproduzir e a transformaram em uma estrutura de produção. No cinema, a possibilidade de fazer esse tipo de intervenção é muito, muito menor por causa da natureza da produção de filmes, tão determinada pelo capital.

BH Concordo com você. Mas vejamos um trabalho como *Crooklyn*. Um dos pontos que levantei sobre ele é que as pessoas foram ao cinema para ver do que se tratava o mais novo filme de Spike Lee. Elas iriam independentemente de qualquer coisa, sabe? Então, isso para mim significa que Spike pode ir mais longe se quiser. É uma questão de visão? Precisamos de roteiristas melhores? Não podemos dizer que ele não tenha controle sobre o produto. Você estava lá. Você fotografou o filme. Certamente temos uma trilha sonora melhor em *Crooklyn* do que em alguns dos outros filmes. Você acha que essa coisa de ego vira um obstáculo para que cineastas negros enxerguem áreas que necessitem de amadurecimento e mudanças? Uma montagem melhor, digamos, tanto em filmes independentes quanto em filmes comerciais?

AJ Eu não minimizaria a dimensão psicológica, mas muito pode se resumir ao capital, no sentido de que, quando falamos de uma cultura negra de cinema, estamos falando de uma cultura de cinema incrivelmente subdesenvolvida. Isso significa que uma das coisas que aconteceram nos últimos anos, e que ainda não foi apontada em nenhum texto, foi que o hip-hop serviu de base para o desenvolvimento de toda uma geração de técnicos negros, apenas por meio dos videoclipes que produziram. Mesmo em termos de organizar produtoras e coisas assim, nada disso existia quando comecei a fazer cinema. Como você sabe, o terreno era radicalmente diferente. Imaginar se tornar um cineasta independente naquela época era muito diferente do que é agora. No sentido de que me tornei "diretor de fotografia" porque sempre senti que filmes independentes fracassavam porque não eram bons em termos estéticos. Sempre presumi que teria que fotografar meus próprios filmes, porque supunha que não havia técnicos que pudessem fazer esse trabalho. É completamente diferente hoje. Temos visto alguns avanços.

BH Sabemos que a cultura do hip-hop surgiu de uma cultura de laços profundamente masculinos, profundamente homossociais. De compartilhar recursos. Isso acontece no cinema?

AJ É uma maneira diferente de compartilhar recursos. Uma coisa muito revolucionária do hip-hop é que os meios de produção são acessíveis a indivíduos de uma maneira que não encontra correspondência em termos de cinema. De modo algum. O cinema é colaborativo apenas em termos de indivíduos, mas deve existir uma estrutura integrada verticalmente somente para que um filme possa ser feito. Não estou falando de querer fazer com certo nível de qualidade. Estou falando apenas de conseguir fazer, você tem que lidar com laboratórios, tem que lidar com a película cinematográfica, tem que lidar com a exposição. Muitas coisas diferentes são necessárias.

BH Sinto que a produção de vídeos está conectada à produção de cinema, é um meio bem-sucedido, mas não estamos vendo um grupo enorme de jovens artistas visuais negros dizendo: "Ok, não temos a estrutura para produzir certos tipos de filme, mas podemos 'produzir' grandes ideias". A questão da visão me interessa.

AJ Visão e desejo. São duas coisas conectadas de maneira intrincada. A parte da visão diz respeito à capacidade que alguém tem de enxergar o que é necessário. A parte do desejo é a capacidade que alguém tem de ir atrás daquilo que quer. Em grande medida, o subdesenvolvimento da cultura cinematográfica negra tem a ver com a falta de um desejo construtivo. Ainda não encontramos de fato o nosso prazer. A música é uma das arenas em que as pessoas negras se sentem muito confiantes e onde há uma visão. Mesmo que seja guiada pelo mercado e por ganhar dinheiro (todo mundo quer ganhar). Há um nível de prazer inerente no processo de produzir música negra, para os músicos. Não quero minimizar a importância de ganhar o pão, mas não acho que as pessoas negras tenham transformado o cinema como formato, ou mesmo tenham conseguido dominar aquilo que já existia, em termos de metodologia e procedimentos, o suficiente para que o processo se tornasse prazeroso. Eu realmente não sinto isso. Na verdade, na minha experiência, não tem sido um processo prazeroso. Temos que entender como podemos transformar a produção de um filme em algo que alguém queira fazer mesmo sem ser pago para isso.

BH O mesmo vale para escrever críticas de cinema.

AJ Sim, com certeza.

BH Porque, em parte, vamos falar a verdade, nenhum texto que eu escreva sobre cinema vai me render um bom dinheiro. Escrever uma página da seção "Back Talk" da revista *Essence* rende o mesmo que escrever aquelas dezesseis páginas sobre *Crooklyn*.

AJ Em última instância, apesar de não querer soar utópico demais, a questão é elevar nossos ganhos. Quando vou lá e invisto energia para fazer algo em que não vai haver uma compensação financeira direta para mim, acaba sendo uma questão de elevar os ganhos em um sentido mais comunal. Quando critico os filmes de Spike, ou mesmo os filmes de Julie Dash, qualquer tipo de filme no qual eu esteja envolvido, ou filmes em que não estou, não se trata de tentar detoná-los, no sentido de que muitas pessoas acreditam que fazer críticas significa detonar as coisas. Trata-se de dizer que, em dado momento, se não percebermos que estamos brincando de "a roupa nova do imperador", porque é um mercado de commodities, e estamos fazendo o que precisa ser feito e nos tornando cineastas mais sofisticados, está tudo bem. Mas precisamos saber a diferença, na nossa cabeça, entre estar pelado e estar vestido, ou então nunca seremos capazes de nos vestir efetivamente. Nunca seremos capazes de criar filmes negros que mereçam o título de "novo renascimento do cinema negro". Ao interpretar mal a sofisticação, na verdade estamos impedindo ativamente nosso desenvolvimento. Temos que apontar aquilo que vemos.

BH Ao enfatizar demais a celebração, esquecemos que é importante desafiar e questionar.

AJ Como a maioria dos artistas negros, continuo a achar a música, especialmente o jazz, o ápice da cultura expressiva negra. Quem está em outros meios está sempre correndo atrás. Sempre usamos essa música como modelo do que é possível em termos de tocar as pessoas, mas esse é o mesmo argumento daqueles que enxergam apenas o jazz, em vez do jazz e do blues e de toda a história das pessoas negras se expressando por meio da música nos Estados Unidos, e se recusam a ver a continuidade, a olhar para a música com franqueza.

BH Se olharmos para a vida de alguém como Ornette Coleman, se olharmos para a vida de John Coltrane, não foi algo inerente à produção musical o que criou revoluções culturais no trabalho deles. Tem mais a ver com as incríveis transformações psíquicas pelas quais essas pessoas passaram. Elas percorreram o mundo todo e aprenderam a tocar instrumentos diferentes. Não ficaram no canto se dedicando a uma forma básica, específica de produzir música. Precisamos correr riscos — riscos criativos. O que nos leva de volta àquilo que você disse sobre o filme de Singleton, de que precisa acontecer uma maturação do processo visionário do artista para que haja um produto cultural complexo e um produto cultural em constante evolução. Se olharmos para John Coltrane no início de carreira e no fim da vida, se olharmos para Cecil Taylor no início de carreira, ou para Julius Hemphill, ou tantos outros que poderíamos citar, vemos esse desenvolvimento, mas é um desenvolvimento que se dá na vida deles em um nível psíquico. Muita gente não sabe que músicos como Cecil e John Coltrane eram leitores que se envolveram com todo tipo de pensamento metafísico, e Sun Ra... Spike Lee nunca aborda sua relação com uma esfera de pensamento que esteja fora do cinema. Não escutamos sobre como Spike está interessado no dalai-lama e lendo sobre budismo tibetano. Muitos dos músicos de jazz que podemos citar chegaram a outro patamar — Alice Coltrane, toda a relação dela com hatha ioga. Vemos essas pessoas se envolverem em experiências que vão transformá-las, e como consequência sua visão é transformada, assim como seu trabalho. Você é um dos primeiros cineastas, e para mim Kathleen Collins também foi, a falar sobre ter uma ampla variedade de conhecimentos como base. Ver seu desenvolvimento como pensador altera o que você produz como cineasta.

AJ Eu peguei a música como ponto de partida para o que era possível em termos de tocar as pessoas negras no nível mais básico. Sinto que duas coisas têm que acontecer em um filme. A primeira é que precisamos ter uma mensagem para comunicar. Então, isso tem a ver com os meus esforços atuais para compreender o mundo de modo mais complexo. Mas também precisamos dominar a forma para podermos comunicar da maneira mais bela possível aquilo que queremos dizer. Podemos olhar para o hip-hop e quase enxergar um tipo de teorema em ação, que diz: "Aquele ou aquela que manda nas batidas manda nas ruas". Então, é esse o tipo de coisa que podemos ver se formos a um baile de pessoas negras. Tive uma experiência incrível na estreia de *Crooklyn*. Eu estava dançando, feliz, tinha terminado o filme, tudo isso, sabe, e estava com os meus amigos, e comemorávamos a finalização do longa, acabou. E as pessoas dançavam ao som do Snoop Dogg, que estava tocando, e começa a música "Gin and Juice". Agora, quando começa a tocar "Juice", é como se um grande cozinheiro aparecesse e gritasse: "Eeeiii!". A quantidade de pessoas na pista dobra naquele instante. E elas estão dançando, sabe, e Snoop está cantando a música, e tem aquela parte em que ele diz algo do tipo "We don't love them hoes".[27] E foi muito esquisito, porque o dj estava tocando o disco, então cortou, fez uma pausa, e todo mundo, o lugar todo, disse: "We don't love them hoes!". Todo mundo gritou ao mesmo tempo, como se fosse o refrão, porque essa é uma grande fala do filme. Eu estava dançando e pensando. Estava ali dançando e pensei: "Merda, isso é muito esquisito", porque não foram só os caras que gritaram. Para mim, essa

---

[27] "Não amamos essas putas", em tradução livre. [N.T.]

foi uma das demonstrações mais explícitas que já vi do poder da batida, porque Snoop alcançou uma maestria musical a ponto de conseguir fazer com que as pessoas... Sendo conservador, vou supor que pelo menos parte das mulheres não acreditasse naquele sentimento, "não amamos essas putas". Também tenho que supor que alguns dos caras não acreditassem muito também, mas todo mundo gritou. Agora, o meu ponto é esse, que, se alcançássemos esse tipo de maestria em termos de fazer filmes, então teríamos certo poder. Acho que convém que alguns cineastas negros tenham isso em mente ao abordarem a questão de dominar o meio. Não vamos conseguir fazer uma grande quantidade de filmes ainda por um tempo, então temos que descobrir como fazer filmes que tenham maior poder de hipnotizar o nosso povo, para que possamos colocá-los em sintonia com alguns sentimentos que vão servir de terreno para um novo nível de desenvolvimento.

BH Talvez seja preciso haver um impulso de expressão criativa mais colaborativo, para que aquilo que John Coltrane alcançou com *A Love Supreme* seja o ponto de partida para começarmos a pensar o processo de produção do cinema negro. Não para voltar ao ponto de partida da história do jazz, mas para partirmos do nível de excelência que está sendo pedido e evocado naquela específica performance musical.

AJ Com certeza. E, quando você fala em voltar, voltar para a música negra diz respeito a reconhecer meu amor pelas formas de expressão das pessoas negras. No nível mais básico, sinto um amor real e puro pelo que as pessoas negras fazem em termos de expressão. Às vezes pode ser algo jogado na rua, algo que alguém rascunhou, e eu poderia apenas dizer "que porcaria", ou uma lembrança da minha infância no Mississippi. Eu via aqueles pôsteres do Bobby Blue Bland em cores chamativas, grampeados nos postes de telefone, mas, depois de um intervalo de dois anos, em certos lugares haviam grampeado cinquenta pôsteres diferentes, e os grampos enferrujavam e ficavam parecidos com os pregos naqueles bonecos de vodu africanos. Eu tinha base cultural suficiente para ver aquilo e apreciar, não apenas como sucata, mas como alguma forma de manifestação de tradições culturais. Se você consegue enxergar isso, consegue aplicar essa mesma sensibilidade ao cinema. É tão simples quanto olhar para aqueles filmes caseiros feitos por pessoas negras e tentar compreender: tem algo que é inerente ao que as pessoas negras estão fazendo que possa ser utilizado, usado como base para compreender como deveria ser a visão cinematográfica negra?

BH Espero que mais filmes negros se apropriem dessas gravações caseiras e nos ofereçam muitas maneiras diferentes de nos enxergarmos, seja com cenas documentais, seja com outras coisas. Temos esse tipo de experimentação em filmes negros que muitas vezes simplesmente não enxergamos.

AJ Precisamos da experimentação, porque precisamos ser capazes de criar contextos em que possamos brincar. Mais uma vez, é aqui que entra toda aquela coisa do mercado. Quanto mais dinheiro envolvido, menos liberdade para brincar. Se olharmos para o desenvolvimento de formas musicais negras nos Estados Unidos, existe sempre o contexto da diversão. Não se trata de entreter pessoas brancas nem mesmo de entreter pessoas negras.

BH Como alguém que se dedica a um tipo de texto crítico que é uma forma de brincadeira, que é uma forma de *jouissance* [fruição], preciso te lembrar que essa diversão exige um nível de sacrifício.

AJ Ah, com certeza.

BH Sacrificamos certas recompensas financeiras, certos luxos, porque esse tipo de seriedade, mesmo quando se refere a um contexto que nos arrebata — sabe, como aquelas cenas que você filmou no começo de *Crooklyn*, em que vemos pessoas negras em cenas da vida comum, mas com uma qualidade de integridade existencial que nos leva para além da colonização e da dominação —, esse não é o tipo de trabalho que rende grandes fortunas. Não podemos ter isso se não estivermos dispostos a nos sacrificar por aquele momento.

AJ Concordo com você. É comum que se sacrifique o prazer — com certeza. Músicos negros criaram ambientes em que as pessoas negras tocavam para elas mesmas, para o seu próprio prazer. E criar esses ambientes onde podemos fazer isso, e então aplicar essas mesmas coisas ao mercado, coisas que descobrimos enquanto nos divertíamos, é totalmente crucial para que nossas visões criativas avancem.

Berea College/Archives

bell hooks nasceu em 1952 em Hopkinsville, então uma pequena cidade segregada do Kentucky, no sul dos Estados Unidos, e morreu em 2021, em Berea, também no Kentucky, aos 69 anos, depois de uma prolífica carreira como professora, escritora e intelectual pública. Batizada Gloria Jean Watkins, adotou o pseudônimo pelo qual ficou conhecida em homenagem à bisavó, Bell Blair Hooks, "uma mulher de língua afiada, que falava o que vinha à cabeça, que não tinha medo de erguer a voz". Como estudante passou pelas universidades Stanford, de Wisconsin e da Califórnia, e lecionou nas universidades Yale, do Sul da Califórnia, Oberlin College e New School, entre outras. Em 2014, fundou o bell hooks Institute. É autora de mais de trinta obras sobre questões de raça, gênero e classe, educação, crítica cultural e amor, além de poesia e livros infantis, das quais a Elefante já publicou *Olhares negros*, *Erguer a voz* e *Anseios*, em 2019; *Ensinando pensamento crítico*, em 2020; *Tudo sobre o amor* e *Ensinando comunidade*, em 2021; *A gente é da hora*, *Escrever além da raça* e *Pertencimento*, em 2022; *Cultura fora da lei* e *Cinema vivido*, em 2023; e *Salvação* e *Comunhão*, em 2024.

© Elefante, 2023
© Gloria Watkins, 2023

Título original:
Reel to Real: Race, Class and Sex at the Movies, bell hooks
© All rights reserved, 2009 [1996]
Authorised translation from the English language edition published
by Routledge, a member of the Taylor & Francis Group LLC.

Primeira edição, setembro de 2023
Primeira reimpressão, março de 2025
São Paulo, Brasil

Dados Internacionais de Catalogação na Publicação (CIP)
Angélica Ilacqua CRB-8/7057

hooks, bell, 1952-2021
Cinema vivido: raça, classe e sexo nas telas / bell hooks;
    tradução de Natalia Engler. São Paulo: Elefante, 2023.
    312 p.

ISBN 978-65-6008-001-0
Título original: *Reel to Real: Race, Class and Sex at the Movies*

1. Cinema – Aspectos sociais – Estados Unidos
2. Cinema – Aspectos políticos – Estados Unidos
I. Título II. Engler, Natalia

23-3995   CDD 3302.23

Índices para catálogo sistemático:
1. Cinema — Aspectos sociais — Estados Unidos

elefante
editoraelefante.com.br
contato@editoraelefante.com.br
fb.com/editoraelefante
@editoraelefante

tipografia H.H. Samuel & Calluna
papel Supremo 250 g/m² & Pólen Bold 70 g/m²
impressão PifferPrint